Creating
Exhibitions

Collaboration in the Planning, Development, and Design of Innovative Experiences

博物馆策展

在创新体验的规划、开发与设计中的合作

[美]波利·麦肯纳-克雷斯（Polly McKenna-Cress）

珍妮特·A. 卡曼（Janet A. Kamien）　著

周婧景　译

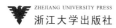

ZHEJIANG UNIVERSITY PRESS
浙江大学出版社

图书在版编目（CIP）数据

博物馆策展：在创新体验的规划、开发与设计中的合作 /（美）波利·麦肯纳-克雷斯(Polly Mckenna-Cress)，（美）珍妮特·A.卡曼(Janet A.Kamien)著；周婧景译. — 杭州：浙江大学出版社，2021.1（2023.11重印）

（博物馆学认知与传播·译丛）

书名原文：Creating Exhibition：Collaboration in the Planning, Development, and Design of Innovative Experience

ISBN 978-7-308-18923-1

Ⅰ.①博…　Ⅱ.①波…　②珍…　③周…　Ⅲ.①博物馆学—研究　Ⅳ.①G260

中国版本图书馆 CIP 数据核字（2019）第 010726 号

浙江省版权局著作权合同登记图字：11-2017-344 号

博物馆策展：在创新体验的规划、开发与设计中的合作

[美]波利·麦肯纳-克雷斯(Polly McKenna-Cress)、珍妮特·A.卡曼(Janet A. Kamien)　著
周婧景　译

责任编辑	陈思佳(chensijia_ruc@163.com)
责任校对	杨利军
封面设计	程　晨
出版发行	浙江大学出版社
	（杭州市天目山路148号　邮政编码310007）
	（网址：http://www.zjupress.com）
排　　版	杭州兴邦电子印务有限公司
印　　刷	杭州高腾印务有限公司
开　　本	787mm×1092mm　1/16
印　　张	22.75
字　　数	440千
版 印 次	2021年1月第1版　2023年11月第4次印刷
书　　号	ISBN 978-7-308-18923-1
定　　价	128.00元

版权所有　翻印必究　　印装差错　负责调换
浙江大学出版社市场运营中心联系方式：(0571)88925591；http://zjdxcbs.tmall.com

总　序

　　现代博物馆源自两个古老的传统，一个是以缪斯的名义出现的对知识和哲学的冥思，一个是以收藏柜为表征的对器物的收藏。这两个传统在很长时间内并没有交集，直到 16 世纪中叶基格伯格（Samuel Quiccheberg）做出最初的尝试。在基格伯格的时代，一种以剧场形式出现的讲演记忆训练中，物品作为帮助提示讲演人记忆的手段出场，物与思想发生了接触。从那以后，两者的结合一直是博物馆史的重要内容。经过几代人的努力，它们逐渐走向融合，并向着两位一体的方向发展。然而，只有当人们的观念突破了收藏物精美的外壳，将关注转向物质深处的精神内涵，并试图以知识和信息的形式将其提炼与揭示出来时，物与思想结缘的通路才被真正打开。从此，物品作为欣赏对象与作为启发思想、帮助理解的知识载体的双重身份出现了有机的结合。

　　这既是博物馆历史演变的趋势，也是博物馆现实发展的理想。依着这样的愿景，当观众进入一座优秀的博物馆，他不仅能感受到人类制造物的艺术魅力，满足欣赏与崇拜的愿望，也应该能在阐释的帮助下深入理解物品内部的知识、思想与情感的内涵，在智性方面有所收益。然而，在现实中，两者的结合还有待进一步的努力，尤其在中国，如何在欣赏物品的基础上强化展览的信息传播能力，提高观众的参观收益，是今后一个时期特别需要关注的方面。这就是本丛书产生的背景和目的。

　　在全球范围学习型社会建设的浪潮中，非正式学习的需求被极大地放大，博物馆作为一个高度组织化与制度化的非正式教育机构，如何满足这一需求，是一个必须应对的挑战。当公众带着更多学习与理解的诉求进入博物馆，他们会发现，在这一机构中学习与认知的过程是非常独特的，与他们日常的学习经验大相径庭：作为知识传播者的策展人并不像老师那样站在他们的面前,而是隐身幕后;作为信息传播载体的不是符号,而是物品;更大的差异是,如果说教室是为学习者提供的一个栖身空间的话,那博物馆展厅本身就如同教科书,成为学习的对象与内容。观众在书中穿梭,在行走与站立的交替运动中,对空间中呈现的物品进行观察、阅读和体验。在这个过程中,许多在日常学习行为中不曾遇到过的因素开始影响他们的学习,比如方向、位置、体量、光、色彩等。如果方向不对,叙事的顺序就乱了;如果位置不对,物品之间的逻辑关系就错了;如果光出现了问题,观众不仅觉得眼睛不舒服,而且也会对展览的重点出现误解。这种学习者所面临的"环境语境"是其他学习行为所没有的。

这一切都表明,尽管我们可以利用一般的教育学、认知学、心理学和传播学理论来帮助我们,但博物馆学习的独特性质仍然要求我们进行专门的、针对性的研究,并将其作为博物馆学研究的中心内容之一。没有对博物馆学习与认知过程独特性的研究与理解,我们的传播方法与策略就缺乏明确的标的,缺乏必要的有效性。所以,在这种情况下,首先要展开对博物馆学习与认知特点的研究,探明这一媒体与其他媒体在传播过程中的区别,为制定正确有效的传播策略提供依据。正因为如此,我们把博物馆学习与认知及其和传播的关系作为重要的学术内容展开研究,并期待有更多的学者关注这一问题。

传播效益取决于多方面的因素,这些因素贯穿在整个展览的建设与运营中。比如:如何通过前置评估了解公众的需求与愿望,并将他们的想法融入展览策划;如何在建构展览的结构和框架时将主题叙述的思想及逻辑要求,与博物馆学习的特点及公众的习惯、爱好相结合;如何规划与经营展览设计的空间,让观众觉得整个展览清晰流畅、层次分明、重点突出,并通过形成性评估来保证其落实;如何针对基本陈列展开适当的拓展式教育和相关的配套活动,使展览主题内容得以深化与拓展;如何通过总结性评估收集观众的意见与建议,进一步做好展览的调整与改善,以为下次展览提供借鉴;等等。所有这些,都直接影响到博物馆的传播效益,进而影响其社会效益的实现。

本丛书分为"译丛"与"论丛"。鉴于一些国家已经在博物馆学认知与传播方面积累了相对成熟的经验，为我们的探索提供了很好的借鉴，为此，"译丛"从理论与实践两个方面反映了当代西方博物馆学界的新观念、新理论与新实践。"论丛"则是国内学者在探索过程中的心得，尤其令人欣慰的是，作者大多是年轻人，其中有一些已经参与了大量的展览实践。衷心希望这套丛书能够为实践中的工作团队提供有益的启发，为中国博物馆事业发展的洪流增添美丽的浪花。

严建强

2018年3月30日

译者序

溯源：略论博物馆现象的内在逻辑及其研究价值

中国考古学学者苏秉琦曾在中国文明起源的问题上提出满天星斗说：21世纪的博物馆事业如夜空璀璨，各种博物馆现象千变万化。古人将天空划分区域，传统的天文学家以区域内的星座观察及分析作为研究工具，但后来者却尝试突破"斗转星移"的现象去探寻星座变化背后地球的公自转规律。当我们对博物馆进行分类，对观众进行分众，开展类似星座观察和分析的现象研究时，似乎也想去追溯博物馆纷繁复杂的现象背后的内在逻辑，进而反躬自问：围绕这些现象展开研究，究竟是否存在价值，若存在，该价值为何，又有怎样的独特性？

本书为波利·麦肯纳-克雷斯(Polly Mckenna-Cress)和珍妮特·A.卡曼(Janet A. Kamien)合著，前者为美国宾夕法尼亚州费城艺术大学的博物馆展览策划与设计系主任，后者则曾为超过100个不同的博物馆阐释项目和展览规划提供过咨询与建议。本书共分为九章，论述了策展团队的全部成员如何以"合作"的方式组织展览的策划和设计，从而为"展览体验的创新"提供行之有效的实践指导。有趣的是，本书不似传统的程序类的策展图书，它在探讨合作策展和创新体验的共性问题上充满着个性。这种突破策展常规的程序逻辑、从内容本身考虑如何策展的做法，也促使笔者想叩问催生这本著作诞生的因素，并以此作为切入口，从纵向演进、横向阐释、观众认知、专业之路四方面探究多样化的博物馆现象背后可能的内在逻辑，并重思这些现象的研究价值。

一、纵向演进:博物馆现象产生和发展的根源

回溯人类历史发展的浩渺长河,为什么有些物件被保存下来,作为文明碎片被收藏进博物馆? 它们相较于其他物品为什么就更具价值? 我们在辨别、选择和保存这些物件时,左右我们的判断依据究竟是什么? 表面看来其取决于物件的价值本身,但实际却取决于人类对于物件价值的判断,博物馆学家将其称为"博物馆性"(Muséalité)。无论我们是否意识到,这种博物馆性始终存在,成为古往今来博物馆风景嬗变的内在动因,在其影响下物件从现实的情境下被抽离,后被置于博物馆的情境之中,这一过程被称为"博物馆化"(musealization)。博物馆性和博物馆化及其相互关系直指博物馆产生和发展的根源,因此这种哲学思考引发了一批学者广泛且深入的讨论,感谢概念的提出者斯坦斯基,发展者安德烈·德瓦雷、弗里德里希·韦德哈尔、马丁·谢赫、弗朗索瓦·迈赫斯等,以及国内学者严建强等对其的倡导所引发的中国学界的普遍关注。或许我们可用一句话来解释两者之间的逻辑关系:社会特定时空背景决定博物馆性,博物馆性决定博物馆化,反过来博物馆化反映博物馆性,博物馆性反映特定时空背景。21世纪的博物馆与其诞生之初已经大相径庭,形塑它们的不是博物馆本身,而是个人及社会的价值观,这种价值观又深受当时代社会环境影响。因此,说到底博物馆变迁是博物馆和社会的互动结果,且随着博物馆社会化程度的提高,互动正变得深刻,范围也在逐步拓展。既然这种互动一如既往、无法避免,那么我们需要试图去发现这种互动的变化及其规律,以实现适时调整,促成良性互动,并有效指导我们的理论构建和实践创新。

20世纪中后期以降,博物馆数量的激增,导致政府资助的锐减,民族主义和政治独立运动及工业革命带来的民主化变革,使得机构的社会价值和民众的差异需求得到重视,这种"博物馆性"的改变带来的是"博物馆化"的当代呈现:以藏品为导向的传统博物馆遭到冲击,在传统博物馆不断自我修正的同时,新博物馆学运动和不同研究范式蓬勃兴起。集中反映这种变化趋势的"物人关系"议题由此浮出水面,并自20世纪80年代引

发了我国博物馆界的广泛争论。"从物到人"的观念似乎已成为当前中国博物馆学界的主导性话语。[①]但几乎同时,西方博物馆在与社会互动的适应性调整中,"博物馆性"上又产生了一些新变化,即注意力开始从"观众"转向"合作者"。"许多博物馆专家不仅对这种变化欣然接受,而且从一开始就推动此类事件的发展"[②]。由此可见,为了更好地服务"人",我们已不再将"从物到人"的广泛所指,局限至作为服务对象的"观众",而开始关注作为生产主体的"人",观众只不过是生产主体的一部分,即策展跨界合作的对象之一罢了。正如本书所述:提倡展览由五类团队共同完成,他们是"展览机构倡导者、展览主题倡导者、观众体验倡导者、设计倡导者、项目和团队倡导者",观众仅仅是"观众体验倡导者"的构成部分。

二、横向阐释:通过信息传播获得身心参与的真实体验

如果说"博物馆性"和"博物馆化"的互动揭示了博物馆产生和发展的根源,即纵向规律,那么博物馆的横向业务是否也存在较为稳定的必然联系? 笔者认为横向业务探讨的核心问题是"如何在物的研究、人的研究及传播技术研究的基础上,构建有效对话的阐释系统"。但事实上,这一问题研究的本质对象还可进一步抽象,说到底研究的是"信息传播"。邓肯·卡梅隆、格林希尔、严建强、陆建松、宋向光、黄洋等就曾围绕信息传播这一本质对象展开过直接或间接的讨论,并提出一些有意义的发现:其存在信息的发送者、接受者、反馈者等,且均处于交流互动中。然而,由于当前博物馆已从追求器物欣赏到相关知识的传授再到自身意义的构建,除了应继续研究"信息的加工与传播"外,我们还需探究如何通过信息加工,激发观众身心参与,以实现传播成功。但由于博物馆的信息加工和传播存在于"物与人的对话系统"中,所以相较于其他媒介,其实施过程更显复杂。因为该对话系统的一端连接着物,物的研究是基础,真正吸引观众前往博物馆的往往是特定空间内以物为主角的形象传播体系。对话系统的

① 尹凯:《"从物到人":一种博物馆观念的反思》,《博物院》2017年第5期。
② Polly McKenna-Cress, Janet A. Kamien (2013), *Creating Exhibitions: Collaboration in the Planning, Development, and Design of Innovative Experiences*, Wiley, pp. X.

另一端还连接着人，人的研究是核心，因为人是博物馆服务的对象和发展的根基；此外，还包括沟通"人"和"物"的传播技术，它是促成两者对话的媒介，发挥着桥梁作用。同时，物、人和传播技术三者并非孤立的要素，它们是实现有效阐释与传播不可或缺的有机组成部分。

由此，我们不难发现在整体阐释系统中，"人"的要素居于核心位置，博物馆横向阐释在当时代确实也慢慢呈现出"以观众为导向"的突出特征和发展趋势。正如转型的先锋和社区博物馆概念的倡导者达那（John Cotton Dana），在1917年撰文指出博物馆的首要任务已成为"增加社区民众的快乐、智慧和舒适"[①]所以，我们认为"以观众为导向"是博物馆性在当时代的选择反映，这种价值判断在前文已经有所论及。"以观众为导向"在博物馆横向阐释中地位举足轻重，笔者又认为其内涵颇为丰富，可能存在被简单误读的风险，所以值得我们"大费周章"对于该问题进行较深入的探究。然而若要讨论"以观众为导向"问题，我们又不得不回到"物、人及其关系"问题上来，这种关系的提出和反思均源自国际学术界，后在我国被推向博物馆界的风口浪尖。这本无可厚非，因为其属于元博物馆学范畴下的哲学思考，正如马丁·施尔提出"博物馆本质是人与物关系的形象化"[②]。笔者认为该问题需要分两步来理解。第一步是"理解'从物到人'中的'以观众为导向'"。不能简单将"从物到人"中的"以观众为导向"，单层次地认为是非专业导向、无边界地迎合观众，把人的范畴窄化成博物馆观众相关现象，其还应包括"物"携带的"人"之因素的解读和展示。第二步为"从物到人"的趋势无法代表我国博物馆未来发展的全部。事实上，在一味倡导"从物到人"的认识论背后，存在着这样一个事实：当前我国最为突出且较为缺乏的方面是"人的研究"，即我们对于观众在空间形态下的认知特点和学习行为不熟悉。但是我们却不能因为这一问题导致矫枉过正，或执此废彼。因为在相对传统的物、传播技术的研究方

①［美］史蒂芬·威尔：《博物馆重要的事》，张誉腾译，五观艺术事业有限公司2015年，第56页。
②苏东海：《与国际博协博物馆学委员会主席马丁·施尔对话录》，《中国博物馆通讯》1994年第11期。

面,我们对于物的研究深度和广度仍然不够,对于沟通物人对话的传播技术研究依然不到位,而三者在构建有效的阐释系统方面是统一整体,缺一不可。

因此,我们可初步得出如下结论:提倡观众至上的哲学转向,探索这种转向的展览策略,本身并没有问题且值得肯定,但关键在于物、人及其关系是一个综合体,这种综合体决定了"以人为本"并非单一维度的,在物和传播技术的研究以及阐释系统的构建方面也需要融入"人"的要素。我们接着采用参与性展览这一新生现象继续加以说明。参与性展览是物人关系转向下诞生的展览现象。这种展览类型"不再强调机构的主动灌输和观众的被动接受,而是邀请观众参与,由被动的消费者变成主动的参与者"。①观众在过程中实现了身份"翻转",展览的面貌为之焕然一新:观众成为展览交流系统的重要创建者、故事的一部分,因此更容易被展览所吸引,达成对展览的理解、思考及意义构建。这种类型的展览促进观众声音被"收集",智能被"众筹",更多人愿意走进博物馆,以完成与自己有关的展览体验。所以,巴里·洛德(Barry Lord)在第二版《博物馆展览手册》一书中,于观众四种展览理解方式的基础上,特意增加了第五种模式"参与"。②此时,我们不禁想追问:既然参与性展览已经革故鼎新,其对价值的重置也获得学界认可,那么这种展览类型是否就代表了以观众为导向展览的集大成?我们在策展中只要邀请观众围绕展览内容进行"创作、分享和交流"③,是否就是以观众为导向的最佳践行?

通过上述理念和案例的分析,我们内心似乎已经有了解答。事实上国内学术界就"物人转向"的争议,很多时候并非反对"观众导向",而是对于放弃专业立场、过于迎合观众甚至本末倒置的做法表示忧虑。这样的忧虑不无道理,试想热热闹闹地将观众邀请至策展队伍,就等同于它是一

① [美]妮娜·西蒙:《参与式博物馆:迈入博物馆2.0时代》,喻翔译,浙江大学出版社2018年,第1—5页。

② Barry Lord, Marin Piacente (2014), *Manual of Museum Exhibitions*, Rowman & Littlefield Publishers, pp.17.

③ [美]妮娜·西蒙:《参与式博物馆:迈入博物馆2.0时代》,喻翔译,浙江大学出版社2018年,第3页。

场观众至上的成功展览了吗？究其因在于我们忽视策展本身的复杂性，其构建的是整个阐释系统：包含着物、人以及沟通物人对话的传播技术，不能简单认为将观众纳入就是实现了观众导向，因为展览除了市场立场，还有专业立场，这些属性决定了非专家型观众的参与，虽然有助于观众声音和视角的纳入，但却在专业引领上出现缺位或失位，最终也难以真正地满足观众导向的体验需求。

至此，我们不妨暂时搁置关于"物人关系"的字面讨论，来前瞻性地谈一谈现今国际上这种虽然仍未成为主流，但已成为一种现象的戏剧性改变——"由观众到合作者"。这背后反映的可能是对于"从物到人"在展览问题上的深层解读，其中观众资源的直接纳入只是显性利用，隐性利用则需要我们将观众取向的理念融入所有展览要素。而当前热议的观众参与策展，可能只是达成该目标的手段之一。所以，在物人关系转向的展览策略中，观众加入策展可能是新颖但却表层的实现手段。因为民主化趋势所带来的文化需求增长及其差异化，使博物馆如要满足观众不同结构和层次的需求，就要致力于创建不同视角和不同声音的展览，如此才能与各种类型的观众建立关联，让观众获得有意义或有用的真实体验。而较为深层又富有挑战的践行方式则是寻求专业合作。因为展览策划涵盖学术、视觉、空间、审美、认知、情感、费用、时间等诸多要素，极具专业性和综合性，因此"整合或寻求资源，以补充自身服务观众的不足，或扩展自身服务的优势"迫在眉睫。针对这种横向阐释的当时代需求，全面合作将成为观众导向阐释成功的重要手段之一。然而，要真正将全面合作落到实处，恐怕还需要从两方面着力：一是对观众认知规律的把握；二是对展览专业性的探寻。下面将从这两方面论述一二。

三、创新体验：发现并利用观众最底层的认知机制

既然要将观众要素纳入展览要素，那么就需要探究观众在博物馆空间形态下的认知规律，这是创建积极体验无法回避的问题。每位观众从打算参观展览的那一刻起，到实际走进展厅，以及参观后数日、数月、数年对该展留下的记忆，这些构成了他们独一无二的体验。这种自由选择的

体验相较于其他的学习行为，是一种借助真实物件的真实体验。只不过在19世纪到20世纪前半叶，这种体验通常是一种被动体验，借助物件实现信息的单向输出，因为当时展览往往是"永久性藏品的相对静态展示"[1]。直至20世纪后半期，博物馆性的改变使我们明确"展览不仅有关物，还为了人，观众满意才是展览奋斗的目标"。[2]由此展览开始致力于创建一种积极的体验：促使观众身心参与，在理解的同时满足其兴趣、重塑价值观、改变态度，如果用18世纪的术语形容，那就是"启蒙"。[3]可见，如何创建真实体验，使其不仅关联知识，还连接情感，已不只是技术层面的设计问题，更是认知层面如何与观众沟通的问题。

　　本书的贡献不仅在于论述如何合作策展，还在于合作的目标是规划、开发和设计"创新的体验"。书中的五类倡导者也始终围绕该目标展开工作："机构倡导者"要明确展览是一个可行的创意，它能使观众获得与使命相关的有意义的体验。"主题倡导者"会选择观众足够感兴趣并能产生好奇心的主题，使观众得到更多真实的体验。"观众体验倡导者"在传统的策展角色中并不存在，属于一类包含展览开发者、教育者和评估者的新角色，是五类倡导者中与观众体验最直接相关的，他们会系统思考观众将获得哪种体验，并为这种体验设定认知与情感目标，将抽象的学术内容变成观众能理解和参与的有形体验。"设计倡导者"需要将展览主题和想法变成一种感官的、空间的实体设计，确保观众感到展览体验舒适且难以忘怀。"项目和团队倡导者"则确保团队能按照流程设定的时间和预算有序推进，是创建最佳体验至关重要的促进者和指导者。综上，五类倡导者从不同角度出发，围绕各自内容和阶段，以创新体验为共同目标，形成了彼此互动的最佳方式，最终站在观众视角达成基于展览传播目的的"最佳"体验。

---

[1] Barry Lord, Marin Piacente (2014), *Manual of Museum Exhibitions*, Rowman & Littlefield Publishers, pp.8.

[2] Polly McKenna-Cress, Janet A. Kamien (2013), *Creating Exhibitions: Collaboration in the Planning, Development, and Design of Innovative Experiences*, Wiley, pp. 26.

[3] Barry lord, Marin Piacente (2014), *Manual of Museum Exhibitions*, Rowman & Littlefield Publishers, pp.13.

创新体验的讨论,至此似乎可以戛然而止,但我们仍然意犹未尽,想进一步追问:为何五类团队的合作能促成体验的创新,究竟是什么因素主导着创新体验的成功? 每当认知发生时,最为底层的作用机制究竟是什么?,而非仅限于如上文中针对实际操作的做法罗列。事实上,人类认知世界、表达情感和组织意义存在着重要的载体[①],即"隐喻"与"转喻"。此两大概念的最早提出者,可追溯至20世纪60年代的雅柯布森,他在研究人类失语症时发现相似性和接近性两大主要障碍,认为"隐喻"与相似性障碍不相容,而"转喻"则与接近性障碍不相容。[②]但并未对这些概念做明确界定。究竟何为"隐喻"和"转喻"?"隐喻"是指不同高级经验领域里两个概念的映射,即将源域的特征映射到靶域,或者说靶域的概念可通过源域来理解。[③]本质上是"用一种事物理解和体验另一种事物"[④],表示的是相似关系。概念系统通常是在隐喻基础上建立的。"转喻"是指由相同经验领域或概念结构内的映射构成。[⑤]其本质是"用突显的,重要的,易感知、记忆、辨认的部分代替整体或整体的其他部分,或用具有完形感知的整体代替部分"[⑥],表示的是临近关系。也就是说,同一认知领域中,用一个范畴激活另一个,使后者更为突显。综上,"隐喻"通常揭示的是事物之间的相似性,而"转喻"则是揭示临近性,"隐喻"是双向的、可逆的,而"转喻"则是单向的、不可逆的。在人类认知发生作用时:选择(或联系)表现为相似性(隐喻);结合(或横组合)表现为接近性(转喻)。[⑦]其中,"转喻"

---

① 王小平、梁燕华:《多模态宣传语篇的认知机制研究》,《重庆交通大学学报(社会科学版)》2015年第6期。

② [美]特伦斯·霍克斯:《结构主义和符号学》,瞿铁鹏译,上海译文出版社1997年,第78页。

③ G. Lakoff, M. Turner (1989), *More Than Cool Reason:A Field Guide to Poetic Metaphor,* The University of Chicago Press, pp. 103–104.

④ Lakoff George, Mark Johnson (1980), *Metaphors We Live By,* University of Chicago Press, 1980.

⑤ G. Lakoff, M. Turner (1989), *More Than Cool Reason:A Field Guide to Poetic Metaphor,* The University of Chicago Press, pp. 103–104.

⑥ Lakoff George, Mark Johnson (1980), *Metaphors We Live By,* University of Chicago Press.

⑦ 胡妙胜:《演剧符号学》,上海古籍出版社2015年,第66页。

是"隐喻"基础,它为"隐喻"提供依据,并共存于连续体中。"而在'转喻'向'隐喻'发展的过程中,会受两方面因素的主导,一是'转喻'的经验基础会制约'隐喻'的源域及映射的选择,一是抽象程度机制,抽象程度的高低影响着某一映射更接近转喻的可能,这一抽象过程本身就是'转喻'的。"①为此,我们需要有意识地发现、积累和使用能够提升认知、激发情感的相似和相关之处,通过嫁接这些体验,实现创新成功。

当我们回过头再次阅读本书时,会发现书中因角色和责任不同所区分的每类倡导者,似乎都在努力寻找或使用人类具有普遍意义的相似性和临近性。尝试将散落至书中的相关内容抽离出来,看看它们是如何利用"隐喻"和"转喻"这两种人类基础的认知机制,有效地规划创意体验?一是招揽更多的人、组织更有用的资源和鼓励更有效的想法。该项工作通常由机构倡导者承担,他们为认知的隐喻和转喻奠定了基础,创造了可能。二是从提供海量信息到鼓励身心参与。这种科研和科普的平衡工作通常由主题倡导者负责。因为当前多数观众是外行或入门者,为实现与观众认识相似和相关,我们不应专注于提供百科全书式的知识和事实,而是应去鼓励观众的身心参与。主题倡导者需要回到学习该主题时的起点,追忆当初激发兴趣的那一刻,发现知识或情感上的共同点为展览所用,促使观众在关联、互补和对比时,能用转喻去发现,用隐喻去理解,而非一味使用缺乏同情心的专业知识去吓跑观众。三是将社区或公众纳入,使其成为潜在的主题开发伙伴。尤其当主题存在争议或较为敏感时,主题倡导者应考虑这部分的合作对象,使收集到的多元化"声音"成为差异化观众隐喻或转喻的基础。四是开展文化潮流研究。展览主题倡导者或观众体验倡导者需要通过是互联网、图书、电影和戏剧等,掌握展览主题相关的文化潮流,洞察观众的不同经历,了解他们拥有的文化印记,而这些恰恰是隐喻或转喻的作用对象。五是撰写展览踏查(exhibition walkthrough)。所谓展览踏查是从观众角度对展览进行描述,包括被感知的内容和为展览准备的教育活动,旨在使观众的整体体验收获大于部分

---

① 束定芳编:《隐喻与转喻研究》,上海外语教育出版社2011年,第407页。

之和。同时，它也是说服力强的评审文件和重要的筹款资料，以及实体设计的参考依据。这份踏查实际是预先了解"隐喻"与"转喻"发生的情况及其效果。总之，五类倡导者在人员构成、目标设定、内容组织、文件撰写、观众研究、实体设计等方面都进行了颇具意义的探索与总结，以促使人类认知机制中"隐喻"和"转喻"发生，以及体验创新、传播目的和机构使命的达成。

四、专业之路："标准化"与"创意性"之间的博弈

在"以观众为中心"的博物馆阐释中，观众通常无法始终参与到策展中，更多时候策展团队需要以"观众代理人"的身份置身其中，但若要与此身份匹配，除关注观众的认知规律外，还需要于此基础上探索博物馆策展的专业性。正如陈同乐老师曾担忧过的：博物馆与博物馆学相距如此遥远，博物馆学人似乎有些远离博物馆人。这种忧虑透露着对现状的深刻洞察和人文关照，颇具道理。理想状态下，真正好的研究不应是与实践疏离或相悖的，而应是知行合一的。笔者时常在想，当博物馆人正在为蓬勃发展的博物馆事业忙到不可开交时，学术界究竟能为其提供哪些可能的研究贡献——具备应用价值的理论和做法？专业化之路，除了离不开博物馆人实践出真知的理性探索，还离不开博物馆学人在实证调查或理论推演之上的学术积淀。

19世纪末到20世纪上半叶，博物馆专业化出现。1981年，里维埃尔曾为博物馆研究的两个基本概念——博物馆实务、博物馆学——下过著名的定义。博物馆实务（museography）是指"博物馆中所有应用的技术和实践部分"；博物馆学（museology）则是"一门应用科学，也是博物馆的科学，它研究博物馆的历史与社会角色，研究、保存、展示、推广活动的特殊形态，组织与功用，建筑，基地，分类法及道义学"[①]。1947年后，"博物馆学"一词开始被广泛采用。1963—1964年，终其一生都在致力于把博物馆

---

① ［法］安德烈·德瓦富、方斯瓦·梅墨斯编：《博物馆学关键概念》，张婉真译，Armand Colin 2010年，第41页。

学发展成一门学科的斯坦斯基在布尔诺大学开创博物馆学系。1970年，里维埃尔在巴黎开设博物馆学课程。1966年，英国莱斯特大学创立博物馆研究系，他未采用"博物馆学"，还是使用"博物馆研究"，因为在其看来，科学博物馆学传统在东方国家。国际博协博物馆学专委会主席弗朗索瓦认为20世纪70年代新博物馆运动兴起后，英美国家出现的更多是博物馆新现象，开展的是"博物馆研究"。"博物馆研究"是将博物馆视为一大研究领域，而非一门学科。斯坦斯基、彼得·冯·门施等东方学者是科学博物馆学的坚定拥趸者，在中国，博物馆学也作为一门具体学科被列入大学的课程体系。在展览领域，一方面近年来展览论著与日俱增[1]，相关概念和理论[2]推陈出新，但另一方面专业性问题也始终面临着拷问。其中一个难以规避的问题就是"标准化"和"创意性"之间的博弈。策展是否应当追求"标准化"，如果不存在"标准化"，那么何谈科学展览理论的构架？因为"每个展览都是独特的：即使是相同的物体在另一个空间展示时，看起来也完全不同"[3]。策展的专业化之路究竟该何去何从？如何以思辨乃至批判的态度去看待本书对于我们的借鉴价值？

事实上，书中已经开宗明义地给予了解答："展览的五类倡导者及其工作，对于创建一个具有创新性和成功的展览都是必须的，通常也存在应

---

① 专著方面，《博物馆展览手册》(*Manual of Museum Exhibitions*)第一、二版，《展览：概念、规划和设计》(*Exhibitions：Concept，Planning and Design*)，《展览改造》(*Exhibit Makeovers*)，《博物馆展览策划：理念与实务》，《博物馆设计：故事、语调及其他》，《更上层楼：史密森展览研究》(*A Study of Exhibition at the Smithsonian Institute*)，《展览成功的十点和失败的十点进行概括》(*Organizing Exhibitions: A Handbook for Museums, Libraries, and Archives*)，《在展览中的文本》(*Text in the Exhibition Medium*)，《展览标签：一种阐释的方法》(*Exhibit Labels: An Interpretive Approach*)第一、二版等分别就展览策划步骤及其方法、流程及其内容，甚至说明标签著书立说。

② 概念和理论方面，博物馆疲劳、右转倾向、资料定向、模拟沉浸、动机、日程等概念的提出，以及阐释理论、空间叙事学、结构主义叙事学、编码解码理论、叙事心理学、环境心理学、认知心理学、完形心理学、体验偏好理论等相关理论的探究，使策展应用型理论在博物馆母体学科中的重要性已不言而喻。

③ Freda Matassa (2014)，*Organizing Exhibitions: A Handbook for Museums, Libraries, and Archives*, Facet Publishing, pp. XⅧ.

遵循的策展阶段顺序,但这些都只是提供一种指导而非一种规则。"①也就是说,由于展览规模、类型和经费等存在差异,并非一切展览都需要所有关键路径,且每一步骤的时间安排也会有所差异。据此,我们可以这样认为,即便策展工作充满创新性,但同样存在"标准化"问题,只不过这种"标准化"应当是较为笼统粗放的,提供的是一种策展的基本指导,使之具备充分的灵活性,为"创意性"开辟一定的空间和条件,而非扼杀,以及"为考而教"。瑟雷尔认为展览存在"最低共同点",并明确表示我们值得用最大的努力去寻求服务于最常见的共同点。虽然过去在"标准化"方面的探索令很多博物馆从业者感到不解,但如果没有规范性的标准,策展工作充满未知,那么我们就没有办法确定工作的方向,衡量工作的成效。我们不能也不应由于策展具有鲜明的创意性而放弃探索标准化,两者实际上并不矛盾。如美国博物馆联盟之下的卓越展览奖按标准评选,但展览标签写作卓越奖则由评委提供获奖理由,依据具体的展览要素确定标准的弹性程度。"标准化"和"创意性"的并存与共舞,反而有助于推动两者互相促进、螺旋上升。

在解答上述问题后一个新的问题又接着出现,本书中的"标准化策展"是立足于西方国家的实践,那么其是否存在明显的全球适应性争议,我国能否对它进行简单照搬? 如果不能,那我们又当如何更好地使用这本书,其是否具备国内推广的可能,又有多少调整空间?

受制于管理体制、资金来源和收费分配等因素,我国策展主要分为三种情况:第一,内容和形式均由馆内相关部门负责;第二,内容由馆内相关部门负责,形式等外包给外部第三方;第三,展览所有业务均由外部承担。自20世纪90年代以来,由于受欧美展览业务制度和实践经验的影响,又催生出第四种情况:上海博物馆、南京博物院、广东省博物馆等开始建设策展人制度,试图组建以策展人为领导核心的合作团队。这一制度有助于整合展览资源,促使策展人与所涉部门便捷沟通。但这不同于西

---

① Polly McKenna-Cress, Janet A. Kamien (2013), *Creating Exhibitions: Collaboration in the Planning, Development, and Design of Innovative Experiences*, Wiley, pp. 260.

方主要采取理事会领导下的法人治理制度,他们的策展以藏品部或研究中心为学术后盾,以基金会等多种来源为经济后盾,而我国即便是采取策展人制度,策展人的主要职责集中在展览的内容策划,通常由一位策展人对接一组实施机构,策展人的权力和作用、制度运行效率、展览评估机制等仍存在限制,策划一个优秀展览时会遭遇很多意想不到的难题和麻烦,策展过程通常非常艰辛。因此,总体而言,我国基本还不具备本书所主张的深度合作策展之土壤和条件,直接效仿西方设置五类倡导岗位为时尚早,但其所倡导的五方面内容,却能为我们策展提供工作分解的思路,以及分解后各个领域必要的技能和方法。

一方面,本书促使我们明确在创建展览时,除了要关注传统意义上的主题、内容和形式及制作等问题,还应当重视对机构使命、观众体验和项目按计划推进的倡导。书中提出的五类倡导中的任何一类对展览成功都至关重要,因为策展本身涉及的不仅仅是展品,还涉及观众的服务和过程的组织,谁参与了该过程及其带来的结果都会影响展览的最终成品。虽然内容是策展的核心要素,但其他方面同样不可偏废,因此需认识到展览的五方面工作,设计合理的任务结构,熟悉这些领域重要的技能和方法。同时,书中提出五类倡导彼此存在工作的重叠,但合作良好的团队应互相支持,避免各个领域遭到摩擦和忽略。通常在策展的前两个阶段——概念开发和方案设计——中,工作主要是基于团队展开的,但到了其后三个阶段——设计开发,施工图、投标制作和布展、开幕及开幕后的修改和归档,各类倡导者会分开工作,但仍然需向团队报告具体的工作和成果。

另一方面,本书促使我们深入了解各方团队在合作中可能预见的困难,洞悉有效合作实属不易。如同书中所论述的:"机构倡导者的困难在于做出授权并规定权限,同时保持与项目联系;主题倡导者的困难在于海量信息、专业知识与作为入门水平的观众接受之间的平衡;观众体验倡导者的困难在于寻找适合观众和博物馆的想法及体验;设计倡导者的困难在于为公众创造精美且有意义的实体体验,找到感官和空间问题的解决方案;项目的团队倡导者的困难在于让团队成员遵照进度表和预算并达成共识。"团队除了在各自角色和职责方面会遇到困难外,在朝着为共同目标而努力的合作中亦是困难重重。因为合作不是一种本能,而是一种习得行为,为一种耗时和艰难的体验。缺乏信任、害怕冲突、缺乏承诺、规避责任和无视结果都将导致合作障碍,合作的成功取决于共识的达成。书中特别强调了神似合作实为虚假合作的两种情况:其一,团队成员中每个想法都未被忽视,只能在众多观点中选择一个乏味的折中观点,书中将其称为"集体迷思";其二是团队中最自信或最强势的人提供主流意见,其他成员只是顺从。

五、基于实物学习的科学:不同于借助符号的间接学习

(一) 超越机构的博物馆现象产生之根源

改革开放四十多年来,我国博物馆的数量增长约14倍,近年来博物馆又晋升为热门打卡地,除了人们成长性需求攀升、媒体节目的催热、博物馆的免费开放等主客观因素外,其吸引人前来的根源究竟为何? 围绕博物馆现象开展研究的独特价值又为何?

自然、社会及其所产生的文明如同历史长空中的流星,早已消逝在深邃遥远的过去,留下了壮观的遗迹、精美的物件、凝聚匠心的非遗以及令人遐想的悬念。这些尽管只是记忆的碎片,但它却以真实的物证身份出场,能够行之有效地为我们重构某一位先贤或帝王、某一场盛会、某一场战争、某一个行业等。同时,为了说明某种真实的现象或原理,装置或造型物还可被创造,卡梅隆用"动态验证"来说明进行再现事实的展项,它们同样具备真实性。这种真实性为博物馆带来了永恒的魅力,观众被实物展品及其所载的信息所吸引,因为这些信息不同于报纸、网络信息,其在原载体上,真实且唯一。

同时,当我们抬头极目远眺时,还想进一步寻问:日常生活中存在商店、医院、体育场等不同的机构,但为何只有博物馆超越了机构本身,发展成为一门独立的学科或一种研究对象? 当它超越机构本身时,事实上其已经不再是博物馆,而成了一种人类依托实物进行学习的媒介。众所周知,人类间接学习的方式通常有两种:借助能被识别的符号来学习,以及

借助能被感知的实物来学习。同时,博物馆非正式教育的属性又帮助人类基于兴趣、需求的自由学习。或许正因如此,当前展览突破了博物馆的空间局限,以学习媒介的形式出现在任何被认为合适的空间里,如公共建筑中的大学、医院、剧院内,以及私人组织或公司,成为值得关注的重要学习场所。或许我们会发现其中某些地方并不使用实物,而只是展出图片或使用多媒体,但是它们之所以能被呈现,依托的同样是实物所载信息,本质上它们也提供了基于实物学习的平台。"美国博物馆联盟和加拿大研究协会也表明,公众对于博物馆的信任高于对大众传媒、互联网和教师的信任。这种令人惊讶的发现与真实物件的重要性,以及博物馆研究的价值不谋而合。"①

(二)基于实物学习存在的四点困难

博物馆以视觉形象作为主要传播载体,成为人类依托实物进行学习的媒介。当我们在肯定这一传播媒介优势的同时,也不得不承认该媒介自身存在的"痼疾"。感谢弗朗索瓦的系列授课给予的启发,促使笔者提出以下三方面的思考:

第一,尽管实物是自然变迁、人类行为和日常生活中的物质遗存,但它们却不像文献等语词符号的材料,能够不言自明或不证自明,不仅要依靠交叉学科和科技手段来整合研究成果以提炼重要信息,还要依靠展览实现这些信息的二次转化,以视觉化、生动性和体验感的特点吸引普通受众,否则这些实物只能成为相关学者的科研对象或研究材料。

第二,博物馆里的实物反映出的只是某种真实性,但并非事实本身。弗朗索瓦将这一点视作博物馆学的根本要点之一。英国博物馆学者肯尼斯·哈德森为阐明该原理举了一个例子:"博物馆里展出的老虎标本,只是老虎标本,而非老虎本身",因为这种老虎只不过是披了一层虎皮,身体内部被填塞了干草等材料,它已经不是一只真的老虎,我们也不会担心会被

---

① Barry Lord, Marin Piacente (2014), *Manual of Museum Exhibitions*, Rowman & Littlefield Publishers, pp.1.

它吃掉。因此,博物馆里的某些展品只是某种真实的再现之物。彻底地还原事实本身是一个伪命题,但我们仍需尽可能缩小其与博物馆表达的差距。

第三,这种实物并非普通物件,而是处于交流系统中的物件。当观众带着个人背景进入博物馆,采用具象方式、或具象到抽象的方式与物件进行个性化的沟通时,交流效果的达成,除与千差万别的观众自身有关,更与策展工作密不可分。因为即使是面对同一批实物,不同的策展人将会构建不同的交流系统。实物在交流系统所处的位置、所揭示的分层信息,所采用的传播方式都是可以被选择和组织的,而这些将会直接影响展览传播目的的揭示,展览内容的理解,进而影响机构使命宗旨的达成,因此策展工作意义重大。

综上,博物馆学探讨的问题似乎已经不再局限于博物馆机构及其实务本身,其研究将要探究的是一种人类基于实物学习的科学。这种间接学习的科学不同于我们传统的通过书本等的符号学习,它是直观而感性的、跨学科而可参与的,有实物呈现而又有现象还原,通常会提供感官刺激、认知提升或"触物生情、睹物思人"的情感体验,最终构建出个性化的意义。或许这才是博物馆学或博物馆研究的真正价值所在,亦可用以解释当前泛博物馆现象比比皆是之根源。作为积极政治价值的必要形式,博物馆身处文化强劲发展的时代,同时,这又是一个超节奏社会和终生学习的时代,为打破人类生活时空的局限性,除依靠图书等精细的符号学习之外,另一种借助实物的粗放学习,似乎正适逢其时。

六、结语

在翻译本书的过程中,无论是行文思路还是核心观点,对笔者来说都是发蒙启滞的,上述四方面的浅析只是笔者的一孔之见,若继续追问:此书给予笔者的最大冲击为何?或许是该书实用性和开放性兼具的诚恳。本书的最终落脚点在于通过策展来创建体验,而该结果需要通过五方面合作来实现,因为没有样样精通的全才,而策展又需要不同的专业知识,因此我们必须精诚合作。本书虽然分享了合作的普遍经验和适用方法,但依然指出其并非是"万精油式的解决方案",鼓励我们在特殊情况下仍需探索最佳的实践方式。这种在苦苦寻觅标准化的同时,保持开放性的平衡恐怕不仅是西方展览的命题,同样是中国的命题。随着中国步入博物馆高速发展通道,这种盛极一时的繁荣,是否真的能为我们创造转型的契机,以切实提升展览传播效益,从而提高重复参观率和增加新观众?静水深流,展览不能再止步于宏观层面的程序性问题探讨,还需要重视微观层面的标准化研究,最终使为观众创造出一种基于实物的有意义体验,从而激发观众独特的情感流动,最终超越其机构本身,提出和完善一种人类基于实物学习的独特科学。因此,我们一方面要熟悉西方策展的理念和做法,一方面也要意识到东西方起始条件和阶段性的差异,学会在比较中借鉴,以及在改造中使用。比如,我国地方博物馆展览难点在于藏品同质化,迫使我们概念先行(用辅助展品及其组合来弥补代表性藏品不足),而西方则是面对海量藏品寻找其相关性,但西方这种瓶颈也可能会在我们未来完成科学藏品收藏体系建设后出现。近年来,面对西方展览论著与经验的涌入,我们既要开眼看世界,具备国际化视野,试图从西方找到"治展良方",更要开展本土化的探索,秉承分类分众的学术态度,构建基于中国实践的理论自觉。本书中文版的面世是对前者的一种回应和努力,但是后者那么多悬而未决的问题,更加要等待国内博物馆去上下求索。

行文至此,笔者想交代一下本译著的成书过程。本译著能与诸位见面,并非借我一人之力,因此想借此机会感谢过程中为此做出贡献的师友们。2015年当我还在上海工程大学任职时,在职攻读浙江大学文博系博士后,恰博士后导师严建强教授正打算出版一套博物馆学译丛,我有幸接收到邀请。非常感谢严老师的充分信任,以及给予足够时间和大量帮助,内心涌现的是无限感恩。但在选择外文图书时陷入胶着,由于此时正值访学期间,国外导师Kym Rice果断地向我推荐了此书,此书当时也是乔治华盛顿大学的展览课程用书,谢谢Kym在我举棋不定之际为我指点迷津。翻译过程中,复旦大学文博系陆建松教授常常给予我鼓励与支持,每每回想起来都令学生温暖无比,非常感谢,一切皆感恩于怀。初稿完成后,复旦大学外语系博士生江雨斯和文博系硕士生邢池、赖颖滢、黄俊仪对其进行审校,感谢她们的辛勤付出。围绕书中出现的基本概念或新名词,我的导师们、师门小伙伴、复旦大学博物馆学专业的老师们、台北教育大学林咏能教授、北京大学宋向光教授、上海大学段勇和潘守勇教授、南京博物院陈同乐研究馆员、加拿大皇家安大略博物馆沈辰博士、湖南省博物馆陈建明研究馆员、上海博物馆郭青生研究馆员、广东省博物馆王芳博士、CMRC的张旎主任、广州美术学院付文军老师、美国大都会博物馆亚洲部孙志新博士、首都博物馆李吉光博士等,都以无与伦比的专业学养、磊落襟怀和善良热情,给出了极富建设性的意见,在此深表感谢。还要感谢上海工程技术大学张建明、闫宏微、张烨老师,在那段工作时光中的相携相助。浙江大学出版社陈思佳编辑、陈佩钰编辑从始至终对译稿的认真审校,以及程晨编辑用心的封面设计,为译者添砖加瓦。

　　本书是笔者首次承担著作翻译工作,历时三年多,有些词句多次推敲(致谢作者和师友们重要而中肯的反馈),希望译著既能忠实于作者的原意,又能尽量适合中文语境,同时减少复杂句以便于阅读。但笔者深知自身才识浅陋,初涉译书实感不易,若存在不当之处,全系我个人之责!在理性的逻辑思维让位于感性的视觉呈现,视觉传播呈现出前所未有的时代特征之际,如何以博物馆尤其是展览作为媒介,审视先辈遗留下的宝贵遗产和文明碎片,在证经补史的同时透物见人,从而使物载信息获有效地传播和启蒙当下,并且代代相承?当《国家宝藏》节目中《一眼千年》那首歌的旋律响起,这一使命牵动着每一位博物馆人的心。尽管我们在策展的理论构建和实践创新上任重而道远,但这一过程从来不是一蹴而就的,也许经过一代代博物馆人的努力我们依然对很多问题深感困惑,但此时我们却可以自信地说我们困惑的层次提升了,困惑的问题变得更加重要了。因为有一群领着微薄薪水而执念不改的博物馆人,他们并未因繁华盛景而迷失,也未因困难重重而妄自菲薄,正诚实而勇敢、踏实而坚定地走在路上!

周婧景

2020年2月10日

致中国读者

本序言将会更有针对性地帮助中国读者，以便你们能更好地理解这本书的内容及其意义。

本书是由两位国际知名的博物馆专业人士共同撰写的，这两位都是富布赖特专家、高级研究员、已发表过作品的作家、演说家、教授和屡获奖项的从业人员，拥有超过60年的从业经验。另外还有35名人士对本书做出了贡献，他们中的每一位都以其在该领域的丰富经验和专业知识而享有盛名。本书旨在为设计和博物馆专业的学生，以及博物馆和文化领域的从业人员，提供必要而长期有效的参考资料，以便他们能在其整个职业生涯中进行反复阅读和参考。本书包含了多个国际案例研究、访谈、引述、图示和示例，为读者提供所需的最佳实践和创新工具，从而改变他们在博物馆和策展上的工作方法，树立起以观众为中心的思维方式。本书的作者已经获得世界各地博物馆的领导们的赞誉，认为该书提供了深厚而长期有效的资源，从而激发灵感和创新。

在过去的10年中，博物馆领域经历了重大的发展和演变。世界各地的博物馆都重新评估了它们在社会中的存在目的及其功能（博物馆的使命）。通过技术，人们可以即时地访问各种信息，以及接触各种虚拟体验和最前沿的研究。因此，博物馆必须考虑提供更多的体验活动，而不是仅仅展示带有策展信息的物件。博物馆明白它们需要与日新月异的社会关联起来并做出回应。

本书五个"倡导"部分所阐述的理论和实践,在该领域的进化发展过程中,支持并启发我们去采用新的方法。在这一不断演变的过程中,最重要的原则包括:

● **改变博物馆的机构使命和宗旨**

博物馆已经从储存藏品和知识的场所发展成为能够倡导社会、城市和环境正义问题的机构,并且积极与博物馆高墙之外的人们互动。本书概述的机构倡导者将是确保能够阐明和应对这一最新思想的人。

● **使博物馆民主化**

博物馆既是"教学"的地方,但也必须是向观众学习并允许他们参加相关活动的地方。博物馆已经将其开发内容的方式从纯粹"教授"社会中应有价值观的专家策划模式转变为收集包容和复杂观点的模式(大家都有权力发表看法)。本书概述的主题倡导者将是确保能够阐明和应对这一最新思想的人。

● **社区参与**

博物馆正在从身心层面寻求以更广泛的方式与其所在的特定社区接触,从而为博物馆的使命、展览和教育方法带来新的评估和阐释方法。博物馆已经真正地进入更多不同的社区空间、地区、城市,以及促成更多的全球交流和联系。本书概述的观众体验倡导者将是确保能够阐明和应对这一最新思想的人。

● **共同创造 —— "与众不同"**

博物馆已经开始在创建展览体验活动时利用"设计思维"(design thinking)①和合作原则,在"共鸣驱动"的过程中与确定的社区和利益相关者合作,以识别需求、社交互动和学习风格,并测试可能的解决方案。本书概述的设计倡导者将是确保能够阐明和应对这一最新思想的人。

● **团队扩张**

众多博物馆已经扩张了其团队和流程,以纳入更广泛的利益相关方

---

① 美国斯坦福大学定义的"设计思维"(design thinking)是一种以人为本、以原型驱动的创新方法,它采用的是与客户合作、允许团队有多种意见、进行原型测试以及持续开展团队学习的迭代方法。

（潜在观众、社群、文化被展出的人群、机构合作伙伴、资助者，等等），这些利益相关者可以为体验和展览的创建提供信息和支持。本书概述的项目和团队倡导者将是确保能够阐明和应对这一最新思想的人。

序　言

当受邀撰写此书序言时,我实在受宠若惊,却心存疑虑。彼时我刚刚担任波士顿儿童博物馆的负责人,知道有许多博物馆负责人比我更能胜任推荐这部重要作品的工作。然而,当我读完该书第一章时,便明白了他们邀请我的用心。创建博物馆展览是一项复杂又极具挑战性的工作。作为一个新手,我发现《博物馆策展》一书让我眼前一亮,带我进入了一个能够理解和充满知识的世界,为我提供了许多新观念和新想法,以及拥有着一些与我经历惊人相似的东西。

作为一名歌剧团和剧院的制作人,在本书中,我发现了策展中同样需要并行处理的流程。我们首先需要决定演出的歌剧或戏剧,就像决定展览内容和主题一样。而后,这本书描述了创意团队的倡导岗位,这在歌剧制作中也有直接对应的角色:项目倡导者(歌剧制作人)召集团队;策展人对主题进行倡导(剧场指挥也是如此);展览开发者/教育者是观众倡导者(就像剧场导演);另外,展览和戏剧制作都会用到设计师和制作经理。两类项目经历的流程很相似,都需要通过创新性的合作在激流险滩中奋勇向前。作为机构倡导者的我,以前为剧院工作,现在为博物馆,这样的背景让我明确自己的角色,但同时也让我对这个互动参与性较强的领域及其特殊性有了更清晰的认识。书中的标题"合作不易"所言极是,我十分清楚用合作创新的流程来领导团队的艰辛。然而,正如麦肯纳·克雷斯和卡曼所断言,这样的努力是值得的,因为此举能够推动想象、创新和最大限度的参与。

本书的九章内容,为展览的开发和设计提供了必要指导。此书采用的是一种开放式的实用风格,将注意事项与规则结合起来,使得无论是新手还是经验丰富的专家,都能熟稔展览从起步到开幕后的策展过程;从合作流程开始，包含了所有重要的观众体验，再到设计、预算、制作和评估。而开放式的特征也使得团队能实现其流程和做法的灵活性。每一章的插图都十分精美，并包含一系列宝贵的案例研究，起到聚焦和启发的作用。本书集专家之智力和大师之思想写成，让我们能够站在观众的角度思考问题，促使我们把对主题的热情和喜爱结合起来，如此才能为观众创造出既富教育意义，又能促成情感的深入参与，还具备高度相关性的体验。

对博物馆负责人及机构倡导者而言，每一天都是演出日，本书将给每一个寻求为观众带来最刺激、最具革新性、参与度最高的策展之人提供帮助。无论新手还是老手，此书都将为其提供来自策展领域两位传奇领袖所给予的全新灵感和指导。

卡罗尔·夏诺（Carole Charnow）
波士顿儿童博物馆主席及首席执行官

致　谢

本书撰写过程中，有太多人向我们伸出了援手，在此无法一一致谢。首先，我们得感谢艾丽娜·惠勒（Alina Wheeler），没有她，就不会有此书。在此书撰写过程中，正是她的专业和无私的支持给予了我们坚持下去的信念，让我们确定"本领域正需要此书"。

特别感谢我们多元的作者们：莱斯利·贝德福德（Leslie Bedford）、拉斯·卡尔森（Lath Carlson）、理查德·克雷斯（Richard Cress）、杰夫·海沃德（Jeff Hayward）、劳伦·赫尔（Lauren Helpern）、埃里克·基斯纳（Erika Kiessner）、翠西·克莱柏·波里曼尼（Traci Klainer Polimeni）、唐娜·劳伦斯（Donna Lawrence）、理查德·刘易斯（Richard Lewis）、保罗·马丁（Paul Martin）、瑞秋·麦加里（Rachel McGarry）、多蒂·迈尔斯－亨巴（Dottie Miles－Hemba）、杰西卡·纽沃思（Jessica Neuwirth）、黛安娜·佩尔洛夫（Diane Perlov）、戴娜·思加罗斯（Dana Schloss）、莱斯利·斯沃茨（Leslie Swartz）、查理·沃尔特（Charlie Walter）、莎丽·罗森斯坦·韦布（Shari Rosenstein Werb）、凯瑟琳·齐费（Katherine Ziff）。你们丰富的经验和知识是本书得以充实的关键。

谢谢威尔·霍博肯（Wiley Hoboken）团队，此团队由玛格丽·特康明斯（Margaret Cummins）创立和领导，团队成员包括潘妮·梅斯（Penny Makras）、迈克·新（Mike New）、劳伦·波普劳斯基（Lauren Poplawski）和道格·萨尔韦米尼（Doug Salvemini）创建和领导。

还要向珍妮特（Janet）团队的所有成员表达感谢和爱意：阿尼巴尔·奇卡尔迪（Anibal Cicardi）、阿尔多（Aldo）和达里奥·奇卡尔迪（Dario Cicardi）、莱斯利·贝德福德（Leslie Bedford）、塔蒂亚娜·福尔肯（Tatiana Falcon）、辛吉·汉森（Sing Hanson）、汤姆·哈里斯（Tom Harris）、杰夫·海沃德(Jeff Hayward)、伊莲·休曼·古里安(Elaine Heumann Gurian)、凯瑟琳·希尔(Kathryn Hill)、保罗·马丁(Paul Martin)、帕姆·帕克赫斯特(Pam Parkhurst)、迈克尔·斯波克(Michael Spock)、莱斯利·斯沃茨(Leslie Swartz)。你们太了不起了。尤其是杰夫·海沃德(Jeff Hayward)和莱斯利·斯沃茨(Leslie Swartz)。在我们最困难的时候,多亏这两位的帮助,一切才得以按计划进行,本书的完成离不开你们在知识和感情方面的慷慨付出。还有保罗·马丁(Paul Martin),无论在工作还是生活上,你都是我们不可或缺的朋友……你帅呆了①!

马克·达尔拉格(Mark Dahlager)和安妮·巴特菲尔德(Anne Butterfield),谢谢你们不止一次地阅读整本拙作。戴维·卡恩(David Kahn)和卡罗尔·查诺(Carole Charnow),谢谢你们作为我们最忠实的拥趸者,阅读了本书前面的章节,并给出了重要的反馈。

感谢阿卢斯夫公司(Alusiv Inc.)的员工艾米·休哈特(Amy Hughart)帮助校订,贝基·布恩(Becky Boone)美化设计。当然还有理查德(Richard),他为了确保修订和设计的专业性,投入至本书的时间无法估量。

感谢在过去这些年里,身边的教授、同事和朋友,在我休假时替我代班,为我提供智力与精神上的宝贵支持,他们是基思·拉贡(Keith Ragone)、多蒂·迈尔斯·亨巴(Dottie Miles Hemba)、亚伦·戈德布拉特(Aaron Goldblatt),以及劳伦·杜吉德(Lauren Duguid)。

感谢从1990年至今,费城艺术大学博物馆学系的学生们,尤其是那些为我撰写这本书稿提供辛勤协助的同学:2011级MEPD班的艾米(Amy)、克里斯汀(Christine)、杰米(Jamie)、凯丽(Kelly)、金姆(Kim)、美琪(Maggie)、瑞贝卡(Rebecca)、莎拉·C.(Sarah C.)、莎拉(Sarah)和扎克(Zach)。2012级MEPD班的卡尔(Karl)、瑞娜(Rayna)、伊莎贝尔(Isabelle)、宾(Bin)、塔梅拉(Tamera)、梅根(Megan)、利兹(Liz)、阿尼塔(Anita)、梅根(Megan)、丹(Dan)、妮妮(Nini)和凯特(Cat)。2013级MEPD

---

① 译者注:原文直译是"你就是摇滚巨星"(you are a rock star),译者将其意译为"你帅呆了"。

班的蕾拉(Layla)、达莉亚(Daria)、美亚(Maya)、梅根(Meghann)、丹(Dan)、吉雅(Jihea)、乔丹(Jordan)、莫阿扎(Moaza)、布兰妮(Brittany)和瑞内(Renee)。2014 级 MEPD 班的路易斯(Louise)、利亚(Leah)、伊尔琳(Erin)、卡欣妮亚(Ksenia)、阿什利(Ashley)、诺亚(Noah)、赞德(Xander)、斯凯(Skye)、阿里尔(Ariel)和布伦纳(Breanna)。尤其是伊莎贝尔·海沃德(Isabelle Hayward)和梅根·希克森(Meghann Hickson)这两位学生,她们现在已经是专业人士了,在本书的构思上她们曾经提供过帮助。

感谢凯特·奎恩(Kate Quinn)和克雷格·布伦斯(*Craig Bruns*)为本书提供了图片,以及满怀关切的投入。在进展最不顺利的时候,你们曾给予过我坚定的支持。你们的嘱咐对我而言意味深长。撰写《消逝的奇事之博物馆》(*Museum of Lost Wonder*)①的杰夫·霍克(Jeff Hoke),以及史蒂夫·费尔德曼(Steve Feldman)、凯西·麦克莱恩(Kathy McLean)、安迪·马瑞儿(Andy Merriel)、吉姆·罗(Jim Roe)、吉姆·福尔克尔(Jim Volkert),谢谢你们这些年来的积极讨论、对本书的阅读和给予的中肯反馈。

CLR 设计团队的盖瑞·李(Gary Lee)、琼·斯蒂芬森(Jon Stefansson),谢谢你们开放资源,南希·沃尔比(Nancy Worby),谢谢你帮助查找和扫描图片,约翰·R.柯林斯(John R. Collins),你的技术和才智无与伦比,乔恩·珂(Jon Coe),作为一名早期的重要顾问,谢谢你的素描图和总体规划。

感谢迈克尔·约翰·戈尔曼(Michael John Gorman)提供的访谈时间,以及科学画廊完成的一切富有启发性的创新合作工作。来自"动手做!"(Hands On!)设计公司的林·伍德(Lyn Wood)和凯西·古斯塔夫森–希尔顿(Kathy Gustanfson-Hilton),谢谢你们的素描和插图,为我们完成出色的著作添砖加瓦。

感谢费城艺术大学的支持。西恩·巴芬顿(Sean Buffington)、柯克·皮洛(Kirk Pillow)、克里斯托弗·沙罗克(Christopher Sharrock)、吉姆·萨凡(Jim Savoie),尤其是迪恩·斯蒂夫·塔兰陀(Dean Steve Tarantal),谢谢你们

---

① 译者注:该书介绍和评价可参见"http://www.lostwonder.org/book.html"。《消逝的奇事之博物馆》(*Museum of Lost Wonder*)的官方网站为"http://www.lostwonder.org/"。

对我的信赖，并在我休假时给予支持。还有雷金娜·巴斯麦尔（Regina Barthmaier）、尼尔·克莱门（Neil Kleinman）、劳拉·哈格里夫（Laura Hargreaves），谢谢你们的鼓励。

谢谢米拉·策甘妮（Mira Zergani）阅读本书，无论从专业还是私人关系角度来看，你都是一位很好的朋友。谢谢大卫·于柯（David Ucko）在项目早期的孵化阶段，整天坐在我们身边提出尖锐有力的问题，挖掘出我们的不足之处。简（Jane）和艾德·贝德罗（Ed Bedno）为本书提供了不同的观念基础，同时也促成了珍妮特（Janet）和我的合作，谢谢你们。

感谢那些贡献过观点、灵感、文章和图片的同事：博伦·明达（Borun Minda ）、安妮·艾尔-欧玛密（Anne El-Omami）、罗伯特·加芬克尔（Robert Garfinkle）、韦夫·戈尔丁（Viv Golding）、维多利亚·琼斯（Victoria Jones）、西恩·凯丽（Sean Kelly）、珍妮·麦尔（Jeanne Maier）、珍妮特·马斯汀（Janet Marstine）、盖瑞·帕伦博（Gerry Palumbo）、戴安·佩尔洛夫（Diane Perlov）、芭芭拉·彭特（Barbara Punt）、朱迪·兰德（Judy Rand）、杰夫·鲁道夫（Jeff Rudolf）、海伦·香农（Helen Shannon）、斯蒂夫·斯奈德（Steve Snyder）、莱斯利·斯泰因（Leslie Stein）、贝弗利·瑟雷尔（Beverly Serrell）、丹·斯波克（Dan Spock）、道格·辛普森（Doug Simpson）、贝斯·特威斯-亨廷（Beth Twiss-Houting）、罗伯特·沃斯伯格（Robert Vosberg），以及大卫·杨（David Young）。

美国博物馆联盟（AAM），谢谢你们为我们所有工作所进行的大力宣传。美国博物馆参展者协会（NAME）[①]，谢谢你们出众的期刊、员工，以及与我们的会谈，谢谢你们为珍妮特（Janet）在该领域的所有付出颁发了第

---

① 译者注："美国博物馆参展者协会"全称为 National Association for Museum Exhibitors，不同于 National Association for Museum Exhibition（美国博物馆展览协会，也译作"美国博物馆联盟展览专委会"），但两者均简称为 NAME。

一个终身成就奖。谢谢博物馆团体(TMG)①，你们是该领域的核心推动者，同时也是我们不可或缺的伙伴。为本书做出贡献的很大一部分人才和案例都来自科学博物馆展览合作组织(SMEC)②——这一全国性创新合作组织中的专业人员，谢谢你们的才华和付出。

谢谢杰出的设计师、摄影师、总编辑，我的丈夫理查德(Richard)，正是你的全情投入才能确保本书构思巧妙，以及图片案例与文字叙述设计搭配得当。谢谢我的三个优秀的又包容我的孩子，伊莎贝尔(Isabelle)、萨宾(Sabine)、亨利(Henry)，你们帮助我追随梦想，集结成书……我对你们的感激永存。谢谢我的父母、兄弟、嫂子、侄女、侄子，无论我失意还是得意，你们都一直支持着我。

谢谢珍妮特(Janet)的家人：她的丈夫，阿尼巴尔·奇卡尔迪(Anibal Cicardi)，充满爱心又活力四射，一直耐心地支持着珍妮特(Janet)对于博物馆的痴迷。她的继子，阿尔多(Aldo)和达里奥·奇卡尔迪(Dario Cicardi)，带给了她极大的自豪感和深情的爱。还要谢谢塔蒂亚娜·福尔肯(Tatiana Falcon)，是她在珍妮特最困难的时期陪伴其左右。

带着对待工作的温暖和博爱，珍妮特(Janet)将她生活、工作上的朋友和家人，与我融到了一起。我们组成了一个世界——她的世界，在这里，我们在专业和为人上都变得更好。感谢我们生活和事业上的朋友：安德鲁·康玮(Andrew Anway)、塔玛拉·比格斯(Tamara Biggs)、卡罗尔·博赛特

① 译者注："博物馆团队"全称为 The Museum Group，简称为 TMG，是一个由博物馆顾问组成的联合体，由 1995 年在博物馆担任领导职务的专业人士创立。其使命是与博物馆合作，帮助博物馆在不断变化的世界中发挥最大潜力。其主要通过以下方式推进博物馆及该领域的活力：与博物馆领导者合作，确定其机构独有的创新解决方案和策略；利用其经验，造福博物馆社区；构建对与博物馆领域相关的当代问题的认识；创造同事和博物馆专业人员之间就新想法和信息进行交流的机会。(引自"博物馆团队"的官方网站 https://museumgroup.com/about/。)

② 译者注：科学博物馆展览合作组织全称为 Science Museum Exhibit Collaborative，简称为 SMEC。该组织为波士顿的科学博物馆、加利福尼亚科学中心、俄勒冈科学和工业博物馆、明尼苏达州科学博物馆、富兰克林博物馆等提供支持以履行其职能，或者帮助馆方实现其目的。该组织成立的目的还包括：通过合作策划巡回展览和在成员机构展示此类展览，鼓励公众形成对科学和技术的兴趣与理解；鼓励开展其他适当的慈善和教育活动。(https://greatnonprofits.org/org/science-museum-exhibit-collaborative-inc.)

（Carol Bossert）、苏姗·布鲁斯·波特（Susan Bruce Porter）、黛比·冈萨雷斯·加拿大（Debbie Gonzalez Canada）、琳·迪尔金（Lynn Dierking）、理查德·达根（Richard Duggan）、约翰·福尔克（John Falk）、约瑟夫·冈萨雷斯（Joseph Gonzales）、杰弗里·格鲁夫（Geoffrey Grove）、乔·库瑞安（Joe Gurian）、卡尔·汉森（Carl Hanson）、乔治·海因（George Hein）、阿莱特·简尼斯（Aylette Jenness）、桃乐茜·美林（Dorothy Merrill）、萝莉·米歇尔（Lori Mitchell）、菲利斯·拉比诺（Phyllis Rabineau）、派特·斯图尔特（Pat Steuert）、伊芙·沃契豪斯（Eve Wachhaus）、林·维特（Lin Witte）。

珍妮特（Janet）没有参与这篇致谢的撰写，因此对于那些名单里可能被遗漏的人员我表示歉意。希望你们理解，对你们所付出的一切，我们永远心存感激。

致谢部分最重要的人……是珍妮特（Janet），谢谢你所有的指导、修正、热情和坚持，以及你向那么多的人所传达的深厚友情。

这本我们花费两年时间所完成的书，是我曾经收到过的最具意义的礼物之一。

献给我的顾问兼朋友：迈克尔·斯波克（Mike Spock）、伊莱恩·古里安（Elaine Gurian）、乔治·海因（George Hein），以及最亲爱的朋友杰夫（Jeff）、保罗（Paul）、波利（Polly）、辛吉（Sing）、凯思琳（Kathryn）、莱斯利（Leslie）、埃尔伯（Elbow）……当然还有阿尼巴尔（Anibal），我的搭档、顾问和爱人。

——珍妮特（Janet）

献给我生活中的小家庭和工作中的大家庭，没有你们始终如一的耐心和支持，我不可能完成这项伟业。伊莎贝尔（Isabelle）、萨宾（Sabine）和亨利（Henry），我爱你们……理查德（Richard），你是我最真挚之爱。

珍妮特，你是我心中永远的导师、知己、朋友和英雄……爱你，我对你的思念从未停息。

——波利（Polly）

"两个失读症者（dyslexics）①走进博物馆……一个向左走，另一个也向左走……一段有意义的关系就此展开。"

——珍妮特（Janet）、波利（Polly）

---

① 译者注："失读症（dyslexic）是指病人失去原有的阅读能力，通常是由枕叶、角回及胼胝体底部病变所致。最严重时对文字既读不出音也不解其意，如同文盲一般。病情较轻时，只有部分文字不识或识错，病人尚能根据上下文的联系大体上了解全文的基本内容，如果把字一个个单独提出来，就能明显暴露出其识字的缺陷。尤其是同音和字形相近的字，病人更难辨认，这是由于视觉神经通路已不能引起对这个字的记忆。"引自车文博.心理咨询大百科全书[M].杭州:浙江科学技术出版社,2001:307.

导　言

归根结底，博物馆的价值不在于拥有什么，而在于做了什么。
——史蒂芬·E. 威尔（Stephen E. Weil）[1]

除了提供信息、价值观和体验，博物馆还能为其公众提供什么样的
社会用途？我想提出两点建议：激励和赋权。我们应该视博物馆参观这
一行为，为起点而非终点，即观众离开博物馆后，参观行为还能对他们产
生持续性的影响。
——史蒂芬·E. 威尔（Stephen E. Weil）[2]

博物馆正面临前途未卜的未来，仅仅依靠其旧有的基础已经不再合
理，该基础可以追溯到第一个人将某件器物摆放某个基座上供他人欣赏
之时。时至今日，博物馆仅靠简单的保存和展示物件已经不能满足任何
一名参观者。和图书馆一样，随着时代的变化，博物馆的功能已经从单纯
的收藏和保存转变为教育，而今，博物馆还承担起建立某种相关性、给予
某类倡导和担负起某些社会责任的功能。

现代博物馆风貌的第一次巨变是关注点从物转向了人，展览的目的
"不仅有关物，而且为了人"。最近的变化是注意力从观众转向了合作
者。许多博物馆专家不仅对这些转变欣然接受，还从一开始就推动此类
事件的发展。这些冒险者已经帮助许多博物馆和遗产地，把它们从静态
的机构重塑为富有动态性、包容性和相关性的机构。但是博物馆能做得

---

[1] http://www.lukeweil.com/_pages/stevePage.html.
[2] *Bethinking the Museum*.

更多,可以具备更加丰富的内涵。

这些变化是怎样使得博物馆使命发生了戏剧性的改变?我们应当如何促成其实现?

任何展览计划本来就会存在互相关联的合作,这种合作是很复杂的,但许多机构并没有对其策展的方式以及参与的人员进行充分的分析或评估。相反,它们更关注的是最终产品[1],这些产品可能是好看的,但仅仅通过最终产品这一媒介并不总是能够实现所有可能的期待。如果我们的计划是要在优美的环境中展示物质文化,那只是其中的一步。[2]公共机构必须应对专业领域、资助者、社区和社会所寄予的更高期望。

这些期望还得回到策展的方式和参与人员的问题上来,我们不但需要熟练地实施,还需要评估和创建展览的完整策略。几十年来,我们通过与业内各类机构、公司,以及研究这一领域的学生们合作,发现了最为重要的策展需求,即了解策展潜在的流程,始终寻求有趣的方式来实现有意义的团队合作,并确保观众处于决策的中心。这也是撰写本书的目的所在。我们旨在为你描绘出开发和设计任何类型展览所需要的合作过程,提供解决这一领域问题的有趣方法,以及为你消除面对新的或复杂的做法可能会带来失败的恐惧。

策展过程中总会出现诸多恐惧——害怕改变,害怕冒犯某人,害怕无知,当然,还有害怕失败和失去信誉。希望本书对消除这些恐惧有所帮助。在本书的九个章节里,我们对充分利用现有资源(人员及资金)的最佳方法进行了概述,以期策划出观众能够参与的、思想前瞻的展览(图0.1、图0.2)。话虽如此,但本书不是一本步骤详尽的指导手册,我们不排斥使用特殊的方法。我们会有意去启发你,为你收集策展的最佳实践指南和创建展览时的各种注意事项。在某些情况下,我们可能会说"该项需引起高度重视",但大多数时候,书中提供的均为可能的方向、提醒和指导。

与既没有享受更多快乐也没有遭受多大痛苦的精神空虚者相比,我们更应该迎接挑战,赢得光荣的胜利,即使过程中需要接受失败的考验。空虚者的世界既无成功,也无失败,只有暗淡的黄昏。——西奥多·罗斯福(Theodore Roosevelt)

图0.1 心存敬畏的年轻观众们对他们看到的事物充满了疑问,许多博物馆想要更好地理解这些问题。于是,博物馆的立场从"我们想告诉你什么"转变为一种新的驱动力"你想了解什么",这正是展览开发的基础。[照片承蒙理查德·克雷斯(Richard Cress)提供]

---

① 译者注:最终产品在这里指的是呈现的展览。
② 译者注:形式美只是展览实现传播目的的一个前提,并非最终目的。

我们为什么写这本书?

在博物馆领域,创新、关联以及最终的生存都是至关重要的。由于需要与世界保持同步发展,当今博物馆的发展速度似乎也在加快。在21世纪能够存活下来的机构必须了解其所要"倡导的对象、内容和方式",以及"合作"在达成这些目标中所发挥的关键作用。

目前,当学生和专家需要寻找某种类型博物馆采取哪些做法的信息或依据时,可利用的资源寥寥无几。的确,设计、程序类的图书是有的,但饶有讽刺意味的是,能帮助一个策展团队所有成员去了解彼此的问题,并以合作的方式组织他们的工作,这样一类信息却是缺失的,因为以往很少对这些信息进行收集。学生、博物馆专家及其利益相关方(理事会、资助人、社区成员)希望更好地获取实践做法,以期将新的、富有创造力的团队聚集在一起,有效地推动机构、展览和教育活动的发展,对他们来说,本书便是一个可以参考的工具。

我们还想确保本书能显示出一种理论和新思维的平衡,但它又始终以实践及想法的有效应用作为基础。此外,目前面向博物馆的图书很少解决实践问题,我们希望本书能够为不断增加的博物馆研究生培养项目之标准构建提供帮助。

我们希望读者能通过使用本书更好地了解自己的工作,并反问如何将书中的想法应用到自己的团队和机构中,反思团队成员的角色,学习成为更好的合作者,掌握一些技巧和实用技术的新用法,运用设计和开发的流程,或者只是从书中获得一些有用的信息。最重要的是,我们希望你能够从书中累积的想法中得到一些启发。

我们的流程

本书的撰写就像是一次策展的体验。

首先,我们发现自己很像在接下来几页将会提到的主题专家,都离材料太近。在基础信息过于丰富或者缺乏的情况下,我们如何去粗取精、补充完善,从而击中要点?公众的起点在哪里?什么会让他们产生兴趣?

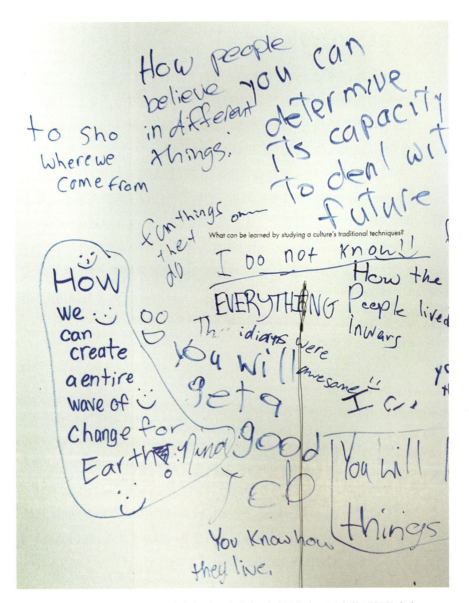

图0.2　除了基本陈列外,我们如何让观众参与到对话中来?图中的面板是来自"想象非洲"("Imagine Africa")的展览原型,其由宾夕法尼亚大学考古和人类学博物馆(Pennsylvania Museum)制作。该展项直接向观众提问,询问他们可能想了解藏品中的哪些信息。"通过学习一种文化的传统工艺我们能学到什么"这个问题引发了诸如"你可以确定其应对未来的能力"、"它告诉你人们如何对不同事物产生信仰",以及"它可以向你展示我们从哪里来"这样的答案。根据这些信息,博物馆将立足于公众的好奇心重新布展。[照片承蒙波利·麦肯纳-克雷斯(Polly McKenna-Cress)提供]

好吧,我们通过合作解决了这一问题。我们聘请业内人士贡献他们最佳的实践主题并对本书不断进行批判。本书的作者们,以及"测试组"的读者们主要是由与我们一样经验丰富的人组成,他们甚至可能比我们更具经验。此外,我们还受益于研究生教学以及与本领域各类客户共事的经验——这两大视角都为我们提供了有价值的见解。

其次,我们需要维持好机构内部各层级的关系。无论我们如何看待,这个问题都很复杂。我们需要找到这样一种方法,以便让处于博物馆各类职位的读者认识他们在团队中扮演的角色、在机构中的职称,或者是工作各阶段的活动,然而最重要的还是让他们获得可能有助于解决当下问题的即时资源。自上而下,我们都需要对术语进行定义,并将此领域中我们感兴趣的许多方面置于情境之中。对我们来说,"展览"是指在博物馆空间内起作用并将体验扩展至博物馆围墙之外的内容、语境以及实体(包括媒体、教育活动和辅助材料)的整体。因此,展览可以说是这样一种完全真实的体验,即从外部的营销记忆到观众在此空间中产生的有形互动,再到激发持久印象的智能影响(图0.3)。当你一筹莫展之际(或可能在此之前),翻翻这本书,我们认为它至少能给你一点有价值的帮助。

最后,我们试图定义并描述策展的流程和阶段。我们一些最具经验的读者们担心,如果仅仅用建筑领域熟悉的步骤(概念开发阶段、方案设计阶段、设计/开发阶段和施工图设计阶段)来表述展览的流程,会扼杀展览的创造性,变成"为考而教"的公式。但最终,我们认为该领域的专家确实需要一套能够应对复杂需求的框架,而我们已经进一步将其(反复地)描述为一个灵活的框架,以便策展团队能够根据项目的特殊需求进行框架的重塑。令人惊喜的是,该流程框架所采用的一套话语已经在本领域得到广泛使用,并为许多人所理解。

本书的结构

我们编写了一份扩展内容的目录,以清楚描述每一章所涵盖的内容。我们通过思考和实践来构建我们的内容——以这样一个哲学基础为起点,即"合作和合作中需要倡导的岗位是我们思考团队结构和角色的重要方法,并通过就本领域具体技能和方法的实际分析对这些岗位进行权衡,分析那些合作中需要倡导的岗位可能如何开展工作,以及对流程、阶段和整个流程的可视化呈现进行论述,而这些论述将附有解释"。

本书的每一章都提出了三个关键问题,当读者试图把一些想法应用到项目的进程中时,可供他们思考。这些问题多少带有反问的特点:答案取决于读者具体的问题,当然过程中要进行调查和探索。每一章都以专家的视角提出了方法和理念,为读者提供指导,使他们能够以最佳方式处理所呈现的某类特定的倡导或进程。

本书的每一章都包含行动步骤、存在风险和潜在陷阱,以及真实的案例和案例的研究,用来表明我们所论述的方法和理念是如何在实际中得以运用的。作为一本设计导向的书,它为流程设计和问题解决提供了诸多参考。书中还包含实例、轶事和其他专业内容,给读者提供更多的视角,以便从中批判地分析所论述的方法。每章末尾我们还列出了附加的资源和书目,以便读者想进一步阅读时,提供其具体的参考。

本书不会为你做什么

本书不会让你成为一个创造性的天才。然而,如果本书能解决一些平常但棘手的展览制作和团队合作的问题,那么它将创造性地解放你——至少,你可以拥有更为充分的完成工作的时间!

本书不会限制你在特定情境下开展工作所采取的最佳方式。这对寻求"万金油式解决方案"①的读者来说,会是个坏消息。然而,我们都是千差万别的,我们每个机构不同,每个展览也不同。虽然在这项工作的各个方面,我们可以分享一般的经验法则和经得起检验的方法,但是单一的、适用于任何情况的方法并不存在。在一种情况下运作良好的方法,在另一种情况下可能是糟糕的选择。

好消息是,本书通过收集、分析、讨论,为你呈现的是一个易于上手的

---

① 译者注:原文为"a silver bullet solution",指"银弹一样的解决方案",意为能够解决所有问题的方案,为便于理解,译者将其译为"万金油式的解决方案"。

图 0.3 展览应该从不同的角度予以考虑——谁是观众？什么是完整的体验？观众缘何而来？图为活态生物栖息地及观察（阐释）区域的概念草图。[草图由乔恩·科设计有限公司。(John Coe Designs, Pty Ltd)的乔恩·科(John Coe)提供，澳大利亚，维多利亚州]

当你在余生中前行时，请对合作持开放的态度。他人和他人的想法往往比你自己的更好。找到一群挑战和激励你的人，花很多时间和他们在一起，将会改变你的生活。——艾米·波勒(Amy Poehler)

工具。对策展不熟悉的读者可能得阅读整本书。更有经验的读者可以从"你的团队角色"读起，学习其他角色如何参与此合作过程。如果你正在策划某个展览，却遭遇困惑或难题，你可以通过翻看此书得到具体的建议。团结你的同事，具备一点信誉和常识，你就能够运用这本工具书，设计与实施一次令你和你的观众获得良好服务的创意展览。

最后，我们对展览工作的结论是，策展最好通过合作来完成。我们认为，策展更像是拍一部电影或者演出一部舞台剧，而不是发表一段个人独白，它需要不同类型的专业知识，没有人是事事精通的全才。我们必须互相依赖、彼此信任，才能把展览做好。

我们是谁

波利·麦肯纳–克雷斯（Polly McKenna-Cress）和珍妮特·卡曼（Janet Kamien）已在各类专业机构中从事策展工作数十年，热爱博物馆行业，理解从事这项工作所面临的挫折和乐趣。他们从彼此、自己的导师、国内外的很多同事，以及费城艺术大学博物馆学硕士项目中那些富有灵感的学生们身上学到了很多。

目　录

第1章 合 作

团队合作是朝着共同愿景一起努力的能力,这种能力将个人努力导向组织目标。它是让普通人取得非凡成就的助推器。

——安德鲁·卡内基(Andrew Carnegie)

合作不是一种天生的本能。对于大多数人来说它是一种习得的行为。研究表明,实际上社会的发展催生了越来越好的合作者,适者生存的观念可能会发生改变。那么,我们为何需要参与这种实践?随着进入21世纪,我们认识到某种持续变化的需求,即从依靠单一决策者向依靠更民主的决策方法转换的需求,正在成为大多数机构运作的准则。为培养下一代的专业人士和公民,学校都在强调学生要善于合作,即在创造性的、创新性的、自由灵活的环境中与他人一起工作。在21世纪,批判性思维、沟通、创造性地解决问题和合作都是必备的技能。我们认为,这些需求不但出现在教育领域,而且出现在要构思复杂叙事的任何领域,无论是电影、戏剧、游戏,还是公司和大企业的针对使命和愿景的制度描述。从自身运行到展览开发,博物馆也已经开始采取合作策略,借助多种资源的参与,为观众提供丰富的展览。

剖析合作

如本书所定义,合作是来自不同观点的思想和想法的交汇,旨在为公

大照片:自由科学中心(Liberty Science Center),新泽西州,泽西城。照片承蒙理查德·克雷斯(Richard Cress)提供。

嵌入的照片:合作小组。照片承蒙波利·麦肯纳-克雷斯(Polly McKenna-Cress)提供。

众创造多层面的叙述和多样化的体验。

合作并不意味着采取"委员会设计"（design by committee）①或者"集体迷思"（groupthink）②，事实上，不同个体的鲜明观点能为评估、参与、赞成或反对提供机会，最终为提升讨论深度和强化最后成果做出重大贡献。就博物馆而言，合作的组员包括展览团队、机构员工、外部利益相关者、专家以及资助者，还必须将观众囊括在内，毕竟他们是博物馆"产品"的消费者和最终使用者（图1.1）。

图 1.1　不同个体的鲜明观点为评估、参与和成果强化提供了机会。[图片承蒙波利·麦肯纳-克雷斯（Polly McKenna-Cress）提供]

合作是什么？

collaboration | kəˌlæbəˈreiʃn | 名词

与某人共同生产或创造某物的行为

牛津电子词典对"合作"的一般定义是通过最简单的单数意义进行表达的——一个人同另一个人一起工作。然而，尽管某人可能在特定主题的传达上具有独到的见解，但是如果没有创造机会让他一起参与构筑想法，那么其新颖和创新的见解仍然无法付诸实现。合作的本质在于参与各方分享信息、开拓思路以产生某些东西。本书涉及的是博物馆策展中

---

① 译者注：委员会设计（design by committee）是设计领域的一个概念，它通常被用来形容某种设计因为太多人的参与而出现瑕疵或缺陷。此概念通常暗示着某种设计由于缺乏视觉一致性，以没能表达这种设计的初衷而告终。

② 译者注：集体迷思（groupthink），是社会心理学关于政府决策的一个主要观点，指的是重要的政策决策通常由一个小的集体做出的，但在一个小的决策团队中，当追求全体一致的压力非常强大时，这种压力就会使这个决策团体出现消极逃避行为模式，成员间存在的文饰心理会使决策团队更可能偏向于选择那些最不会遭到反对的方案（[美]格雷厄姆·艾利森、菲利普·泽利科：《决策的本质》，王伟光、王云萍译，商务印书馆2015年版：第231−232页）。

更大规模和更为精细的合作，多个个体、小组和(或)机构将会参与其中，其共同目标是创建满足诸多需求的丰富体验。合作的潜力是巨大的，相较于个人，团队合作能获得更广泛和深入的机会，理解这一点很重要。

合作最大的意义在于使视角各异的不同想法相交汇，以创造出多个层面的、"新"的想法。

没人说合作很容易

合作是一项艰难、吃力、耗时的体验。有时，似乎只有命悬一线、迫在眉睫的危机才能激发团队一起工作，否则，合作的动机不会自然出现。理智上我们理解合作的优点，情感上我们感受到了合作给予我们的支持，同时合作使得工作被分担，对身体而言也实为幸事，但是当他人观点和自我的产生冲突时，情况可能就会变紧张了。

为了共同目标而努力的团队往往一开始就会采用阻力最小的路径，即召开分派责任的启动会议。该会议可能会被误认为是合作，其实不一样。这只是任务的分派——一项重要的活动，但不是产生突破性成果的活动。团队必须认识到只是每周进行一次谈话的室内小组会议并不能算是合作——原因在于两者的意图是不同的。合作需要共同的承诺，即团队成员持续推动自己和他人去拓展思维，致力于共同目标的达成。值得再三强调的是：成功取决于共同的承诺。一两个怀疑者——或是自行其是的参与者，都可能破坏整个进程。

对团队负责人而言，首要步骤是确立团队期望、目标，以及达成目标所需的承诺(图1.2)。一些优秀的老派拉拉队和具有正能量的人绝不会破坏团队认同的进程。有一些人当在被要求加入合作进程时，会做出消极的反应，他可能会说"哎，这肯定成不了"，或"人们最终会互

相聚只是开始，共处带来进步，合作方能成功。——亨利·福特 (Henry Ford)

图1.2 小组针对描述性词语进行头脑风暴讨论，以形成一个展览的传播目的和使命。[图片承蒙波利·麦肯纳-克雷斯(Polly McKenna-Cress)提供]

不喜欢",再或"我总是陷入做所有的工作的困境"。这些人可能永远没有参与过真正充满活力且成功的合作,没有体会过有效合作所带来的好处和极大的满足感。重要的是认识到,虽然合作过程并不容易,但是却很值得。

为什么合作?

马丁·A. 诺瓦克(Martin A. Nowak)博士在《科学美国人》(*Scientific American*)杂志发表过《我们为什么帮助别人?》("Why we help")一文,他认为:"合作并非是进化法则中一种令人不安的例外,相反,它是进化的主要缔造者之一。"他探讨了合作演进的五种机制,这些机制与竞争并驾齐驱而不是像以前所认为的那样与竞争对抗。

> 数百万年的进化将行动缓慢、手无寸铁的猿人变成了这个星球上影响力最大的生物,该物种能够发明一系列令人难以置信的技术,以至我们能够探测海洋深处,探索外层空间,还能将我们的成果瞬间传播到世界各地。我们通过合作完成了这些不朽的壮举。的确,如果你愿意,人类将成为最具合作精神的物种——超级合作者。

其他专业领域的文献,如商业、医学领域的研究成果,同样证实了这一点,并且明确指出,顶极的思想家将合作视为一种重要的工作方式。诺瓦克博士的文章接着讨论了人类为了集体的生存,必须通过合作来保护地球上急剧减少的资源。简而言之,如果我们拒绝合作,我们就无法进化,甚至可能无法生存。在博物馆领域,我们也可以从中学习,吸取教训。

分享知识

詹姆斯·索罗维基(James Surowiecki)在《群体的智慧》(*The Wisdom of Crowds*)一书中讨论大小不同的人群如何聚集在一起,为关键问题创造出解决方案。他概述了历史上综合知识势在必行的时刻。在某些情况下,

> 在人类(包括动物)发展的漫长历史中,只有那些学会合作并最善于随机应变的才能生存。——查尔斯·达尔文(Charles Darwin)

> 一人拾柴火不旺,众人拾柴火焰高。[①]——海伦·凯勒(Helen Keller)

———

① 译者注:原文为"alone we can do so little; together we can do so much",是指"一个人能做的很少,我们一起能做的很多",可意译为"一人拾柴火不旺,众人拾柴火焰高"。

综合的知识拯救了生命。他的许多案例是针对特殊问题提出的客观解决方案，而不是开放式的富有主观色彩的结果。但他提出的重要假设是，当更多的想法集中于解决一个共同问题时，就能更快地制定出较为复杂的解决方案。这是合作吗？可能不是，但是分享知识是合作的重要组成部分。

创建社区

由于个人、职业和政治原因，社交网络将人们聚集在一起，以便他们可以进行严肃的讨论和打发时间的消遣。当前，随着社交网络不断发展，它已成为"最新的"沟通方式，或许更重要的是，它正逐步发展成为社区。

甚至在撰写本书时，我们尚未想象到社交网络将会给社会带来的所有可能性和影响。然而这些连接将持续地影响着我们所有人。而且，随着博物馆力图成为社区领袖，我们需要跟上变革的步伐。

促进决策

任何工具都有适用的时机和场合。作为一种工具，合作也没有什么不同，其不应该在任何时机和所有场合都被使用。在选择时我们应该慎重考虑。合作的努力应该有助于做出重要决策，以产生最佳结果。有时，最好只有一位能推动进程的决策者。对于基于团队的行动而言，这意味着成员们需要分辨出何时必须从共担承诺转变为信任领导。

为什么要在博物馆里合作？

许多思想当被植入到他人头脑中后，会比在原来产生它的地方长得更好。——奥利弗·温德尔·霍姆斯（Oliver Wendell Holmes）

我们能够从最广泛的意义上来理解合作是如何促进人类成就的获得，并且被运用至不同专业领域。尽管如此，我们依然经常听到："为什么我们需要合作？博物馆是否尤其应该关注合作？合作如何才能有助于博物馆蓬勃发展？"

大多数优秀的博物馆展览都是跨学科、交叉学科和多学科规划的最佳案例，它们的创建离不开多元化的人才，这些人才在展览开发的各个阶段提供多种观点和多样技能，因为参观展览的观众具有不同的知识储备和兴趣,他们的背景和文化不尽相同。

观众是我们最重要的合作者,在创造体验时,我们必须考虑他们的意见、需求和投入。虽然因为你展览才得以创建,但并不意味着它就能吸引观众前来。即使观众确实来了,他们也可能对展出内容漠不关心。随着社会越来越以用户为中心,用户反馈的机会越来越多,策展时将最终客户排除在对话之外绝对是不明智的。娱乐业关注其观众并满足他们的需求和期望。博物馆和娱乐业是同一行业——争夺观众的注意力、投入度和满意度。

当博物馆团队在规划、开发和设计展览时,合作是制定简明且富有创意的解决方案的关键因素,只有这样才能持续吸引那些关注展览、愿意重复来馆的多元观众。此前我们曾提过一次:如果我们拒绝合作,我们就无法发展,甚至可能无法生存。

生存本能

博物馆必须拥有三种主要的生存本能,在展览开发和设计过程中的合作模式可以最大限度地刺激这些本能:不同的观点、跨学科的参与、创新。

不同的观点

团队不应该将丰富的观点融入一种稀释过的普遍性之中。相反,他们应该坚信合作能获得成功,信任合作者,包括观众,相信解决问题或制定解决方案有很多方法。思想的碰撞并不意味着观点的消失(图1.3、图1.4)。

收集博物馆观众观点的办法众多。其中经常用到的一种是向观众提出问题并提供便利贴和反馈面板以便他们粘贴他们的书面反馈。用这种方法,观众往往非常坦率和诚实。

跨学科的参与

历史上,人们一直试图将分类法应用于我们世界中的一切,有时这种做法不利于揭示重要的关联,也不利于更为深层的理解。虽然"跨

最后的一位合作者是你的观众,所以你必须等到最后一位合作者进场,才能完成你的表演。——史蒂文·桑德海姆(Steven Sondheim)

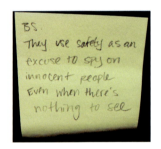

图1.3 美国国家宪法中心(National Constitution Center)"反馈墙"上观众留言的便利贴[照片承蒙波利·麦肯纳-克雷斯(Polly McKenna-Cress)提供]

图1.4 美国独立海港博物馆(Independence Seaport Museum)"反馈墙"上观众留言的便利贴[照片承蒙理查德·克雷斯(Richard Cress)提供]

学科"已经成为无处不在的术语，但它仍然意味深长。博物馆认识到跨学科的参与——为不同学科创造互联机会的行为——是其一项关键的职能。

创新

在能轻松获取信息、知识和人员的时代，如果项目和展览的开发仅仅基于一个人有限的经验和知识，那么确实是难以令观众满意的。观众对创新的要求越来越高，他们需要在展览中看到互联网上找不到的东西，对此，博物馆必须迎接挑战。[①]

如何合作

人们经常会误解合作这种实践。许多人认为，合作过程要求参与者在很少或没有分歧、摩擦的情况下集体做出所有决策。这种观念恰恰是合作过程最快的杀手之一。试图每做一个决定都要全员经历一段漫长而持久的过程，将会使每个参与者都精疲力竭和感到挫败。避免摩擦将导致每个人都重视"相处"，而非将这些精力用来推动彼此去制定最佳解决方案。虽然分享知识是合作的一个重要组成部分，但一个常见的误解就是合作需要很多参与者——人越多就一定越好。然而，就像厨房里的厨师多了，常常拖延进度甚至使进程停滞。合作中的参与者需要了解团队参与的不同形式，成功的团队合作可能的模式，以及自然的人类行为是如何影响这一进程的（请参见本章末尾的科学画廊案例研究）。

合作方法

在理解合作的运作机制方面，存在微妙但重要的区别；通过明确"合作"结构模式和"配合"结构模式之间的差异，有助于我们弄清两者的区别。在"合作模式"中个人通过贡献思想、知识和经验，一起工作以实现彼

创造性的行为涉及接收者和发送者，双方都有助于创新。他们都同样重要。——J. 柯克·瓦恩多（J. Kirk Varnedoe）[现代艺术博物馆（Museum of Modern Art）绘画和雕塑部官方首席策展人]

[①] http://creatingminds.org/quoters/quoters_v.htm.

此思想的交汇，创造出一个新"东西"。而"配合模式"则可以很好地用棒球运动作类比：团队成员具有明确定义的角色，每个角色展现出各自的努力，支持同一个想要的结果——赢得比赛。

捕手和投手的角色"内容"并未重合，相反，他们的角色互为补充。了解参与者参与的方法和每位参与者的角色，有助于棒球队员们满怀信心地继续前进。

将这些工作方法和策展联系起来：合作讨论并定义展览的使命、目标和观众。一旦确定了这些标准，团队成员就可以各自去完成需要交付的成果——图形的处理、脚本、多媒体元素、营销策略等——所有这些都要支持合作已确立的成果。

合作模式

如果没有远见和共同的激情，合作可能只是走个过场，不能聚成真正的团队，产出丰硕的成果。成功的合作存在几种模式，每种模式的核心在于每一个团队成员都会拥护同一理想。以下这些模式在许多不同领域都很奏效，特别是在博物馆领域。

核心小组合作

这可能是最常用的模式。它是一个小型灵活的核心小组，尽管成员为实现同一理想可能会采用不同的方法，但他们有着强烈的共同愿景，用以指导项目需要如何推进。小组成员彼此鼓励拓展边界，寻求最佳解决方案。该模式通常会引入外部贡献者以获得关键性的投入，从而实现愿景、提升效果。

有远见的合作

在该模式中，一个有远见的人领导着团队，这种做法看起来似乎与合作背道而驰。但是区别在于，有远见的人需要合作者们分享激情、了解愿景并支持合作发展，以便项目得以完成。该模式依赖于有远见的人认识到其角色定位，是作为一位合作团队的领导者，而非独裁者(图1.5)。

一位教师(经理)如果学会了如何使用团队学习的方法将"小组"转换为"团队"(如将水变为蒸汽)，就能为学生(员工)创造出超强的学习体验。——L. 迪·芬克(L. Dee Fink)[美国俄克拉荷马大学(University of Oklahoma)教学发展项目主任]

城市博物馆
圣路易斯市, 密苏里州

鲍勃·卡西利 (Bob Cassilly) (1949—2011) 作为创始馆长, 建立了一家具有独特风格的博物馆, 其寄托着他的一种强烈的愿景, 该愿景就是一家由城市回收品所建的博物馆如何能够展现对于所在城市即圣路易斯市的真正认同。从这家博物馆的飞机到高空钢索隧道再到历史悠久的屋顶摩天轮, 都怀着和卡西利同样的愿景, 并共同建立起这份爱的事业。这些合作的努力直到今天仍在延续, 因为博物馆试图保持这种超越个人之上的愿景。

图1.5 密苏里州圣路易斯市的城市博物馆是依照创始人的愿景建立起来的, 创始人把整座城市的支持力量团结在一起, 将愿景转化为现实。[照片承蒙保罗·马丁 (Paul Martin) 提供]

更高目标的合作

该模式具有一种强烈的愿景,并且拥有明确而又客观的预期结果,同时这种结果又易于被多数人所理解。它是对外公开的。该模式不必由一个有远见的人来代表团队,而是由社会问题及不断升级的需求来驱动。虽然目标相当明确,但其达成目标的方法是合作。该模式通常能保持同时和多个机构展开合作(图1.6、图1.7)。

种族:我们是如此不同吗?

一个由明尼苏达科学博物馆(Science Museum of Minnesota)和美国人类学协会(American Anthropological Association)共同开发的巡展就是"更高目标的合作"的成果。团队设定了相当明确的展览目标,并且对目标充满热情,该项目即阐明种族的界定并非基于科学,而是一种社会建构,它被社会用来定义有史以来的人类。为确定如何完成这一发人深省的展览,合作成员对此敏感话题做了慎重的考虑。最终,团队策划完成了一场有影响力的展览,通过历史、科学、生活体验的视角帮助观众更好地理解种族的概念,以激发他们分享、讨论和反思对于种族的一些想当然的看法。

图1.6 "种族:我们是如此不同吗?"是由美国人类学协会与明尼苏达科学博物馆合作策划的一个巡展。(照片承蒙明尼苏达科学博物馆提供)

图1.7 图中一个家庭正在分享和讨论互动展项的内容("种族:我们是如此不同吗?")。(照片承蒙明尼苏达科学博物馆提供)

角色和资源

在任何合作的过程中，至关重要的第一步就是确定角色、安排日程、预算和资源。当这些要素中有一个不明确时，就会发生冲突。所有参与者都必须了解这些要素，并在明确团队如何合作的需求、规则和行为上达成一致。这样做能使参与者清楚自己的权责和提高自觉性。当开展合作时，任何人都不该持有"我们以后将请求谅解"的心态。如果团队成员能尽早发现问题，那么就能努力地去解决或处理它们。倘若任一成员想逃避或弱化问题，不论出于什么原因，都将会造成其与其他成员之间失去信任。

信任和理解

人们在信任的环境中，才能把工作做到最好。总之，信任和理解是合作者应当拥有的最重要品质，因为这些品质是达成共同承诺的关键。只要团队成员确信自己能自由地处理任何错误，那么在任何关系中他们都能建立信任。如果团队成员都相信自己能完美、迅速且毫无问题地开展工作，那么当错误不可避免地发生时，他们就会产生内部防御心理，需要去掩饰、辩解，或者指责他人，该举动将会妨碍其进步。如果团队允许成员冒险、犯错，那么自然会形成一个富有成效和建设性的环境，从而促进成员的学习和成长。

决策标准

团队和利益相关者必须合作建立并"拥有"客观的标准，以用来评估展览的构成要素或者教育活动，以及在开发过程中做出决策。这些标准包含使命、长期目标、短期目标和受众影响。团队还应该建立明确的决策标准和团队的层次结构来解决进程中出现的问题。决策不是在任何时候都需要民主，否则，无法做出实际的决策。在流程中的不同阶段，团队都应该确定一位权威，该权威将根据所从事的工作自然地转移。

所有标准一旦确定,团队和利益相关者就可以迈步向前,有效地做出决策,而不会忽视该项事业最终的使命。

相互尊重

成功的合作并非以友情为基础,而是以建立和保持相互尊重为基础。尊重团队成员的彼此发展也是对流程和既定目标的尊重。如果团队成员互不尊重,那么该展览也极难取得最终的成功。即使团队成员并不一定喜欢社交,但他们也可以彼此尊重,以取得圆满的结果。大多数情况下,合作中团队成员的首选关系不是"交情好",而是能简单礼貌地进行对话。

合作流程示例

宾夕法尼亚大学考古和人类学博物馆(University of Pennsylvania Museum of Archaeology and Anthropology)展览部主任①凯特·奎因(Kate Quinn),谈论了团队错过最后期限时的挫败感。奎因女士在任时,她负责"制定进度表"。直到错过最后期限时,她才意识到进度表被视为"她的"进度表,而非团队的。为解决这个问题,她做出调整,让策展人员、开发人员、设计师和其他团队成员一起参与进度表的制定。通过合作来制定进度表,成员们都为其贡献了力量,因此也会承担相应的责任。不同的工作成员现在可以看到他们的工作如何融入整体,其他成员的需求和整个项目的成功依赖于他们及时完成工作。进度表从单一责任变为共同责任。

---

① 译者注:从宾夕法尼亚大学考古学和人类学博物馆官方网站"联系信息"中获知凯特·奎因现为展览和公共项目(Exhibitions and Public Programs)主任,而不是书中仅仅提到的展览部主任(https://www.penn.museum/information/departments-contacts)。

团队合作功能发挥的五大障碍[①]

● 缺乏信任

包括领导在内的所有团队成员,都能暴露自身的弱点而不受影响吗? 成员可以公开表示"我不知道"吗?

● 害怕冲突

富有成效的思想冲突是好的。如果团队成员对表达不同观点会有所顾虑——无论这种顾虑是真实的还是想象的,那么团队环境可能会变得不太健康,分歧还会以其他方式出现,从而引发成员的挫败感。即使意见尚未统一,也应该鼓励对话和争论;团队领导应该掌握解决争论和搁置问题的时机。

● 缺乏承诺

没有良性的争论,就不会有共同承诺。然而,一旦争论之后做出了决定,整个团队都必须无条件地给予支持。团队成员需要能够说出:"我可能不同意你们的想法,但我理解并尊重它们,也会支持团队的最终决定。"

● 规避责任

如果你没有承诺,没有认同,就没有责任。承诺会为团队的努力带来所需要的友爱和合作精神。如果对成员而言"让团队失望"是一种可恶的行为,那么他或她更有可能对自己的行为和团队的成果负责。

● 无视结果

如果团队成员不负责任,他们将只顾及自己,而不考虑整个团队。当团队动力不足时,团队目标会因个人目标而被颠覆。在你心中团队是什

---

①引自 Patrick Lencioni, *Five Dysfunctions of a Team: A Leadership Fable*, San Francisco, CA: Jossey-Bass/John Wiley & Sons, 2002。

么——是有你加入的还是由你领导的？在你成为一名优秀、可靠的领导之前，你必须是一名优秀、可靠的团队成员。

当事情变得棘手时

知道如何解决问题

合作很重要，但像其他任何事情一样，合作过程也会出现问题。合作，如同刚出生的婴儿，需要被不断地喂养、培育，并且受到密切关注；如果稍不留心，就会不可避免地出现问题。如果我们没有及时地解决遇到的问题，那么我们的工作可能只做了一半。此外，我们必须强调的是，确定角色、资源和决策标准至关重要。大多数问题的产生都是由于对这些事项中的一些或所有重视不足。功能失调的团队很可能带来功能失调的结果。认识到问题产生的条件及其表现，正面地处理它们是很有必要的。

注意合作的杀手

合作环境中总会存在四个因素，它们在人与人的互动中很常见：抱怨、批评、冲突和妥协。当每个因素出现时，我们要善于发现并直接处理它们。保持这些因素的平衡，对团队的成功至关重要。

抱怨

团队合作中最困难的工作内容之一是减少"抱怨因素"和恻隐之心，这是凝聚团队的一种方式。在任何团队合作中，适度"发脾气"很重要，但是当抱怨变成持续的消极情绪时，它只是对团队的消耗。成员团结起来的最快方法是拥有共同的敌人，但通过对他人的消极情绪而实现的团结将无法避免团队成员之间产生冲突。这种情况起初可能难以识别，所以团队必须具备这种意识，并在失控之前解决这一威胁。极端情况下，消极情绪可能会破坏一个项目（图1.8）。

图1.8 抱怨：如果把太多的时间花在抱怨和负面情绪上，那么任何有价值的事都无法完成。合作者需要停止埋怨，专注于迈步向前。［图由迈根·希克森（Meghann Hickson）提供］

图1.9 批评：当人们觉得他们提供的东西都会招致批评时，他们将会停工，也不再会成为团队中有所贡献的成员。任何一个或者说所有的新想法都可能会受到过度挑剔和严厉批评；团队需给予想法成长并变得伟大的机会。［图由迈根·希克森（Meghann Hickson）提供］

图1.10 冲突:如果分歧导致指责,它将破坏合作进程并对项目产生持久影响。[图由迈根·希克森(Meghann Hickson)提供]

批评

当团队努力建立自己的信任和合作关系时,另一个主要障碍可能来自过于挑剔的个人或小团体。许多团队都有冒险者和点子王,还有坐视不管、不提供任何想法、只是对别人提出的想法进行批判的人,而这些人又无法为他们的批评提供解决方案。这毫无建设性可言,将会导致团队整体的受挫和共同承诺的崩溃。鼓励争论和讨论很重要,但是当时机成熟时,需要站在团队的立场上代表团队做出决策(图1.9)。

冲突

合作过程自然会产生冲突,有些是好的,有些是破坏性的。对于问题的不同见解对促进批判性分析和自省都非常重要。但是冲突可能从简单的、看似良性的摩擦开始;如果不加注意,它可能会导致团队出现有害的、不专业的和破坏性的行为。如果处理不好,分歧可能会破坏整个进程,产生持久的影响(图1.10)。

妥协

太多的冲突是一件坏事,但是过多的妥协却可能是致命的。当冲突发生时,团队成员通常会意识到需要进行处理。有些人可能会觉得成功的合作就意味着让步。然而,你并不希望妥协使努力的结果变得平庸。妥协实际上可能是合作的对立面。我们希望借助彼此构建想法并互相推动,以新的方式看待问题。毫无质疑地让步或同意某一点可能只是回避了重要的讨论。挑战在于在冲突和妥协之间取得适当的平衡,以便获得最有力的解决方案(图1.11)。

图1.11 妥协:合作者希望在冲突和妥协之间找到平衡。太多的妥协可能会使项目变得平淡无趣。[图由迈根·希克森(Meghann Hickson)提供]

关于一场非同寻常的合作的案例研究

三一学院(Trinity College)的科学画廊(Science Gallery)
爱尔兰,都柏林

2008年,在迈克尔·约翰·戈尔曼(Michael John Gorman)的指导下,爱尔兰都柏林三一学院创建了科学画廊,就像各地举办公共展览的场所已开发出的那样,其采用了一种最有效的合作流程。科学画廊的使命是认识并深入参与"激励、培养和招募有才华的年轻人,使当今社会至关重要的研究和创新长盛不衰"。画廊的目标观众为15—25岁的群体,其欲通过不断变化的展览、公共实验、挑战、节日、辩论和工作坊项目,激发和转变观众的好奇心,帮助人们发现、表达和追逐他们对科学的热情。"科学画廊是世界首创。这个新型场所是用来解决当今白热化的科学问题的,你可以畅所欲言,不同的思想在这里交汇,不同的意见在这里碰撞"(图1.12)。

尽管科学画廊的重点是科学,但其拓展了科学探索的常用方法。合作者利用当代艺术的创作、工程和设计思维来理解我们的世界,表达有影响力而又有意义的想法。物理学家、工程师、音乐家、律师、艺术家、人文学科策展人和青少年共同组建了莱昂纳多团队(Leonardo Group)。这个跨学科的策展团队利用每个人不同的经验构成,确保团队集思广益,由此产生"种子想法",或者是展览的主题。

然后,这些种子想法会在一场"公开选拔"中被概述,并发送给一个拥有多种背景和学科知识的国际创新者团队。那些被认为最能激发新思维和创新的项目将被选作雏形,在科学画廊23500平方英尺(约合2183平方米)的空间里得到开发和实施。

入选项目的创新者/创作者将被邀请作为讲授者参加展览,举办工作

> 三人同屋,筑不出多大的梦想。如果你想要创建复杂的体验,就需要利用各类人群及其网络。——迈克尔·约翰·戈尔曼(Michael John Gorman,科学画廊馆长)

图1.12 "人类+:我们物种的未来"("Human+:the future of our species")展览布展期间的三一学院科学画廊。[照片承蒙波利·麦肯纳-克雷斯(Polly McKenna-Cress)提供]

创作者不希望简单地把他们的作品装箱并悬挂上墙,而是希望来到这个空间和公众互动。他们享受在画廊空间里混合着社区观众低声说话的嗡嗡声,并且新的项目不可避免地会从这种交换中生成。[1]——迈克尔·约翰·戈尔曼(Michael John Gorman,科学画廊馆长)

坊,或者只是在布展过程中与公众互动。

科学画廊有一个使命就是投资高风险项目,选定的项目范围从现有产品或实验到完全处于试探阶段的想法和拟定的流程。这些"试探性设计师和科学家"正如戈尔曼先生所说的那样,不是为今天做规划,而是为未来打算。他接着解释说,科学画廊的一个关键目标是不仅要引入经过验证的想法,还要引入推测性的项目。

科学画廊不仅打造了观众参与新概念开发和孵化的一种方法,而且还创建出一个实际产生"新思维和项目"的空间(图1.13、图1.14)。

If life does anything, it makes copies of itself. It is one of the traits every living thing shares with every other living thing. Since the dawn of agriculture and animal husbandry, humans have developed increasingly elaborate strategies for preventing this self-copying behaviour when they view its product as undesirable. The reasons for doing this are as numerous as the means by which it is accomplished. Included in this exhibit is a small selection of strategies of reproductive control that have been developed and used in modern times.

HOW HAVE HUMANS SHAPED THE EVOLUTION OF THE PLANT?
The Center for PostNatural History is a public outreach centre dedicated to exploring the intersection of culture, nature and biotechnology. The PostNatural refers to the life forms that have been intentionally altered by humans through domestication, selective breeding and genetic engineering. Towards this end, the CPNH maintains a collection of living, preserved and documented specimens of PostNatural origin.

图1.13、图1.14 "人类+:我们物种的未来"展览包括一系列创新装置,如艺术家爱德华多·卡克(Eduardo Kac)通过对矮牵牛花的DNA进行基因改造,培养出的一种新花卉。其说明标签通过提出如"人类如何塑造植物的进化"等问题来激发观众以一种新的方式来思考某些说法,如"后自然(Post Natural)是指人类通过驯化、选择性育种和基因工程有意改变的生命形式"。参观者会想知道带有他们DNA的植物会长成什么样子。[照片承蒙波利·麦肯纳-克雷斯(Polly McKenna-Cress)提供]

参与程度

科学画廊系统促进了来自三一学院内部教授们和外部助理研究员[2]以及艺术家的参与。三一学院毗邻都柏林经济最萧条的地区之一,所以科学画廊将自己定位为:一个连通街道一侧的学术区,以及街道对面那个

---

[1] Interview with Michael John Gorman at the Science Gallery, April 2011.

[2] 译者注:原文为"research scientist",在美国通常在一个研究所除了教授,其余主要为此类人员,他们不单独承担课程,但可以给教授代课,有人认为其相当于国内的"助理研究员"。

服务仍不足的社区之间的通道。所有团队都被鼓励成为为画廊贡献令人兴奋的创造力的一部分,希望点燃人们对自然科学和潜在职业的新的激情。

随着年轻观众再次来馆并更多地参与其中,他们被追踪记录,并被邀请担任画廊的志愿讲解员。如果观众保持参与,他们能在"参与金字塔"(engagement pyramid)中升级,并最终被邀请加入莱昂纳多团队——继续他们与博物馆合作的反馈循环。这些参与者年仅17岁,他们都是志愿者,长期参与是一种非常成功的方式,可以鼓励那些可能从未考虑从事尖端专业科学实验或从事科学创新事业的人。

科学画廊空间内展示的许多项目已经得到国内和国际认可。由于意识到这点,资助者已经与不同的创作者/研究人员接洽,并提供种子资金,支持他们为项目推进到更高水平付出努力。

科学从来不是关乎个人,而是关乎团队……具有不同优势的个人,与你共同合作,弥补了你的不足,创造出新的、具有创新性的东西。[①]——谢恩·柏金(Shane Bergin,三一学院2011年春季物理学毕业生和科学画廊莱昂纳多团队成员)

图1.15 个人的生物圈也称"单个蚕茧的栖息地",由大久田(Zbigniew Oksiuta)构思并创建。[照片承蒙波利·麦肯纳-克雷斯(Polly McKenna-Cress)提供]

科学画廊是一个公共展览空间的典型案例,它采用了合作的关键模式:作为创新、创智和经济增长的必要条件;作为推动科学和技术进步的经济基础;作为分享全球知识并最终建立更为强大社区的一种手段(图1.15)。

这个案例也展示了我们所发现的关键生存本能,基于这些本能的合作可以在公共场所中发挥特别好的作用。项目参与者从多方寻求不同的观点,包括莱昂纳多团队、跨学科的创作者/艺术家和科学画廊所服务的多元观众。科学画廊鼓励采用跨学科的方法,即将科学、工程、设计、人文

---

① www.sciencegallery.com/this_is_science_gallery.

创新来自思想的冲突。创新来自张力……在科学画廊里各种思想相遇并碰撞。[1]——克里斯·德伯格(Chris De Burgh)(音乐家、科学画廊莱昂纳多团队成员)

和艺术结合起来。通过在社区中如此巧妙地定位自己,科学画廊已经实现了包容性和多样性的关键目标。目前可以声称在孵化创意方面更具创新性的环境很少,尤其是公共环境。

一种内在的必需

合作并非一种时尚或一句流行语。如果我们打算让我们的博物馆既有现代性,又能担负起文化和社会责任,合作是一种内在的必需。对于分散博物馆的权力这一点,我们是不主张的,这也是一些博物馆专业人士所担心的。相反,我们断言,唯有根植于本章所述的生存本能,机构的权力才能得到加强。博物馆仅仅成为一名收藏家、鉴赏家或者一家教育机构是不够的。博物馆只有与当代观众积极关联起来才能求得生存。

接下来,我们将要探讨某些关键决策应该在何时何地做出,并对谁应该参与制定这些决策提出建议。

延伸阅读

Collins, Jim. *Good to Great: Why Some Companies Make the Leap...and Others Don't.* New York, NY: HarperCollins, 2001.

Collins, Jim. *How The Mighty Fall: And Why Some Companies Never Give In Collins Business Essentials.* New York, NY: HarperCollins, 2009.

Lencioni, Patrick. *Five Dysfunctions of a Team: A Leadership Fable.* San Francisco, CA: Jossey-Bass/John Wiley & Sons, 2002.

Lencioni, Patrick. *Overcoming the Five Dysfunctions of a Team—A Field Guide for Leaders, Managers, and Facilitator.* San Francisco, CA: Jossey-Bass/John Wiley & Sons, 2012.

Surowiecki, James. *The Wisdom of Crowds.* New York: Anchor Books, a division of Random House, 2005.

---

[1] www.sciencegallery.com/this_is_science_gallery.

第2章　倡导与行动步骤

一个想法就像一部戏剧。即使它是一个杰作，也需要好的制片人和导演，否则可能永远无法上演。或者它可能上演，但由于观众太少，一周后只能停演。同样，想法不会只是因为它很优秀就能从边缘发展到主流；在它真正转变人们的观念和行为前，必须经过巧妙的营销。[①]

——大卫·博斯坦(David Bornstein)，《如何改变世界：社会企业家和新思想的威力》(*How to Change the World: Social Entrepreneurs and the Power of New Ideas*)

设置倡导岗位：一种团队创新的策略

在本章中，我们将尝试列出展览团队需要执行的最重要的任务，以便其能最大限度地为观众、展览内容和机构提供服务，并促使团队思考展览参与者在这些任务中的角色分配。

团队应该问的问题

任何团队的合作流程启动之初，参与人员应召开启动会议来讨论进度安排、预算和目标，但最重要的是初步了解团队如何合作。

[①] www.goodreads.com/quotes/tag/advocacy.

大照片：蒙特雷湾水族馆(Monterey Bay Aquarium)，加利福尼亚州，蒙特雷。照片承蒙理查德·克雷斯(Richard Cress)提供。

小照片：伦敦科学博物馆(Science Museum London)，英国。照片承蒙波利·麦肯纳-克雷斯(Polly McKenna-Cress)提供。

应当为有关角色的问题召开这次会议：

● 任何展览团队需要拥有哪些倡导岗位？

● 每个岗位分别需要什么技能？

● 在执行与每项倡导相关的任务时，导致成功或者失败的因素是什么？

本章关注的是，任何展览团队为了打造模范产品而必须加以实现的较高层次目标。我们将对作为倡导岗位需承担的责任进行讨论，这些责任必须贯彻到所有团队成员中，而并非是被分配至传统的工作岗位。之所以这样做，是因为我们容易过分介意头衔或者职位描述，而未足够重视实际必须完成的工作。我们最感兴趣的不仅是考虑需要完成什么，还要考虑需要完成的原因以及在不论头衔的情况下，谁可能是团队中的最佳人选。这样，真正的合作流程可能更容易启动。"不在我职位范围内"和"我不管这摊子事"都是合作的克星。

图 2.1 爱尔兰国家博物馆（National Museum of Ireland）的条贴画。［照片承蒙理查德·克雷斯（Richard Cress）提供］

每个团队所需要的五种倡导

当然，根据项目规模、预算和背景的不同，参与展览开发、设计和制作的人员可能数量不一，但我们建议在团队构建中，只需要体现出五大主要领域或五种倡导：机构倡导者、主题倡导者、观众体验倡导者、设计倡导者（实体设计和感官设计）、项目和团队倡导者。

通常情况下，每种倡导都由团队中的某个人承担，但在规模较小的机构中，一个人可能需要承担不止一个角色，而在具有较大项目的大型机构中，可能会有许多人从特定的倡导角度出发去开展工作。

以下是每种倡导者的定义、其角色职责以及其所需的技能。

我们机构的目标和终点正是：我思我所爱，我言我所思。——沃尔夫·福尔摩斯（Oliver Wendell Holmes）

机构倡导者

机构倡导者首先要为项目的实施想办法，该倡导者清楚地知道项目如何能更具广泛的适应性，知道为何机构这样做很重要。此人还应该为

图 2.2 机构倡导者真正肩负起机构的责任,必须解决定位问题,以便推动机构在社区、当地或者全球产生最大影响。［插图由迈根·希克森(Meghann Hickson)提供］

一个好的博物馆将给人们的生活质量带来积极的改变。——史蒂芬·E.威尔(Stephen E. Weil)《博物馆重要的事》(*Making Museums Matter*)

项目做出最终的审核——对它代表机构呈现给公众是"足够好"还是"不够好"做出判断——并且能在展览开发团队出现任何无法解决的问题时扮演仲裁者的角色。换句话,此人代表机构,是策展方的客户,因此对机构负有最终责任(图2.2)。

在大中型机构中,客户角色通常由馆长、部门经理或者副理事长充当,因为他们在组织内部拥有足够的权力:①预见项目如何促进机构目标的实现;②整合项目实施所需资源;③将想法向理事会或其他高层汇报;④为项目寻找资金等。在规模较小的机构中,这个人可能仍然是馆长,但是在该角色中,他(她)可能也会执行一些我们稍后将要描述的其他任务。无论何种情景,这个人可能不是最初提出项目想法的人,但是他或她将认识到这个想法的价值,并在机构内营造局势,使之顺利通过。

这一角色所需的技能包括战略思维、管理能力、说服力、批判性思维和清晰的思路及表达。这位倡导者不仅需要能够识别和鼓励有用的想法,组织有用的资源,通常还需要招揽更多的人参与到这项事业中。

有时,机构倡导者会被团队的其他成员视为一股无法摆脱的邪恶力量,因为团队必须向其报告,他还可能会要求团队做一些不容易实现的事。这种看法是缺乏远见的。因为这个人与团队中其他任何成员一样必要,他们都在为了成功而努力,随着项目推进,机构倡导者活跃在各个阶段的审批体系内,保持他或她在团队内至关重要的位置。这样的人物还可能有助于吸收其他机构的资源,以推动项目效益提升,例如筹款人、公关和营销人员。

有时,机构会把客户的权力交予某类"展览委员会",而非个人之手。这种决定通常有很好的理由,但它往往并非推进展览的最佳方式,因为其分散了倡导者的精力,模糊了权力和责任的边界。使用这种方式很难保证权责清晰,但权责清晰却是优秀客户的标志。

主题倡导者

当我们开始谈论主题倡导者时,首先想到的是找到一个头衔为"策展人"（curator）的人，不过这并非考虑这件事的唯一方式。我们需要这样一个人（或一群人）：他（她）能够将对主题的热情带到项目进行的过程中，并且能够将一些兴奋感传递给团队其他成员，因而最终传递给观众。该倡导者应该能够从学术角度确定主题最重要的方面，并帮助团队确定最重要的信息以及删除无关紧要的内容。如果涉及物件、文物、档案或者标本，该团队成员需要能够有权威性地说出可用材料的质量、其保存所需的条件、我们所需的其他材料以及哪些可以从其他机构借用或购买（图2.3）。

有些项目可能要求主题倡导者去做原创性研究，这些人可能在研究那个特定主题之初并非专家，但是他们具备高超的研究技能，并且也知道如何去寻找能够审核信息和提供建议的专家。最重要的是，主题倡导者必须能够确保所呈现内容的准确性。

"策展人"这个特定概念，在历史上与图书馆、档案馆的管理人一职有关，并且由此产生出实物藏品"保管人"的概念。直到今天，该术语仍然在某些机构被使用。保管人在某些主题的高水平的专业知识不但与他或她的教育和经历有关，还与其对藏品的熟悉程度有关。

在美国，术语"策展人"比"保管人"更常被用来形容拥有最高水平的主题专业知识的人，但是"策展人"在不同类型的机构有不同的含义。在许多较大规模的自然历史博物馆，"策展人"一词指对某一类特定藏品很熟悉的人，更重要的是，他（她）是一名积极的研究者，其研究成果可能是对藏品研究的一种补充。除非行政要求，他（她）可能不会真正去"照看"或"保管"藏品，而是把这项工作留给藏品经理甚至文保人员。在历史博物馆中，整体来看可能会有一位"藏品策展人"。特别是在大型机构中，可能会有针对某方面藏品的个体策展人，如"装饰艺术"。也有机构可能根本不用"策展人"一词，而更喜欢用"历史学家"来指代策展人，或者具有主题专业知识和对藏品拥有控制权的人。对于儿童博物馆和科学博物馆来说，策展人也不常见，主要是因为除了一些特例，这类博物馆不太可能有藏品。

艺术博物馆也可能有诸如"装饰艺术"等部门，也可能有按时间段

图 2.3 在许多情况下，主题倡导者的责任要求其能由不止一人承担。虽然也许需要最终的决策者来保证所呈现内容的准确性，但是人人分担责任，对展览主题充满热情，这样观众就能充满热情地参与其中。［插图由迈根·希克森（Meghann Hickson）绘制］

（如"20世纪艺术"）命名的藏品部门（图2.4）。艺术博物馆策展人通常会对特定的藏品拥有非常严格的控制权，除了那类藏品主题的专业知识外，他们的头衔还进一步暗示其拥有他人常常无法企及的鉴赏水平。而且与大多数其他类型的博物馆展览不同，特定的艺术展品通常明显地被视为带有专家的个人视角，即他对特定的艺术家、艺术形式或者某个艺术时期的独到见解。

当然，具备任一类别专业知识的员工不论其头衔为何，都将是策展团队青睐的人选。

然而，事实是在许多博物馆里，即使有收藏品，也没有"策展人"这样的职位。

即使这样的职位确实存在，我们可能仍然希望从机构外部获得关于我们所选主题的意见。我们可以向学术界寻求那些"正在对有关主题内容进行研究、教学和写作的人"的意见，或者向专业领域寻求那些直接从事我们感兴趣的艺术或科学领域的从业者的意见。我们也可能会寻求特定领域之外的学者、专家的见解：历史学家对于印象派画家的文化和产生这一流派的社会经济环境可能有什么看法？对涉及迷失或死亡主题的展览，心理学家可能会提供什么样的洞见？

在我们寻找能够担任内容倡导者的团队成员时，另一个重要的潜在合作伙伴是社区成员和（或）公众。当我们处理文化和（或）地域方面的特定主题时，这一点尤其重要，当我们处理敏感或者可能存在争议的主题时，我们可能也希望社区成员能够参与。

观众体验倡导者

如果项目想获得普遍的认

图2.4 纽约现代艺术博物馆（Museum of Modern Art）的建筑和设计部门。[照片承蒙理查德·克雷斯（Richard Cress）提供]

可和成功,那么了解观众和观众研究、学习理论以及展览的文化环境,与掌握主题方面的专业知识或精湛的设计技巧同等重要。因此,我们需要为观众体验确定一名倡导者,这是一个相对较新的想法。该倡导者会深入思考观众将会获得哪种体验,并为这种体验设定认知和情感目标。这类倡导者旨在提醒我们所有人:观众是展览工作的核心——最重要的是"展览是为了人,而不仅仅是有关物"(图2.5)。

当这种倡导者成为一个特定的角色时,通常被称作展览(或活动)开发者,也可能被叫作阐释规划者,抑或被唤作教育人员。(在一些大型博物馆,"观众倡导者"可能是一个独立的职衔,展览的开发则交给展览开发者)。观众倡导者这一概念的提出归功于20世纪60年代时任波士顿儿童博物馆馆长的迈克尔·斯波克(Michael Spock)。他的想法是要真正实现项目的愿景,应当体现出对于内容的热情和对观众的同等热情。他为"火炬手"这一特定项目创造了"活动开发者"的头衔,"活动开发者"可以围绕前述愿景组建团队并整合资源,以便不被其他的事所分散。在观众体验开发的最初形式中,开发者要对展览项目有关的一切负责——包括想法、观众和内容研究、学校活动、包含展品元素的模型的"试用"、原型设计、展览的基调和声音、藏品资料——除了设计和制作外的所有东西,尽管这两者也可能包含其中(图2.6)。

别的博物馆还创造出了观众体验的其他形式。同样在20世纪60年代,旧金山探索宫开发了原型模型,即在开放的作坊里致力于钻研独特的展览创意之人,把东西放在地板上进行试验,然后根据需要在作坊反复完善,最后经馆长弗兰克·欧本海默(Frank Oppenheimer)的批准,付诸使用。这些人是艺术家、科学家、设计师、教育者,还是制造者?是的,是的,是的,是的,是的,都是。

服务观众的团队工作法

20世纪80年代初卡罗琳·布莱克蒙(Carolyn Blackmon)在菲尔德博物馆推出了"团队工作法",要求展览团队中包含一位教育人员,该方法特意将一个关心公众的人引入传统自然历史博物馆由策展人与设计师所构成

图2.5 观众体验倡导者必须是所有团队成员确实信任的角色。尽管展览开发者、教育人员和评估人员对这种倡导负有特殊的责任,但其余四大倡导岗位也在为最终的用户效力。[插图由迈根·希克森(Meghann Hickson)提供]

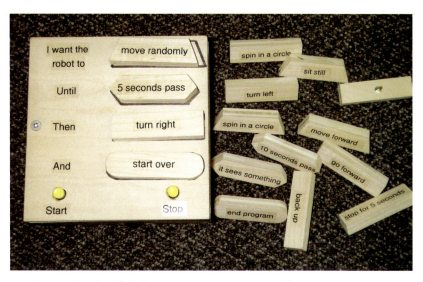

图 2.6 由安大略科学中心（Ontario Science Centre）制作的原型，对不同的编程符号能否清楚地进入机器人的不同部位进行测试。[照片承蒙埃里克·基斯纳（Erika Kiessner）提供]

的传统团队中。

无论采用什么模式，基本理念仍然很重要：尽管所有展览确实是"与物有关"，但最为重要的结果是它们对最终用户而言是有趣的、有意义的和有效用的，并且不允许任何东西妨碍这个最终愿望的达成。确保这一愿望达成的最直截了当的方法是用"人性化"的方式管理团队，通常以"展览开发者"的形式实施。

对观众体验的倡导是通过团队来实现的（可以通过许多人来实现，这取决于项目的规模和复杂程度），但"展览开发者"最终负责的一个重要任务是：为观众整合所有资源。当所有最好的物件从藏品中被挑选出来；所有必要的信息被清晰表达；所有学校团队的课程标准被虑及；所有吸引不同年龄段和具有不同兴趣的人的"花里胡哨"的展品被充分考虑时，是否还有一个可以被理解的故事？是否还有一种非常重要、引人注目的想法或感觉，可以使观众被吸引并将其铭记于心？是否还有一个清晰可辨的统一体，而不只是一堆模糊相关的材料？观众倡导者的工作就是确保观众在展览中得到的整体收获大于各部分的总和，在团队内为关联特定的

把你该做的做好，别人就会带上他们的朋友再次光临。——华特·迪士尼（Walt Disney）

认知、情感和体验方面的观众目标提供指导(图2.7)。

"展览开发者"几乎可以来自任何背景,只要他们愿意并且能够将观众放在首位。但是大多数情况下,这些人有教育学或者艺术专业的背景,或是随着时间的推移,他们对某一特定主题研究的热情已经转变为将其中一部分知识传授给他人的热情。他们拥有的有用技能包括对观众研究的了解和热情;隐喻和类比思维的天赋;良好的研究、写作和教学技巧;对学习理论和人的发展的一定了解;对可视化策略的一定了解;以及跨学科思考的能力。

观众体验的倡导可能会与其他倡导产生显著的重叠。事实上,当那些最关心内容和实体设计的团队成员真正关注观众问题时,观众倡导者的工作就变得容易多了,并且可能变得更富技术性——记录最为经典的观众评论,或承担诸如编写清晰的标签、组织观众研究、开发和测试特定媒体或互动元素、或组织咨询顾问和社区团体等任务。

设计倡导者

或许所有这些倡导中最直观的倡导是实体和感官设计。很明显,这必须是具有真正设计技能和理解能力的一个或一群人——在资金最短缺的最小组织内,至少要有一个具有"好眼力"的人。当然,这种倡导并非仅仅是关于空间在视觉上的赏心悦目,还关注环境的

在我们的经营场所,顾客是最重要的观众。他们并不依赖我们,我们依赖他们。——无名氏

图2.7 在罗伯特·H.和克拉丽斯·史密斯美国历史纽约展厅(Robert H. and Clarice Smith New York Gallery of American History)里,观众可以通过互动多媒体选择和查找关于特定物件的更多信息。[照片承蒙波利·麦肯纳-克雷斯(Polly McKenna-Cress)提供]

舒适、有趣,观众如何被它吸引并进行参观,也需要关注空间照明、空间如何支持内容,如何通过听觉、感觉、嗅觉来展示内容,空间各元素如何良好地发挥作用。总的来说,"设计倡导者"要关注如何用空间设计来支持和提升观众的整体认知、情感和体验目标(图2.8)。

所需设计技巧

这里所需的技巧很多,可能一个人无法全都具备,包括:

● 空间规划和导向规则(要考虑ADA[①]要求和安全问题,如紧急出口的需求或材料的防火等级)(图2.9);

● 定制展柜的设计、平面设计、室内设计(颜色和纹理系统、物件布置、照明和身体舒适度评估)(图2.10);

● 互动设计(尤其是可能用于解释或演示过程或现象的机械系统);

● 了解媒体、备选媒体以及支持其运行的技术,通用设计(了解允许所有用户访问的准则,无论其体型、年龄、第一语言,或残疾与否);

图 2.8 设计倡导者创建了有效、周到的体验,吸引了观众。其责任不仅包括展览本身的成功表现,还包括在展览开发过程中的实施流程、展示和沟通,以帮助团队和其他利益相关者的理解、参与和认同。[插图由迈根·希克森(Meghann Hickson)提供]

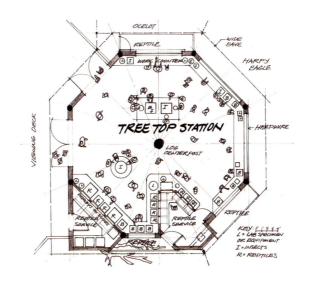

图 2.9 具有一定规模观众的平面草图,用以了解人流和个人所需空间。[图片承蒙 Jon Coe, CLR 设计有限公司提供]

---

① 译者注:ADA 是 Americans with Disabilities Act 的缩写,是指美国残疾人法案。

● **绿色设计**（大体上了解材料,包括来源、属性及其对藏品可能的影响）;

● **具备绘制、测量、细化和记录这些能力**中的一些或全部,首先是为了审核,然后为了制作,通常这个角色还会代表团队去监督制作与安装(图2.11)。

与主题倡导者一样,设计倡导者需要在特定领域接受过专门培训,如建筑、工业设计、平面设计、舞台设计或相关领域。像观众倡导者一样,为了策划出经典展览,他们可能不得不积极追求那些所需的特定领域的技能和知识,因为很少有课程能让初学者熟悉设计每个展览所需的一切。

在我们所描述的所有倡导岗位中,最有可能聘用外部人员或公司的就是设计倡导

图2.10 费城艺术博物馆(Philadelphia Museum of Art)"扎哈·哈迪德:运动中的形态展"("ZahaHadid: Form in Motion")中的长凳为观众提供了感到舒适和开展反思的机会。[照片承蒙波利·麦肯纳–克雷斯(Polly McKenna-Cress)提供]

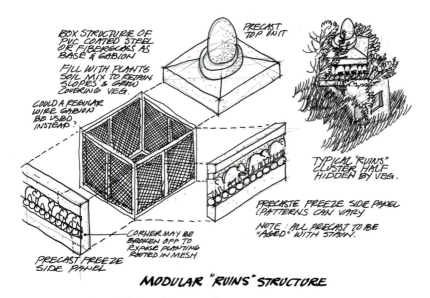

图2.11 "遗址"结构施工分解图。(承蒙Jon Coe, CLR设计有限公司提供)

者,这样做有好处也有坏处。人员外聘通常是因为该机构内部不具备相应的能力,因为它根本没有设计职位,或者因为设计师无法处理分配给他(她)的所有工作。有时,决策者聘请外部人员对内部重复性的解决方案进行优化,或提高"完成度",或将更尖端的技术或更新颖的材料带到博物馆内,而这似乎是机构内部设计师和制作人员不能胜任或者不感兴趣的。

无论是什么原因,机构必须非常清楚它们正在寻求的是什么,这一点很重要。一些公司已经做好准备,他们确实更愿意创建"交钥匙"的展览方案;也就是说,他们对整个产品负责,除了在方法和预算上需要客户进行总体审批外,几乎不需要审批。

另一些公司可能希望招聘的机构能为展览提供深刻而清晰的观众和教学目标,并提供所有的内容研究成果以给予支持。还有一些公司可能准备让机构提供所有的内容和展览开发,而他们只是扮演二维和三维设计师的角色,并监督制作。显然,所有这些决定不仅对人员和成本产生影响,而且还涉及所有权问题。因此,彻底了解"谁在做什么"对于双方合同的成功是必不可少的。

项目和团队倡导者

项目和团队倡导者是一类常被忽视的倡导者——这对项目危害很大,因为当没有对项目本身的倡导时,预算往往超支,进度表常常出错,友好的争论可能会演变成两极分化的对峙,使每个人感到糟糕,项目停滞不前。这个角色最常被赋予"项目经理"的头衔,也可能被称为"项目管理员"、"经纪人",甚至是某类"助理"等。此类角色所需的技能包括:规划和推进,这两方面需要通过高度合作的方式来着手处理,才能取得成功。它们涉及进度表、预算,以及团队及其流程的整体健康状况(图2.12)。

规划的任务包括:创建一份总体的进度表;为审核和批准创建一个系统和进度表;尤其对于大型项目,为特定的产品创建更为详细的进度表,该表会经过很多人讨论。"标签副本"就是一个很好的例子:必须商定图形层次和格式;撰写、审核、编辑和批准文本;研究、选择、审核图像,并将所有这些部分巧妙地组合在一起,以便文本面板投入制作;内容专家不得在需要进行最后审核的那一周休假。显然,这样一份进度表的创建,必须有每个人的参与,并考虑到每个人的需求。

这项任务的第二部分——在项目推进过程中实际监督整个进度表——甚至更为棘手。一些团队成员可能不太遵守进度表,或者可能只是选择不理睬它,后来却辩解说自己不知情或"其他职责比这个更重要"。也可能有员工生病或其他紧急情况迫使计划发生改变。这个倡导者必须足够干练,能够让大家接受商定的任务;足够机敏,可以在失败时找出解决问题的办法;足够熟练,可以让其他人接受解决方案。

另一个重要的规划部分是预算。预算可能是事先定好的,只需要置于一个系统并予以跟踪;也可能是易变的,需要不停地在评估和分配方面做工作。棘手的预算意外需要灵活、创新地加以解决,必要的削减和妥协需要有一位冷静的协调者。团队内部由此产生的失落情绪也需要富有同情心的倾听者。

图 2.12 项目和团队倡导者或项目经理对每个人负责,他(她)是预算和进度表的制定人,必须密切关注大局,以确保流程顺利、有效。有些人将这个职业改名为"专业的挑剔者",但所有的团队成员都要对自己负责,不应该把所有的责任都甩给项目和团队倡导者或项目经理。[插图由迈根·希克森(Meghann Hickson)提供]

效果评估

但是最重要的是,必须有人站在制高点把控整个流程,使之处于良好状态,以评估工作的有效性。

- 会议是否富有成效?
- 团队成员是否都了解情况?
- 在团队内部和外部是否有文档记录和恰当传达项目决策的流程?
- 高层领导是否感到他们"参与其中"?
- 博物馆的其他部门是否在合适的时间有效参与到项目中(比如安保、营销或者场内志愿者相关部门)?
- 团队成员是否都做好了本职工作,每个人是不是或多或少都尽了一份力,并相处融洽?

项目倡导者必须是最终的推动者,促进每个人发挥自己的优势,温柔地将人们拉出他们的舒适区,以充分发挥所有团队成员的作用。他们必须知道如何召集、开展和记录一场会议。他们必须客观地分析过程中需要调整的内容。他们鼓励所有的成员表达他们不同的观点。他们还必须能够在团队内无法解决问题时，把问题带到另一个层面去解决。

在该角色中有一些常见的陷阱需要注意。首先，这些任务通常分配给团队中的某个成员，且往往超出他或她在项目中首次被承诺的任务。当设计师、开发者或客户肩负起这个角色时，他们可能会发现自己毫无头绪。其次，这一角色可能分配给那些由于缺乏技能和影响力而不能有效发挥作用的人。"只是为我们中的其他人跟踪预算和进度表"，这听起来很容易，但事实上恰恰相反。优秀的软件产品可以提供帮助，但此处所需的技能必须随着时间推移而发展。如果整个团队都认可这一点，那将对整个项目很有帮助。最后，有经验的人也可能无法保持客观，利用该角色的多种权力，通过操纵或隐秘的手段影响项目的决策和结果。这个倡导者必须像一个好家长，必要时唠叨，但给予团队真正的独立。

行动步骤

每个倡导者都需要了解其所有工作成果所依赖的一系列步骤，这些步骤将会在后文中进行介绍。

研究

倡导者们的行动步骤都始于研究，无论是对同一主题相关展览的研究、设备成本的研究、展览内容的研究、藏品和档案的研究、材料的研究、照片的研究，还是策展所需调查的其他成百上千领域中任一领域的研究。好的研究能够发现别人既有的研究成果以及成果出处。

组织

数据和信息除非被组织成一种可用（可检索）的形式，否则它们用处不大。这种形式应该是所有团队成员都能轻松访问的。这可能意味着要使用诸如饼图、曲线图等图形，以及大纲格式的图表，或创建某种矩阵。

而在大型、复杂的项目中,它可能意味着使用专门用于保存和组织各种数据的程序。

分析、整合和可视化

一旦材料组织完毕,我们就能用材料来构建展览的意义,并想象我们在工作中可能使用它的方式。将研究成果和抽象概念转化为有形的体验,这需要我们具备形象化思维和想象力。我们如何将学到的知识运用到展览当中?观众如何观察、与之互动并参与其中?

记录、管理和展示

为展示我们调查的优势、不足和潜在用途,我们想向团队的其他成员展示我们的所有文档,或者应该决定更好地把时间花在总结我们的发现,并将其在团队会议上呈现,从而由整个团队来得出结论。理想状态下,我们将用足够的例子和背景资料来展示我们研究的利弊,以便我们能通过良好的组织和分析思维为团队成员构建一个完整的图景,然后就是否使用以及如何使用这一研究成果提出建议。

我们在工作的各个领域通过这些行动步骤开展工作——无论是预算编制、内容开发、观众研究,还是从藏品中选择物件——我们需要意识到这些任务通常是重复的。换句话说,在项目的每个阶段,我们要在展览整体框架、预算、互动和藏品清单等方面不断"更近一步",直到每个环节都进入制作阶段。每个倡导者都有必要找到合适的、方便的方式,将下次要重复的工作呈现给团队进行详细审查。重要的是,我们应坚持对这些进行重复审查,因为最初的预算会与施工后的结果有出入,我们需要对整个过程中如何不断完善做出计划。

危险与陷阱

简单地任命代表五类观点的五个人并不能保证项目的成功。正如前一章所述的合作:首先,团队成员需要彼此信任,以便他们能够很好地合作;其次,在团队里实际掌权者与被认为的掌权者是否一致往往是建构或者瓦解团队的关键(图2.13)。此处讨论的倡导者策略是一种虑及团队内部权力如何分配的方法。每种倡导者都应具备相应的基础:机构倡导者对整个项目拥有最终决定权,作为客户,他对各个方面都有批准或否定权,并最终掌管着资金;主题倡导者深入了解内容和展品,他们能充满热情地说出这些内容在展览中的重要性,并保证其准确性;观众体验倡导者的能力是基于其娴熟的领导才能和热情的性格,能够实现吸引人的、为观众和社区服务的、满足用户目标的展览开发;设计倡导者的能力是基于这样一些技能,它能使展览变成生动的、逼真的、三维的体验,而不仅仅是一系列由想法串联起来的物件;项目和团队倡导者的能力是基于对预算和进度的控制,以及他在团队中统管一切的能力,以充当一位整体的管理者。

项目的日常领导权可能属于这些倡导者中的任意一位,但此人通常与展览开发者一起负责用户体验,和设计师一起负责展出效果,或者有时和项目经理一起负责预算和进度安排(用来组织团队的一些常见模式,请参阅第3章)。

但是无论团队成员是谁,组织方式如何,每个人合作意愿怎样,权力的问题一定会出现。这不仅仅是猜拳的游戏:没有人在议题的争论和热情上能获得绝对胜利。虽然从倡导者的角度来检视决策可能会有所帮助,但是持有善意、信任以及为观众创造典范产品的愿望,而非仅仅是为了赢得今天的争论的胜利,将会走得更远。

数据可以帮助解决某些僵局。通过观众评估对各种想法、故事线和原型进行测试,我们会发现原本激烈的争论可能毫无意义。对于更棘手的问题,必须由客户和其他更高层来做出决定。

这些倡导中的任何一项对于项目的成功都至关重要:遗漏其中的任何一项倡导都可能导致一场灾难。

当然,无论如何,全部团队成员都应当是所有这些领域的倡导者,因为存在各种领域的重叠。在运作良好的合作团队中,这是一件"锦上添花"的事,因为这意味着人们互相支持,没有事情被忽略。而在过分猜忌或四分五裂的团队中,当人们关于势力范围和"面子"起争执时,它就会引起摩擦和分歧。

在较为小型的机构中,团队成员可能不得不采取一种"分裂的人格",因为他们可能必须扮演不止一个角色,同时倡导不止一种观点。这并非不可能做到。从一开始就对各种倡导者及其各自扮演的角色进行界定,将会促使所有参与者做好每一项工作,并尊重他人正为之贡献力量的工作。

图 2.13 如果团队没有承诺互相信任,那么潜伏的危险就像巨型北极熊。[图片承蒙 CLR 设计有限公司(CLR Design, Inc)的加里·李(Cary Lee)提供]

但是,为了改变而改变未必会加深机构与它们的受众、社区,甚至资助者和支持者的联系。为了改变而改变不会自发地发展和提升员工技能,不会使藏品、场地或其他资源得到充分利用,也未必会进一步推动机构使命的达成。新的展览和教育活动能够做到所有这些甚至更多。而你的职责就在于弄清楚如何利用这些机会,以最好地满足观众的需求和机构的目标(图3.1)。

奠定基础

第一个要问的重要问题

大多数机构都有使命陈述(mission statement)。第一个要问的重要问题是:我们的使命陈述是否反映了我们机构当前的思考(总体规划),是否以一种有助于创建展览和教育活动的方式精心制定?清楚表达使命陈述非常重要,它不仅指引未来工作的方向,而且还描述和支持了该机构的哲学立场。

图3.1 机构倡导者承担着整个机构的责任,因此他们作为战略代理人和合作者参与,致力于每个人的最大利益。[插图由迈根·希克森(Meghann Hickson)提供]

图3.2 美国国立美洲印第安人博物馆(National Museum of the American Indian),隶属于史密森博物院,位于美国华盛顿国家广场,于2004年开放。[照片承蒙理查德·克雷斯(Richard Cress)提供]

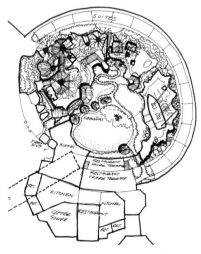

图3.3 活体动物栖息地、阐释性展品和其他设施的总体规划图。草图在规划过程的早期阶段很有用,有助于设想项目的各要素可能怎样组合在一起。[图片承蒙CLR设计有限公司(CLR Design, Inc.)提供]

第3章 机构倡导者

为模范展览造势

机构倡导者的主要工作是为展览的问世提供动力、资源和许可,以进一步推动机构的短期目标和总体目标。理想状态下,这些目标与机构的整体使命密切相关,该使命不仅得到了员工和理事会的理解,而且获得了他们的热情支持。

三个关键问题

- 展览的创意是如何产生的?
- "事必躬亲"和权力下放之间的适当平衡是什么?
- 谁负责?

方法与理念

展览和教育活动是工具包中与观众接触的主要手段。它们可以被用来提高到访率、驱动变革和推动使命达成。对于机构倡导者来说,首要的也是最重要的问题是:机构为什么会致力于特定的路径? 由此产生的预期结果是什么? 对此,机构要有清晰的意识和内部共识。展览是一种重要的工具,但通常是一种昂贵的工具。我们需要从一开始确定它确实是我们希望有效利用的工具。许多组织都在做展览———特别是巡展,主要是为了带来重要的改变,此目标完全合理。改变为机构提供了一些宣传的内容,也为公众前来参观提供了新的理由。

图片:美国费城艺术博物馆(Philadelphia Museum of Art)和费尔蒙特水T解说中心(Fairmount Water Works Interpretive Center)。[照片承蒙理查德·克雷斯(Richard Cress)提供]

有时,一个完全有用且可信的使命陈述是存在的,但是实践中,这样的使命陈述不知何故会遭到忽视或破坏。对你的机构而言,如果存在上述事情中的任何一件可能都是问题,那么最好检查一下机构的使命陈述并在必要时对它进行修改。使命陈述最好由员工和理事会合作来完成。理想状态下,你的使命陈述——以及任何推论材料,如愿景或价值陈述——将真正有助于在选题、观众目标和社区参与等问题上指导展览团队。

规划方面的行业术语

机构的使命陈述(mission statement):简要描述组织的存在意义及其总体目标。它必须足够清晰,能作为方案选择和业务战略的决策指南,给予相应的支持。

愿景陈述(vision statement):对机构未来最宏伟的愿望表达,例如"我们将改变美国的科学教育"。即使你们的机构无法立即实现该愿望,但这也是机构正在努力追求该愿望的大胆声明。

价值观(value):机构的价值观影响着机构的文化、员工间的互动和博物馆的业务实践,并充当与最终用户互动和产品生产的原则。例如,你们可能重视诚实、冒险、友善和合作。在机构范围内所达成的认同将影响你们的工作方式,以及你们与同事、社区和观众的关系。

战略规划(strategic plan):一个3—5年的计划,该计划描述和确定组织的近期活动,以及如何分配时间和资源来实现明确的长期目标和短期目标,实现这些目标是为了实现更为崇高的目标——使命陈述和愿景陈述。

长期目标(goal)和短期目标(objective):长期目标是志存高远的,短期目标是可衡量的。长期目标支持短期目标而长期目标反过来又获得短期目标中的任务或行动步骤的支持,短期目标通常被规定在特定时间内实现。

总体规划(master plan):一份设计文档,提供实体的和阐释性的解决方案,用于说明如何最佳地利用空间和其他资源,从而为观众和员工创造最好环境,以及实现商定的目标。

通常,总体规划还包括预算估算,这通常被视为完成更宏大的战略规划工作的一个步骤。

阐释规划(interpretive plan):为展览、教育活动和外展而制定的规划,该规划考虑到组织的使命陈述和愿景陈述、社区和观众的需求、机构的资源及其价值观,以及收入期待。通常,阐释规划由员工完成,或与员工协同完成,包含用户的认知、情感和体验目标。阐释规划可以被单独创建,成为战略规划流程中的一个行动步骤,或者成为一个更宏大的总体规划流程的一部分。

SWOT(优势、劣势、机遇和威胁)分析:分析机构的优势和劣势,以及机构所在环境给它带来的机遇和威胁,目的是利用好优势和机遇,并制约劣势和威胁所导致的不利影响。某些内容可能既在优势列表里又在劣势列表里,既是机遇又是威胁。

基准研究(benchmarking study):这是一份报告,其对照国家基准对组织进行分析,或对照国家基准分析组织与同一社区或同一地区其他相关机构的关系,以便为观众到访和筹款等事项提供切实合理的目标。用于评估机构声誉的观众调查,也可能成为报告中的一部分。

可行性研究(feasibility study):对特定计划——通常是雄心勃勃的计划,例如新博物馆建造计划、博物馆新翼增添计划或者资本基金筹集计划——的可能前景的分析。可行性研究可能涉及博物馆实体评估、观众潜力和资金融通问题。

业务计划(business plan):对促进组织在一定时间内生存和发展之策略进行概述的文档,通常侧重于稳定或增加收入,以及为了达成此目的的需要应对的潜在风险。

针对重大改变的规划

如果你们的机构正在针对真正的重大改变进行规划,你们可能希望通过实施战略规划的流程,对你们当前的情况和未来计划进行一次更加彻底的检查。这可以在机构内部完成,但是雇佣外部的规划师或助推者(planner/facilitator)来确保这一过程尽可能对工作有所帮助是很有用的,这种做法可以防止它被员工或者理事会的单一观点所操纵。战略规划的过程应该对你们所在机构目前的使命与愿景、长期与短期目标、价值观与愿望进行仔细检查并提出质疑,以创建这样一份规划,它将会促使你们实现由一个团队所确定的预期成果。该过程还会对机构的优势和劣势进行分析,可以包括基准和(或)可行性研究,用以评估你们雄心壮志的可行性。(你们可能希望增加10倍观众或者在新的资金运动中筹集5000万美元,但通过对本地社区有关情况的研究,以及对来自其他类似机构的可比数据进行分析,你们可能会清楚地发现,这两种结果在可预见的未来实际上都不可能实现。)

图 3.4 加州科学博物馆(California Academy of Sciences)①内部的基础设施。[照片承蒙理查德·克雷斯(Richard Cress)提供]

① 译者注:California Academy of Sciences,也译作"加州科学院或加利福尼亚州科学院"。

规划你们的计划

战略规划通常会列出3—5年的活动和重要事件,可能包括(或需要)员工或顾问制定阐释规划,以便专门研究展览和教育活动举措以达成战略规划所述的愿望。如果建筑和场地也需要进行重大改变,那么研究博物馆实体和阐释问题的全面的总体规划可能会更有用。这种规划将发挥设计专业人员的作用,他们可以帮助你们考虑大型的空间和设备问题,确定目标的优先级,并为实施提出预算估算和建议(图3.4)。

虽然这听起来需要投入大量的时间和金钱,但是如果你们的机构没有进行这种认真的规划,或者利益相关者和规划实施者在重要的基本原则上意见不一致,那么你们可能很难知道哪些展览和教育活动举措对你们的组织最适合,甚至更难以成功实施。

与外部顾问一起规划的好处之一是,你们可能具备更好的机会去真正完成它。在很多机构中,针对当前计划的设想和未来计划的规划之审查从未实施过——因为每个人都过于忙碌,被日常工作压得喘不过气来。当然,人们感到如此抓狂的原因之一可能是在他们面前没有一条明确的道路。即使是很小的决定也需要在权衡和对话后才能采取行动,这

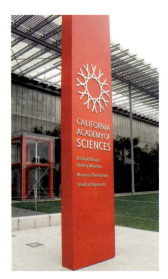

图 3.5 美国加州科学博物馆(California Academy of Sciences)新的牌子和入口标牌。[照片承蒙由理查德·克雷斯(Richard Cress)提供]

图 3.6 美国加州科学博物馆于2008年开放,位于金门公园内,其占地40万平方英尺(约合4万平方米)的建筑、牌子的标识和基础设施均为完全重建。笛洋美术馆(DeYoung Museum)坐落于加州科学博物馆对面,也是完全重建的,专门用以展示精美的美术作品。加州科学博物馆是一栋环保且抗震的建筑,产生的废水比之前的建筑少了50%,回收的雨水用于灌溉,90%的使用空间利用自然采光。该建筑还使用了6万个光伏电池,并覆盖有2.5英亩(约合1万平方米)的"绿色屋顶"。[照片承蒙理查德·克雷斯(Richard Cress)提供]

需要耗费大量的时间。

　　精力：时间和精力还不如花在令人满意的规划上！当你真的花钱请专家来帮你完成这项工作时，更有可能的情况是：时间将被留出；利益相关者将投入精力参与其中；对话和争论将会发生；同时一份规划将被制定，以作为机构改进的参考（图3.5、图3.6）。

　　当然，你们也可能把所有时间都花在规划上，而不是实施上。重复规划的过程变成延迟行动的一种方式，通常是因为人们对他们的决定感到担心或缺乏信心。虽然检查所有的利弊，深入钻研有关资源和预期结果的问题是明智的，但当你们周围的世界已经改变而你们却墨守成规，也可能导致灾难。为了避免这种情况，对于像你们这样的领导来说，投资培训，帮助激发员工的勇气以及鼓励他们将会是一种有用的做法，如此一来就能够促成机构方向上的必要改革（图3.7）。

Healesville Community Labyrinth
31 October 2007　Jon Coe and Rivendell

图 3.7　虽然规划感觉就像一个看不到尽头的迷宫，但也有专业人士可以引你们走向出口①。图为希勒斯维尔社区迷宫（Healesville Community Labyrinth），该图由乔恩·科设计有限公司（Jon Coe Design, Pty, Ltd）的乔恩·科（Jon Coe）和瑞文戴尔（Rivendall）设计和绘制。

_____

　　① 译者注：原文为"guide you to the light"，指"引导你们走向光明"，译者根据上下文内容，将其译为"引导你们走向出口"。

提前规划：对规划过程的简要概述

乔恩·科(Jon Coe)，2005年5月

规划的好处

规划能促使机构充分利用其所有的资源。好处包括能：预测并塑造它们的未来；确定行动的优先顺序；预估时间和费用；改善内部沟通；加强协调和合作；使内部和外部接受议程；筹集资金；稍后对项目进行评估。

为什么规划失败？

规划可能不公道地遭致名誉受损。当出现以下情形，总体规划将会失败：它们不切实际且无法实现；它们得不到业务和实施计划的支持；它们是自上而下强加的，缺乏实施人员的参与和支持；它们的主要支持者离开该机构；它们无法适应时代的变化；管理流程不善，导致"规划瘫痪"，不必要地拖延了必要的行动。

下一个100年会怎样？

莱斯利·斯沃茨(Leslie Swartz)**，波士顿儿童博物馆**(Boston Children's Museum)**研究和项目规划高级副总裁**

2013年，波士顿儿童博物馆庆祝其成立100周年。它是全球第二家博物馆，也是世界上规模最大、最常被仿效的儿童博物馆之一，因此对各类博物馆来说，波士顿儿童博物馆都是一个里程碑。

在成立50周年之际，该馆在馆长迈克尔·斯波克(Mike Spock)领导下扭转乾坤。众所周知，这位馆长由于取下了脏兮兮的玻璃柜上"请勿触摸"的标志而闻名，他在将焦点转移到观众身上的同时，还亲自策划了"动手做"的展览和教育活动。波士顿儿童博物馆开创了一种对儿童的发展、教育需求及兴趣的高度关注。

一件不容易的事

在过去的10年，波士顿儿童博物馆的员工和理事会围绕着以下问题做了大量工作：进行观众研究、对重大改造和扩建进行总体规划、更换领导、修订使命和愿景、修订价值观和制定新的战略规划。这些努力的付出最终绕回到一个重大的错误想法。和博物馆名字相反，我们实际的观众大约49%为成人，而这批数量庞大而吵闹的观众对于他们在儿童博物馆的体验并不完全满意。

许多成人抱怨他们在参观过程中感到无聊。最常听到的夸赞是波士顿儿童博物馆是下雨天带孩子去的好地方。哎哟！可能很多成人根本不明白我们到底在传播什么。

为了证实这一点，我们委托开展了一项研究，研究成人在参观过程中期待学到的东西，以及这种自我认知是否影响他们的体验质量。研究人员发现，大多数成人并不认为自己在参观儿童博物馆过程中是在学习，但是当他们认为自己是在学习时，对所有人而言他们的体验都会更加满意和具备教育意义。

100年的转向

随着波士顿儿童博物馆年满100岁，我们决定着手处理大多数受众对于我们机构的身份认同问题。我们为谁服务？从博物馆名字来看我们是为了孩子，但孩子们是和大人一起来的。多年来，员工和理事会一直在谈论改变我们的使命，要在使命中明确纳入成人或家庭。确定这些观众，然后必须告知他们，我们正在为他们做的事。我们怎样才能更好地吸引成人，让他们融入亲子和自己的学习体验中？除了简单的设施（通常提供用更多、更好的座位），我们会在展览中采取哪些不同的措施来改善成人的体验质量？

也为父母做规划

波士顿儿童博物馆的机构理念假定为提供以儿童为中心和以儿童为导向的体验。一个孩子可以根据自己的好奇心,按照自己的节奏来体验,并在这个过程中发展技能,而不受依据事实对有关现象进行讨论的阻碍,比如泡泡展区。典型的例子:第一批"科学"展品除标题外再无别的标签(如泡泡、跑道)。可能30年后,整个展区会被称为科学游乐场,这是对该知识领域带着矛盾情绪的认同。最近的重复做法是在两大区域中展示多层次的、双语的标签:为希望鼓励孩子探索的成年人提供线索;对物理学进行更详细的(标签内容对于儿童博物馆的孩子来说过于冗长)解释。那么,这个新标签的目的究竟是什么,这个目的是否实现了? 在波士顿儿童博物馆有关成人学习的报告中,研究人员通过出口处的访谈发现,这些图文完全被忽略,很少被记住。

另外两个用来实验的展品标签吸引力更大。在为年轻观众设计的建造区(Construction Zone)一侧,一辆拖车的一侧为大孩子和成人提供了一个搭积木的有趣备选。那里的标签直接向父母讲述孩子们搭积木时在思考和学习什么。该内容被置于"工作准备"(Work Ahead)的标题之下,易于识别,文字表达简洁、直接、有力和令人难忘(图3.8)。在一个面向学前儿童的科学展览——"窥视世界"(Peer's World)中,文本完全围绕成人可能需要对孩子说什么,以帮助孩子们更好地玩乐和实验。图3.9中的文本就采用了评估人员经常听到的一些话。

图 3.8 波士顿儿童博物馆(Boston Children's Museum)在建造区(Construction Zone)为大孩子和成人提供搭积木的备选。(图片承蒙波士顿儿童博物馆提供)

成人参与是关键

当前神经科学已经成为儿童博物馆最好的朋友,从中获取的最重要的信息是:①婴儿非常聪明,从一开始就以惊人的速度在学习;②成人参与对孩子的大脑发育至关重要;③积极的环境刺激不仅可以促进孩子健康发展,还可以减轻由贫困、抑郁和暴力所造成的"毒性压力"[①]的最坏影响。因此,我们现在邀请成人了解整个体验背后的秘密,让成人看到并明白学习的过程。倾听成人的声音:这种看似疯狂的方法也有相关研究作为支撑。

由于神经科学百年间的重大发展以及为幼儿园争取更多教育资金的努力,两者共同为波士顿儿童博物馆创造了一个让成人了解该馆如何实现学习的绝佳机会。通过品牌重塑和新的营销,我们正在改变自己的角色。在规划展览时,我们会仔细考虑成人将会做什么、学什么、说什么、获得什么和进一步探索什么。我们正在尝试通过新媒体向成人传达重要信息。我们正在更清楚地了解谁是文本的真正读者,我们是为那些受众在写。一个展览的构成要素及其教育活动涉及多代人的使用,这就要求成人角色是有意义的。我们非常重视父母是孩子第一任老师的观念,就如同我们将教师培训视为一项重要责任一样,现在我们正在思考教育父母的新方法。

图3.9 波士顿儿童博物馆(Boston Children's Museum)展览"窥视世界"中针对成人观众的标签。(图片承蒙波士顿儿童博物馆提供)

---

① 译者注:Jack P. Shonkoff博士指出的"毒性压力"是儿童早期可能面临的三种压力中最严重的一种有害的压力,包括极度贫困、母亲的抑郁、父母药物滥用或成瘾、家庭暴力和身体与精神的虐待等。

新的展览计划

第二个要问的重要问题是："对于新的展览计划，机构的需求是什么？"你们可能需要提高到访率或使观众多元化；你们可能需要完成使命中优先要完成的事或履行对捐赠者或员工的承诺；你们可能需要立即做出改变以把握机会筹集资金；你们可能需要想出能支持学校课程的标题；你们可能需要尝试新的策展方式，开发新主题，或者在整个展览项目中创造系统性的变革。

开发体现机构身份的展览
查理·沃尔特（Charlie Walter），**新墨西哥自然历史与科学博物馆**（New Mexico Museum of Natural History and Science）**执行馆长**

以核心理念作为框架工具

展览总体规划流程的启动是一项艰巨的任务。20世纪90年代末，我在沃斯堡科学历史博物馆（Fort Worth Museum of Science and History）担任阐释副总。我们设想了四个大型展览，这些展览将成为筹款活动的一部分。我们曾致电博物馆顾问罗伊·谢弗（Roy Shafer）并邀请他帮助指导我们完成整个流程。我预想会和罗伊一起花几天时间对展览的创意进行集思广益。但我错了。第一天，罗伊同我们所有的高级员工讨论了筹款活动和我们期望将要创建的展览。那天结束时，罗伊简单地说："我不认为你们准备好开始开发展览了。你们首先需要更好地了解作为一个机构你们是谁，这样你们才能以此为对照衡量成功与否。"

罗伊的看法推动我们同高级员工一起，开展了基于《基业长青》（Built to Last）所设立的系列工作坊，《基业长青》一书由吉姆·柯林斯（Jim Collins）和杰里·波拉斯（Jerry Porras）所著。第一步是选择"月球小组"的成员。这里的想法是：如果我们打算在月球上建造一个完全相同的博物馆，但我们火箭上的承载空间有限，那么为建造这个新的博物馆需要带上哪些人呢？

这个最初的步骤迫使我们围绕组织进行系统思考，了解我们各个部门如何彼此关联和配合，以创造我们想要提供的观众体验。

核心价值观

下一步工作是创造机构的核心价值观，这是我们以前从未考虑过的。先从针对个人价值观的头脑风暴开始，最终列出博物馆核心价值观的清单（我们的基本原则）：尊重，诚实，家庭和孩子，温暖、友好、无障碍，学习。

从这些价值观和强烈的使命感出发，我们形成了我们的核心理念（我们100多年的愿望）：为改变世界而学习。

最后是我们对核心业务的陈述（我们实现该愿望的媒介）：提供非凡的学习环境。

理念和价值观的框架准备就绪后，我们聘请了"动手做！"公司（Hands on! Inc.）帮助我们着手展览的开发。至少我们认为我们已经做好开始的准备。但是该公司却通过提出一系列问题向我们发起挑战。什么是"非凡的学习环境"？观众将在该环境中做什么？这种环境会带来什么结果？我们通过合作来共同回答这些问题，并最终提出一个框架，我们可以用该框架来判断我们是否成功策划出了与我们愿望相符的展览（现在称之为非凡的学习环境）。

非凡的学习环境（extraordinary learning environment, ELE）的定义：非凡的学习环境是一个激动人心的、多维度的、沉浸式的地方，观众有机会在这里听到真实的故事，与很酷的东西（包括我们的藏品）互动，并且构建自己的知识——因为他们的个人经历不同，所以观众的体验绝不会相同。

非凡的学习环境应该是怎样的：有趣的、沉浸式的（你会暂时忘记其他一切）、鼓励发现的、学习者驱动的、刺激的、多维的、无障碍的、资源利用率高的、与观众有关的。

观众将有机会：看到并触摸到很酷的真实物件，听到故事，测试自己的想法,玩得开心,发现自己在做他们从未想到会做的事情,做他们在家里或者学校里做不到的事情,玩耍、与他人互动、体验"惊喜"①!

当观众体验了非凡的学习环境后,他们身上将发生些什么事?

短期:开怀大笑、眼睛放光、好奇、情绪激动、超乎寻常的体验、获得自信或能力。

长期:获得自信或能力、建立与世界更深层次的关系、拓宽视野、实现个人成长。

正如我们在这个框架下开发的第一个展览,一个名为"冒险!"的展览,该展是为科学博物馆展览合作组织(Science Museum Exhibit Collaborative,SMEC)而开发,我们正是利用这个新框架指导了展览的开发过程(图3.10)。我们知道我们不再只是开发展览,而且在创造非凡的学习环境。

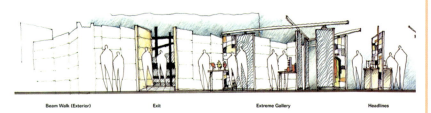

图3.10 "冒险!"巡展的最初草图,由沃斯堡科学历史博物馆和"动手做!"设计公司合作开发和设计。"动手做!"设计公司是一家展览策划、设计和制作公司。在这个展览中,观众发现了冒险在情感、认知、科学和社交方面的复杂性。[图片由"动手做!"设计公司原创,并承蒙其提供]

从这个展览开始,我们将利用两个标准来帮助我们确定是否成功:①观众在多大程度上掌握了我们的传播目的和学习目标;②在框架中我们所概述的目标实现地如何(图3.11、图3.12)。

———————

① 译者注:原文为"a-ha",是表语气的英文词,具体含义随语境的不同发生变化,此处译者认为是表示"惊喜",因而将其译为"惊喜"。

图 **3.11**　观众不仅会被告知冒险背后的科学知识,还会被要求把握机会,去真正地感受自己正在冒险。一个非凡的学习环境可以激发观众的情绪和情感反应,由此观众会"突然发现自己做了一些他们从未想过会做的事,或做了一些他们在家里或者学校里做不到的事"。[照片承蒙"动手做!"设计公司(Hands On!　Inc.)提供]

图 **3.12**　巡展"冒险!"入口处的"梁上行走",这一非凡的学习环境激发观众沿着一根工字梁摇摇晃晃地行走,给人一种建筑工人在摩天大楼高处进行"高风险"工作的错觉。[照片承蒙"动手做!"设计公司(Hands On!　Inc.)提供]

没有所谓的错误答案,也有可能一个新方案可以实现多个目的。知道你的目标是什么非常重要。你——以及参与该方案的每个人——都应该能充满信心和热情地简要回答有关项目的以下问题:我们在做什么?我们为谁而做? 最后,成功会是什么样的?

展览的创意从何而来?

在一些机构中,员工、理事会、社区,甚至潜在资助者们似乎能够提供源源不断的创意。而在其他的机构中,可行的创意却好像供不应求。明确举办新展览的目的能帮你们对创意进行分类和优先排序,而这些创意可能来自上述所有资源。另一方面,如果缺乏值得商榷的有趣主题,那么尝试以下某一策略可能会有所帮助。

头脑风暴

在第8章中,我们将会讨论如何拥有和管理使用头脑风暴的技巧。如果你们想获得最佳、最有用的创意,那就要仔细考虑这些问题:你们将邀请谁参加,谁将负责主持某次会议或多次会议。

专家研讨会

采用专家研讨会这种方法,通常需要外部设计人员和开发人员的参与——尤其是他们在主题和资源方面的投入。专家研讨会往往为期2—3天,通过开展大量工作来提出、组织和记录尽可能多的优秀创意和策略,以供机构选择。这种方法另一个可能的好处是,你们有机会与一些日后可能希望合作的专业人士会面并短期共事,使他们能了解你们所选择的一些创意。有关采用专家研讨会方法的更多内容可以阅读第8章(图3.13)。

图3.13 由机构倡导者参与的专家研讨会,正在给开发和设计团队提供反馈。[照片承蒙波利·麦肯纳–克雷斯(Polly McKenna-Cress)提供]

访谈

与馆内各部门的特定人员进行小组甚至一对一的会面,他们可能会透露出一些创意和偏好,无论出于何种原因,他们不会在较大场合分享这些创意和偏好。

访谈提供了一种方法,这种方法使即使最害羞、最怯懦或最犹豫的员工,也能表达他们对新展览和教育活动的期待,如此可能会发现一些非常好的起点。

观众研究

如果希望了解观众可能想看到哪种类型的展览、教育活动或项目,在博物馆或博物馆的网站上通过访谈、问卷调查和"对话"墙来询问参观者,会非常有帮助。"主题测试",或者找到其他正式或非正式的方式来获取观众和(或)潜在观众对可能的标题和方法的反馈,这也是非常有用的步骤。有关观众研究应用的更多内容可以阅读第8章。

在检查你们收集的数据时,请考虑以下两个问题:

第一,你们认为,特定主题的选择是依据展览所支持的观点,还是取决于针对内容的特定方法?关于这点你们能在内部达成一致吗?这个观点或者方法是否与使命相符?

第二,它真的是一个展览吗?通常一个主题很吸引人且与使命高度相关,但可能并不适合做成展览。如果有任何问题,在做出最后选择前,可以花些时间与同事一起思考,这个主题是否最好通过活动、项目、网络或者其他媒介等解决方案来进行表达(这项工作不会白费,如果你们决定将它做成一个展览,那么你们将开始考虑各种观众可能会拥有哪些相关体验)。

分析资源

现在你们已经选定了一个创意,并且确信它是一个可行的创意,那么你们将如何实现它?你们如何知道是否拥有合适的资源组合来成功完成项目?

员工

你们是否拥有这样的在职员工,他们具备必要的才能、技能和时间来完成该项目?你们知道完成该项目需要多少时间吗?你们能想办法腾出人手来参加这项工作吗?如果这些问题中的任何一个答案是否定的,那么你们准备聘用承包商来弥补不足吗?如果是,你们是否掌握了遵照机构内部必需的办事流程去寻找、面试、聘用、签约、监督承包商以及为外部公司或其他劳工支付报酬的方法?

藏品

在你们的文物藏品或档案中是否潜藏着未经开发的宝藏?关于藏品的各个方面是否有足够的可检索的文档,能够回答上述问题?潜在的藏品是否状态良好,可以被展出? 如果物件被展示前需要进行重要的保护工作,那么你们是否有足够的资源去完成保护工作(图3.14)?

硬件设施

硬件设施中隐藏的问题会让你们大吃一惊,尤其是当你们希望策划一场在方法上与以往截然不同的展览。例如,旧建筑通常没有足够的容量或便利的电力来轻松运行新媒体应用程序或者实现更好的照明。糟糕的温度控制可能会给物件和观众都带来问题——尤其是如果你的新计划带来了更大的人流。糟糕的音响效果会使观众觉得展览空间不舒服并需要改进,对残疾观众来说,空间可能存在无障碍设计的挑战。最好提前了解这些类型的限制,以便在进行预算和进度安排时提供不时之需(图3.15)。

工具

内部员工需要一般的电脑和软件,设计人员需要 Mac 电脑来做出最好、最高效的设计,即使你的 IT 人员不认可这种想法。此外,还需要打印机、白板、用以展示图纸和矩阵面板以及召开团队会议的房间。如果你们正在打算制作原型,甚至可能打算将其建在室内,那么拥有木工工具、安装工具以及安全使用这些工具的环境支持,将会非常重要。

文物保护是另一个需要特殊环境和特殊工具的领域。即使你不打算为内部工作开展创造更多的功能,考虑作为内部任务的物件处理、保

图 3.14 托马斯·杰斐逊的杨树林(Thomas Jefferson's Poplar Forest)的库房。[照片承蒙理查德·克雷斯(Richard Cress)提供]

图 3.15 托马斯·杰斐逊的杨树林(Thomas Jefferson's Poplar Forest)的内部整修。[照片承蒙理查德·克雷斯(Richard Cress)提供]

存、安装制作也是有意义的,因为当物件要完成处理、保存或安装制作这些任务中的任何一个时,如果不是在馆里进行的话,将是非常昂贵且可能存在风险的。

资金

缺乏资金通常被用作展览陈旧、过时的理由。事实上,优秀的,甚至是伟大的展览都可以用有限的资金完成。"便宜、快、好,只能三选二"的口号表明"缓慢而便宜"也是一种可能的策略(图3.16)。确实,如果你们有时间去争取别人在实物材料上的捐赠甚至劳动力上的"捐赠",或者能合理安排员工的有限时间,或者能细心监督志愿者的时间,你们可能会缓慢地——但仍然保持卓越地——设法创建出令人印象深刻的展览。最重要的是必须有一个吸引人的创意以及开发、分享这一创意的真正热忱。

图3.16 "便宜、快、好,只能三选二"

花点时间也是一种方法,该方法通过与观众或社区居民一起,在展区地板上进行原型设计,深思熟虑地对创意进行开发。一旦团队做到了这一点,如果面对的是低技术含量的工作,那么他们也将为撰写成功的提案做好更充分的准备。

谁应该加入团队?

我们已经讨论过的代表着五大倡导领域的员工是必不可少的团队成员。在从事小型项目的小型机构中,可能同一个人会身兼数职。而在从事大型项目的大型机构中,五个倡导领域可能都会有相应的员工,另外还有其他一大批人,正在从事某一具体倡导领域的业务。

选择这个团队,还是选择一位团队领导来创建团队并对项目进行进度监督,是展览机构倡导者将要做出的最重要的决策之一。

无论选择何种模式，合作都可以成为工作的核心方式。即使是具有明确的团队领导和决策者的层级模式，也应该努力在工作中进行合作（见本章末尾不同的团队组织结构图）。

作为一名组织中的高层，你可以通过为员工做出有用的行为表率，对你管理的团队如何工作产生重要影响。没有人——包括你——需要与他或她的同事成为最好的朋友，但如果你打造和支持一种宽容的风气，积极寻求新的创意，在适当的时候给予表扬，并且对主题和我们正在为之效力的观众、社区的社区充满热情，那么你将有更好的机会为创建模范产品造势。

授权和权限

除非你想象自己是团队的实际领导者，否则你将把这个项目的日常权限授权给你选择的团队。但同时，你需要找到与该项目保持联系的方法。这是你要承担的最困难任务之一：你需要与这项工作保持密切联系，以便你了解正在发生的事情（或者没有发生……），这样在审查过程中你就可以充当明智的评论员和客户，甚至在项目似乎停滞不前或者偏离轨道时进行干预。然而，你也必须让团队独立开展工作——除非你还想要另一份全职的工作。如果他们不认为自己是独立的，那么他们将会因为担心做错事而做每一步都要寻求批准。有些团队成员甚至可能利用你的关注，给你授权之人开展的工作设置障碍。

重要的是，你和团队，特别是可能已经被你授权为领导的成员，了解你希望他们工作所采取的组织模式，并且感受到你授予给他们的真实权限。

内部还是外部：这是个问题

自己动手还是寻求帮助。制作展览需要大量的专业技能——设计、多媒体、项目管理、评估、写作和策展，有时你可能会面临与内部员工一起制作展览还是聘用外部顾问的抉择。无论是受员工能力、工作量、资金的驱使，还是受进度安排的驱使，在做决策时，当然每个选项的利弊都一定要考虑。

外部公司在客观看待问题方面具有与生俱来的优势，因为它们身处博物馆环境之外。大型项目尤其适合聘用外部公司，因为它们可以利用博物馆员工可能不具备的技能和经验。外部公司在人员数量和综合技能方面也拥有更多资源，而且没有博物馆日常运营和满足观众需求的要求，所以可以专注于项目及其执行，更有效地遵循展览的进度安排。最后，从长期来看，聘用一位根据定期合同统一付费的外部顾问，比长期雇佣一位全职员工更便宜。

另一方面，内部员工也拥有其重要的优势。员工每天生活在创造的状态中，看到什么奏效，更重要的是，看到什么不奏效，并从中获益。他们能测试他们的想法，将它们制作成原型置于地板上，并根据观众的反应进行调整。员工通常了解内幕消息，知道观众的反应以及哪些想法根本不会奏效。他们知道如何以及由谁来维护展览、在现场排除故障、将展览升级以保证可持续性。他们可能更擅长从展览开始到结束的广泛合作，因为他们直接参与博物馆各方面的工作：观众与阐释服务、开发、营销与维护等。最后，他们对自己所策划的展览有"所有权"意识，因此非常在意确保其策划的展览在开幕后仍然可持续。

选择内部员工还是外部顾问，其利弊需依情况而定，因此决定采取这种方式还是另一种方式，必须根据特定的项目需求、手头的资金和人力资源以及展览的长期维护之需来予以权衡。

审查、评论和批准

你的角色现在变成了"客户"：一个负责审查、评论和批准的角色。在工作中保持足够的参与度，以便能够真正做出明智的决定，但是在此过程中要保持足够的距离以便团队能够独立地完成他们的工作，这是一种微妙的平衡。

团队领导每周花时间与你沟通,以形成汇报的框架,这种方式通常是一个很好的策略。一些管理者要求团队领导每周写一份报告,但是据我们估计,面对面开会和偶尔参加工作团队的会议将会更有用。应当对进度表中的重要阶段进行阶段性审查,以及必须真正理解这些阶段的相关文档并能够给予回应。

重要阶段的阶段性审查

审查材料应包括视觉描述和书面文件,这些材料在每个阶段会变得更为详尽。此类材料应至少在报告前几天发送给你,以便你事先熟悉工作,并准备好相关问题和意见。在一个项目的实施过程中,至少应根据以下书面和视觉的展示材料[文中的四张草图(图纸)(图3.17–3.20),说明了在四个重要阶段中通常包含的视觉形式]来安排四次重要阶段的阶段性审查。

● 概念规划(concept plan),包含观众研究的结果和一份粗略估算的预算(图3.17)。图纸的作用在于推动客户期待的达成和促使其批准。

● 示意图(图3.18),包含观众研究的结果和一份预算估算。

● 设计或开发方案(图3.19),包含观众研究结果和一份精确预算。

● 施工图、最终物件(图片)列表、草稿副本和最终预算(图3.20)。

对于大型、复杂的项目,我们会建议进行正式的客户审查,并且这种审查应当更加频繁,可能每3—6个月一次。事实上,团队可能会发现,根据项目大小要求将最终

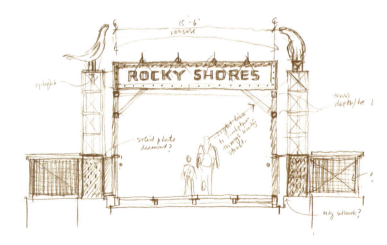

图3.17 通过草图和图纸对这些重要阶段进行直观的标记很重要,同时这些图对推动客户期待的达成和促使其批准也很重要。图为犹他州霍格尔动物园(Utah's Hogle Zoo)经过一座桥的入口大门,作者是小约翰·科林斯(John Collins Jr.)。[图片承蒙CLR设计有限公司(CLR Design, Inc.)提供]

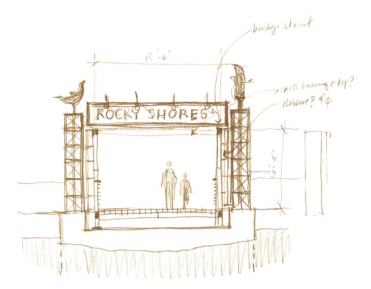

图 3.18　犹他州霍格尔动物园(Utah's Hogle Zoo)的方案设计(Schematic design)草图,作者是小约翰·科林斯(John Collins Jr.)。[图片承蒙 CLR 设计有限公司(CLR Design, Inc.)的提供]

图 3.19　犹他州霍格尔动物园(Utah's Hogle Zoo)从设计开发角度绘制的草图,作者是小约翰·科林斯(John Collins Jr.)。[图片承蒙 CLR 设计有限公司(CLR Design, Inc.)提供]

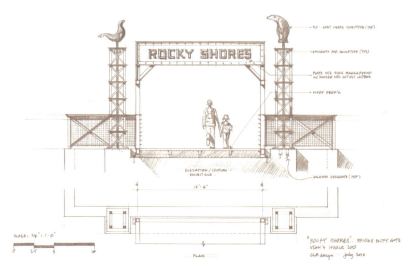

图3.20 犹他州霍格尔动物园(Utah's Hogle Zoo)的实测图/比例图(施工图),作者是小约翰·科林斯(John Collins Jr.)。[图片承蒙CLR设计有限公司(CLR Design, Inc.)提供]

成果分阶段地进行提交是很有用的——甚至是必要的(项目各个阶段以及开发人员、主题专家、设计人员、项目经理和观众研究人员在每个阶段通常提交的各类成果,有关这些内容的更多详细信息请参阅第9章)。

如何评论

作为客户,你需要仔细审查提交的材料,提出问题(即使他们觉得这些问题很愚蠢),明确地说明你发现的令人担忧的,或者不如你认为的那样好的方面。你的意见非常有用,其表现在将你所理解的展览"重点",与工作中显现的展览细节进行比较,看看两者是否相符,以及我们是否仍然针对确定的观众和目标在策展,是否仍然与整体使命保持同步,还有各个阶段持续进行的观众研究是否表明观众明白我们的意图,并且能够参与其中。随着团队成员对项目的细节越来越关注,你的总体看法可能是一个真正有用的晴雨表。

你也可以站在观众的视角,问问自己,你在展示中的参与程度如何,你是否真正明白团队试图通过展览传授什么,或他们想要唤起什么样的情感或态度。

最重要的是你能清楚地知道什么似乎不奏效，并把你的担忧通过语言表达出来，告诉团队为什么你认为某些东西不奏效，而不仅仅是简单的一句"我不喜欢这个"。你的工作并非通过展示新的设计方案来解决问题，而是清晰地说出问题并积极要求修改，直到你看到你所描述的问题得到解决。

还未为批准做好准备？

但是如果你觉得自己无法胜任这项工作怎么办？如果你认为自己没有能力对你的员工和(或)顾问所创造的产品能否让观众足够满意做出明确判断，该怎么办？那么，去寻求帮助吧。

请你信任的同事与你一起审查材料，甚至一起去汇报。如果你正在处理一个大项目和一大笔资金，聘用一些顾问或"从设计的视角来发表想法"的客户代表，或邀请观众研究员，使之与项目建立更密切的联系以帮助你从观众的视角来看待问题，可能更加明智。

无论如何，在用这种外援时，确保批评和评论的态度不是挑衅性的，这非常重要，不是说："团队成员们，我对你们的创意没有信心，所以我要把这些创意拿去外面'表决'。"相反，而是向团队保证，你只是需要外部专业知识或观众研究提供的反馈，是因为它们有助于确保创建最佳的产品。归根到底，你要牢记且守护好你的最初目标，因为它很容易被来自内部和外部的、以其他错误方式所定义的成功、成功与否所左右。

提供其他资源

你对项目的作用还在于，让其他具备筹款能力或营销专业知识等技能的部门参与项目，为项目提供帮助。作为机构倡导者，你可能是最有能力来建立这种联系，推动展览工作的开展的最佳人选。

作为一名指导者，你还可以鼓励团队领导或整个团队，考虑他们可能从外部机构中纳入哪些资源。有时团队一心忙于内部工作，没有考虑到这一点，或者他们可能认为解决所有创造性和技术性问题都是他们自己的责任。你或许可以让他们考虑一下外部的机构,并与相关领域的专家进行交谈;或邀请当地剧院的设计师;或与学习理论的专家、学前教师、表演艺术家进行交谈——允许他们与任何可能推动他们思考的人接触。

机构的文化和风险

最后,你是判断展览的材料、方法和基调是否适合你所在的机构、社区和利益相关者的人。机构倡导者通常是这样一号人物,他(她)必须要对具体的内容做出艰难选择,或者要对存在困难的、有争议的基调和观点做出艰难选择。

如果展览中的某些东西以错误的方式无意中惹恼了利益相关者、社区成员或者资助者,那么我们很容易被可能发生的事所吓倒。因此,牢记一些事情很重要。

第一,观众研究指出,大多数观众虽然不只是为"真相"而来,但通常却只会对"真相"感到满意。大部分前来历史博物馆的观众希望听到"真相"——而非一个由轻松的陈词滥调所构成的用假象来掩饰的版本。同样,自然历史博物馆的观众在他们来之前知道此类机构相信和拥护进化论,将进化论作为科学信条。因此,如果在你的机构中发现进化论,他们并不会感到吃惊。大多数艺术赞助人都知道,当代艺术常常突破极限。如果观众还没准备好,他们就不会来你的博物馆。话虽如此,但每个机构都有其局限性。在存在困难或争议元素的展览中,你将成为最终界定这些边界,并在内部和外部捍卫最终选择的人。

第二,感到不适的"观众"很少——通常是机构或理事会内部的一些人害怕批评。观众研究是医治人们担忧心理的良药。

第三,在展览开发的过程中,围绕特定群体可能关心的问题,坚持与社区成员认真合作,可防止你在遇到这些问题时挫败连连,这是另一种消除最初的担心和避免后来出现问题的方法。

此外,你可能还需要用你的说服力来消除大家的担心,保护项目完整地推进和团队工作的可持续性。

评估的结果并从中学习

你的一些评估可能是非常直接且完全量化的,回答了诸如以下的问题:"我们的参观人数是否有所增加?""我们是否能让我们的观众变得多样化?"其他更巧妙的评估方法同样重要,或许更加重要。

直接针对观众的正式的总结性评估和研究,给我们提供了一个机会,以便更深入地了解一个新方案如何服务好观众。很多时候,我们误以为评估就是类似考试成绩的判定,或者评估意味着"局外人"以他们的看法而不是我们的看法,来定义我们的成功或失败。难怪评估会让人紧张!但事实上,在博物馆界,评估通常是一种经过深思熟虑的合作实践,从中我们可以学到很多东西,并将它们应用到后续的项目中。

因此这个阶段的观众研究更像是我们往往未意识到的其他阶段,因为它主要是为观众"把脉",发现他们正在想什么,这种新的体验如何与他们的期待和兴趣,以及我们非常感兴趣的新信息相结合:人们在展览中做些什么;他们的行为告诉了我们目标的达成情况。换句话说,观众评估应该是提供了一条启蒙之路,尤其对于你,机构倡导者,它是一条更长的战略规划/总体规划/阐释规划路径中的一步(关于作为成败衡量工具的展览总结性评估的更多内容请参阅第8章)。

所有这些模型,在很大程度上,都是可以扩大或缩小的。例如,在非常大型的项目中,设计倡导者可以监督其他设计师和外部制造商。观众体验倡导者可能有研究人员、作家、协助开发人员一起做汇报的人;主题专家可能有其他学者、研究人员、藏品经理和保管人员。项目经理可能有助理,并可能监督内部制造。这些不同类型的报告体系可以通过各种方式建立,要牢记各个成员的技能和能力。在小型团队中,一个人可能扮演多个角色。

工作组图

自上而下的模型

图 3.21 团队领导可能是团队中的任何人——包括你，但通常像这样的模型是由设计师、开发人员，或权威的主题专家担任团队领导，把控着项目的愿景和声音。该模型假设团队中的其他人，除了机构负责人（即图中的客户）都向团队领导报告。在大型团队中，其他各类人可能会向各自的直接上级报告。

图 3.22 同样，团队领导可能是团队中的任何人，同样，他（她）可能是设计师、开发人员或主题专家。该模型表明一种等级不那么森严人员的安排，倡导者、其他员工和领导是更为平等的关系——这种模型更像是一个舞台导演，被设计师、演员、舞台监督、剧作家的专业知识所包围。

扁平模型

图 3.23 在此方案中，项目经理使项目保持有序，并且是团队中唯一直接向客户报告的成员。这就构建了其他参与者之间的平等关系，并且可能给予了他们一些创造的自由。

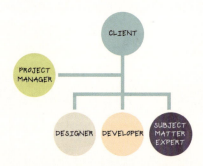

图 3.24 在此方案中，所有的参与者都直接向客户报告——非常平等，但可能很难管理。

延伸阅读

Collins, Jim, and Jerry I. Porras. *Built to Last: Successful Habits of Visionary Company.* New York, NY: Harper Business Essentials, HarperCollins, 1994.

Collins, Jim. *Good to Great: Why Some Companies Make the Leap...and Others Don't.* New York, NY: HarperCollins, 2001.

Lencioni, Patrick. *Five Dysfunctions of a Team: A Leadership Fable.* San Francisco, CA: Jossey-Bass/John Wiley & Sons, 2002.

Lencioni, Patrick. *Overcoming the Five Dysfunctions of a Team—A Field Guide for Leaders, Managers, and Facilitators.* San Francisco, CA: Jossey-Bass & John Wiley & Sons, 2012.

第4章　主题倡导者

内容也很重要！

在本书中，我们一再重申观众是策展工作的核心，这就如同展览要告诉观众它是关于什么的，试图传授的是什么，否则我们尝试唤起或注入的情感都是空洞的。当然，这不是真的，我们不会不告诉观众展览的内容。内容是我们存在的理由，我们通过博物馆的收藏、研究功能以及展览和教育活动，从内部和外部为内容提供支持，我们对收藏、研究、展览和教育活动拥有知识产权，它们都是我们最宝贵的财产（图4.1、图4.2）。

图4.1　现代艺术博物馆（Museum of Modern Art）20世纪50—60年代的家具展。[照片承蒙理查德·克雷斯（Richard Cress）提供]

图4.2　美国国立自然历史博物馆（National Museum of Natural History）贝林哺乳动物厅（Behring Hall of Mammals）的河马。[照片承蒙理查德·克雷斯（Richard Cress）提供]

大照片：北卡罗来纳自然历史博物馆（North Carolina Museum of Natural History），北卡罗来纳州，罗利市。照片承蒙理查德·克雷斯（Richard Cress）提供。

插图照片：美国国家宪法中心（National Constitution Center）的"美国精神"（"American Spirits"）展览。照片承蒙理查德·克雷斯（Richard Cress）提供。

三个关键问题

● 信息量达到多少时,被认为是太多了?

● 我们如何在展览的有限内容中,既满足休闲观众,又满足业余爱好者的需求?

● 我们如何既尊重我们对内容的热情,又尊重观众的需求和愿望?

方法和理念

模范展览的策划要求我们不仅要了解主题,还要了解最终用户以及将内容传达给他们的方式和媒介。虽然你们团队的其他成员可能更了解观众行为,以及展览作为一种传播设施的优势和局限,但是主题倡导者需要对展览能做什么和不能做什么,以及各类观众在其中的行为倾向有所了解(图4.3)。

主题专家的角色可能是一个很难扮演的角色:根据要求,你要提出倡导哪些内容(可能还有藏品),但似乎又不断被告知如果你提供的是极富深度的专业知识,观众不会也不能真的去钻研这些知识。我们需要在什么样的展览能有效且吸引人地呈现给观众,与海量专业知识和信息及多到令人生畏甚至烦人的支撑材料之间寻找一种平衡点。尽管很困难,但是我们必须找到该平衡点。因为如果一开始就没有从服务观众起步,或者用太多的信息和工作来压垮观众,那么我们将会面临真正的风险,就是观众确实会离开。

上面提到的对观众的极度重视源自几代博物馆和其他类似机构的理念转变,这些机构起初优先考虑的是物件的展示,然后是物件相关的知识传授;而最近才开始关注物件可能具有的意义以及该意义与观众生活、兴趣的相关性。换句话,尽管物件及其反映的事实仍然很重要,但是在当前的展览策划中,优先考虑的对象变成通过物件和事实以及观众所引发的想法和唤起的情感。

为什么会出现这种转变呢?有几个原因,其中之一就是互联网的影响,它使人们查看文物、获取其相关信息变得非常容易。那么,什么是互

图 4.3 主题倡导者在团队中负责研究、保证准确性,以及激发团队的灵感,告诉他们为什么公众应该关心这个话题。[插图由迈根·希克森(Meghann Hickson)提供]

联网不能提供而展览却能提供的东西呢？一种可能是与物件、文物之间的个人和情感连接，该连接将激发人们对特定主题产生持续的好奇心。另一种展览能够提供而互联网不能提供的东西也是很明显的。随着我们的教育与技术基础设施的革新，如果要完成博物馆使命则需要依靠我们的能力，这种能力不仅体现在我们能展示网上可以轻松查到的物件，或者写下很容易在维基百科上找到的有关这些物件的事实，还体现在我们能让观众产生足够的兴趣和参与度，以促使他们去进一步探究展览所阐述的主题和想法，使之变得更加切实可感。这意味着我们要建立情感连接，而非仅仅是事实或知识的连接。博物馆发现它们必须提供给我们与网上学习不同和互补的东西。有种方法可以做到这一点，它即使不被承认也一直很重要，就是吸引观众的情感投入。

出于以上或其他原因，展览更多地被认为是激发外行或"初学者"（刚刚学习该主题的人）产生兴趣，而不是为外行提供百科全书式的课程。

展览案例

大都会艺术博物馆对埃及文物布展的例子，说明了如何同时为初学者和外行提供服务。观众进入一个激动人心的重建的墓穴，发现一个简陋但又很好地利用精美的古代文物布置的展览范例。文字是从文物的使用和美学价值来进行描述的。观众还可以绕行到相邻的房间，房内布置了大量的其他文物，这些文物彼此紧挨着，处于拥挤的环境之中，人们就像被邀请进入幕后的库房一样。这种"学习仓储室"（study storage）的方法最适合那些对他们所见之物已有所了解的观众。尽管我们不太可能得出有关古埃及人或当代世界的任何重要结论，但是大量的雪花石膏碗也使得对古埃及文化没有多少知识储备的人为之叫绝。即使是一个知识渊博、能够对这些丰富藏品进行欣赏的人，也会将这样的布展视为一种简单的快乐，或者将展览看作是对自己学习的补充，而不是研究生院的一场研讨会。

说教式的信息和事实

前面说过,我们如何才能最好地利用我们数量庞大的内容资源来吸引、打动和启发观众(图4.4)？这并不是说展览不能传授新的事实和想法。它可以。但是,在我们追求说教式的学习时,必须注意两件事:

第一,我们将绝对以目标为导向,并且可能会尝试反复去传授具体事实,而这一追求可能会占用展览的很多资源和观众的大量时间。

第二,我们的观众对我们认为最重要的事实可能感兴趣也可能不感兴趣。如果他们不感兴趣,他们可能会选择忽略我们。

这些事实对于主题专家而言是一个真正的挑战,他(她)对要展出的资料满怀激情。当然,我们希望分享我们对于该主题的热爱和专业知识,但我们之中很少有真正的主题专家能记得,当他(她)还是初学者时,对该主题几乎一无所知时是什么样的,或者我们被该主题吸引的第一步是什么,而那一步时的状态将最终引领我们成为专家和行家。

主题专家也可能在与他们团队的成员进行沟通时遇到麻烦,因为团队成员在为观众——可能也是为他们自己——寻找起点的过程中,会不断将材料"简化"。一般来说,更明智的做法是帮助观众找到初始想法,然后根据观众动机,与团队合作,以有趣的方式添加更为复杂的想法和资料,而不是第一步就根据材料去寻求那些更为复杂、更具挑战性的看法。

回到兴趣的激发

对于主题专家,最重要的第一步可能是尝试记住和了解一个人对该主题的热情一开始是如

图 4.4　过去,美国自然历史博物馆(American Museum of Natural History)的这类标本可能没有展出过。即使展出,很少有甚至没有阐释。观众不能完全理解收藏这些物件的原因或目的。[照片承蒙理查德·克雷斯(Richard Cress)提供]

何产生的。

它是产生于一次特别的经历、一位特殊的老师、一件家里随处可见的东西、一本书、一部电影、一次旅行，还是一系列这样人事的出现？虽然展览可能无法为观众重建自己的重要经历，但这种自我审视揭示了展览对于特定的初学者（该初学者就是你）而言令人兴奋的内容是什么，有助于你确定他人在重建自我经历时，可能的第一步是什么。除了自我审视，另一种策略就是问自己："当我漫不经意地向人们讲述我的专业知识时，他们最感兴趣的是什么？"（图4.5）

与人交谈

还有一种方法就是直接与所在博物馆的观众交谈。你可以用非正式的方式与团队成员合作，来开展这种与观众的交流，甚至创造一些非正式交流的机会，或者你可以要求成为正式观众研究中访谈工作的参与者。实际上，很多观众对你所从事专业的知识知之甚少，准备好别被这吓到了。

这样的经历可以帮助你在探索展览有关主题的出发点时更具创意，并且它也会让你明白这样一个事实，即不是你所希望看到的一切内容都能在展览中得以实现。

你必须与团队成员共同来考虑，诸如展览的认知、情感和体验目标，以及目标观众、整体叙事和内容结构等方面的所有问题（在第5章中你可以回顾一些展览开发的问题）。你可以非常清楚地掌握观众需要了解的基本信息，从而很好地解决主题方面的问题。

和团队一起建立目标

为了和团队一起建立教育、情感和体验目标，支持他们的深入研究和思考，你应该积极地为团队回答以下

图4.5 我们知道木乃伊是曾经活着的人，后来变成了木乃伊，但那又是什么呢？针对观众这个简单的疑问，美国宾夕法尼亚大学考古和人类学博物馆（Penn Museum of Archeology and Anthropology）在"丝绸之路的秘密"（"Secrets of the Silk Road"）展中，给出的幽默又令人难忘的阐释，对该问题进行了说明："葡萄干是你可以吃的木乃伊！"［照片承蒙波利·麦肯纳－克雷斯（Polly McKenna-Cress）提供］

几类问题：

- 为了着手理解这些内容,观众需要知道哪些最基本的信息?

- 根据你的经验,非专业人士认为最有趣和(或)最感人的问题(想法)是什么? 最令人困惑或最不可思议的又是什么?

- 是否有与此主题相关的一些工具或工序,可能构成具备参与性的展览要素或教育活动的基础?

- 根据你的经验,你最常遇到的对这类素材的误解有哪些?

- 哪些物件、标本、档案或藏品可供我们使用? 其中哪些可能对观众来说是最令人兴奋和最具吸引力的?

- 我们是否应该通过借用或者购买来获取其他资料?

- 团队成员可能通过哪些材料来获得可靠的信息?

- 该领域哪些新的工作正在进行?

- 该领域或社区还有没有其他我们应该尝试咨询的人?

- 如果有的话,该领域各位专家之间的基本意见分歧是什么?

- 有没有我们应该去参观的地方,比如其他的博物馆、遗址或者标志性建筑?

物件或思想驱动

一些深入研究藏品的主题专家可能不会立即看到展览主要由物件驱动还是由思想驱动的观念之间的差异:物件不是阐明思想了吗? 在一家美术馆,难道物件和思想不是完全一样的吗? 因为对于沉浸于艺术作品或物质文化中的主题专家来说,单个物件能够不言自明(图4.6)。自然历史博物馆深奥的标本或化石藏品能够向有能力阅读它们的人讲述详尽的故

图 4.6 观众在威廉·德·库宁(Willem de Kooning)的油画前沉思,该油画没有任何阐释。[照片承蒙理查德·克雷斯(Richard Cress)提供]

事(图4.7)。

图 4.7 弗洛里斯人头骨(Flores Skull)或 2004年发现的"霍比特人"(The Hobbit)头骨给科学家们提供了意义深远的新信息,并引发了关于人类进化的争论。[照片承蒙理查德·克雷斯(Richard Cress)提供]

除了我们大多数人已经认识的某些物件,如一只重新组装的恐龙(图4.8)、图坦卡蒙面具、德加的芭蕾舞女,被展示的物件中有许多,即使不是大多数,还是主要用来向外行传播信息的。换句话说,我们必须引入适当的先验知识,以便观众来解析物件的内涵及其意义。本着这一理念,我们可能会采用许多不同的展览方法。至于我们将会看重和奉行哪种方法,则首先取决于我们尝试在特定的展区做些什么。例如:

第一,我们可以使用藏品资料来向观众传授他们所需要的,但可能不来博物馆就不会想去了解的基本信息,希望逐步培养观众对这类藏品资料的入门鉴赏,最终观众发现自己可开始与诸此物件直接对话,就像如今我们能与物件直接对话一样。

第二,我们可以使用藏品资料来支持展览思想,就像我们可以使用电影、照片或者插图一样,但我们也要理解"真实的东西"在传达思想方面拥有的力量。

图 4.8 美国自然历史博物馆(American Museum of Natural History)的霸王龙。[照片承蒙理查德·克雷斯(Richard Cress)提供]

第三，我们可以用传统的方式展出藏品资料，并依靠藏品天然的吸引力［稀有、美丽、罕见或数量庞大（图 4.9）］来至少吸引一些新手观众，我们要知道相较于见多识广的观众而言，更多的是外行观众，他们主要是来观看这些基于藏品的展示的。

对藏品资料不太感兴趣的主题专家可能会发现"思想驱动"听起来像是一个不错的方法，因此在展览的各个方面，都需要仔细去分析其传播目的，并使其他部分都服从一致的传播目的。

作为媒介的展览

事实上，展览是一种非常少见的直接沟通的媒介或形式。尽管它可以采取各种各样的沟通方法，但是用户仍然会拖着疲惫的双脚在空间内移动，通过阅读、沉思式的观看或其他的方式来参与，从而"获取"展览的内容。观众付出所有这些努力都没有特别的回报——没有文凭，没有加薪，没有绩点的提高——只是为了自我满足。简单走马观花式地一扫而过，也不会受到惩罚。

此外，研究表明，民众在休闲时间来参观博物馆通常是由社交驱动的。我们将与家人或朋友在博物馆里共度美好时光，或是我们发现了一处完美的地方，当莫德阿姨来城里时可以带她去。这些社交关系对于观众而言，可能比他们去看某个特定的展览更重要。

图 4.9 美国国立美洲印第安人博物馆（National Museum of American Indian）展示的黄金。［照片承蒙理查德·克雷斯（Richard Cress）提供］

一份目标明确的协议

有了关系，就有了"协议"，展览是策展人与观众之间的协议。当然，观众确实希望看到我们所拥有的东西，也确实希望至少知道我们所知道的一些内容，但他们也希望在一个具有吸引力并且易于访问的环境中达成上述目标，这就需要我们首先去关注观众的需求（而非策展人的需求），并使他们能充分利用博物馆的社会价值。

因此，我们也许可以让观众理解一些基本的想法，例如：新英格兰早期纺织厂的机器是用水力驱动的。那些拥有用水权的人可以变得富裕起来。但是，我们无法十分费劲让观众理解很多想法，如：新英格兰各州的比较史、十位最重要的工厂主的传记、蒸汽驱动最终如何取代水力驱动、什么机器和燃料支持了这种变革、谁通过这种方式富裕起来，或者其他一百个同样有趣的与之相关联的想法。我们必须清楚地了解我们正在努力实现的目标，并将精力集中在目标上。此外，如果我们希望观众能够记住这些信息，甚至对该主题更感兴趣，我们还需要建立一些情感目标和体验方法。认知、情感和感官的结合通常能使记忆持久。

内容分层

所有这一切并不是说展览必须只是对一个简单的想法进行重复说明。其实，用来分享更详细信息的策略有很多，这些策略不会在展览中造成视觉混乱，从而使信息变得难以理解，有以下例子可以借鉴。

● 分层的标签副本：在此策略中，标签副本（甚至包括物件本身和互动装置）面向的是不同年龄段和（或）对主题拥有不同兴趣程度的观众。基本信息要易于获取，就采用最醒目的格式。也可以采取更多层次的信息，使之被包含至更细分的类型或者其他传播媒介中——如只有孩子才可能看到的比较低的展柜（图4.10）。

● 拉拉裤（不是指那种尿布）：拉拉裤是另一种传播媒介。在该策略中，小型面板包含着更多的信息（或者特定类型的信息，例如某人的生平事迹），这些面板可从安装在墙壁上或者阅读栏内的套管中拉出来以供观众阅

图4.10 加州科学博物馆（California Academy of Sciences）。［照片承蒙理查德·克雷斯（Richard Cress）提供］

读,而非将所有信息呈现在墙上导致产生视觉混乱。

● 学习或资源区:这些区域包含有图书、工作人员、电脑、物件,是可以出借录像带或活动工具包的地方,以及使用它们的服务亭——所有这些都是为特定群体服务的,如家庭,以提供他们更多的主题体验和(或)量身定制的体验。

● 用于分发的材料:分发是提供更多信息的一种传统且相当有用的方式。此外,如果材料足够美观,观众就会保存下来,使其成为提醒他们有这样一场展览以及前往参观的一种方式。

● 网站:打算参观的人可能会更频繁地访问网站,但也有一些方法可以鼓励后续的访问,如要求观众在网站注册,以便通过邮件预约展览和获得提醒,或通过使用免费app以及多种新兴技术来访问网站。

● 图录、期刊或其他出版物:这些都是传统且相当有用的方式,可以用来拓展展览的范围和深度的。

主题专家面临的危险

致力于某个主题的展览是令人兴奋的,但它也可能产生很多问题。

● "我的学术同行会因为我'简化'内容而对我品头论足。"对于专家来说,将复杂的观点简化可能会让观众觉得得出了毫无根据的结论,但是我们必须这么做。你团队的大多数成员和潜在观众不会达到你在该主题上那样完善成熟的学识,并且在其有生之年都难以达到。尽管如此,如果你使它具有吸引力,且不让观众感觉看不明白,他们就能从展示的材料获得享受并从中受益。

● "这不是我的专长!我怎么会被牵扯进来负责此事呢?"当你因研究技能而非专业知识被任用时,你可能会觉得难应付。然而,我们建议你把它当作是客户对你研究技能的赏识!

● "关于这个内容,我有一个非常明确的观点,我觉得有义务来推广——而我的其他团队成员认为这只是一种可能的看法,希望看到'多种观点'——这一点我不能支持!"这是一个更为严重的问题,可能需要机构倡导者进行裁决,因为这可能涉及博物馆使命在此展览计划中如何实现的问题。

●"观众研究表明,大多数潜在观众对我最感兴趣的内容领域的特定方面不是很感兴趣。"记住,观众研究不是"投票"。我们只是想弄明白如何用我们想要展示的内容最好地贴近观众。但在某些情况下,观众研究可能揭示出部分用户对此兴趣不大,由此我们可能会发现,将精力投入到另一个主题或一个更大主题的别的方面会更加明智。

成为专家,还是不成为专家

当机构想要策划一个特定领域的展览时,通常缺乏一位从事该领域研究的主题专家。有时,这意味着展览开发人员要负责研究和证实内容,并找到相关专家进行访谈以确定内容目标,然后审查最终材料的准确性。这也可能意味着那些具有良好的研究技能,或拥有主题专业知识但又不是该确切主题的员工被选派来负责内容方案的策划。

越来越多的流动的主题专家也有可能以特约专家的身份,来担任该角色。虽然博物馆——尤其是艺术博物馆——一直使用"客座策展人"(guest curators),但在许多机构,正式员工的各种专业角色已被削减到最少,因此这些机构目前更多使用的是顾问、临时人员和特约专家。当地大学或其他博物馆中也可能找到主题相关的专业知识,因此可以通过与大学或博物馆建立伙伴关系,来对博物馆如何利用这些资源做好安排。

即使拥有相同的主题专业知识和藏品,不同的博物馆也会策划出不同的展览。

我们一直在谈论主题专业知识和藏品,就好像它们在各类博物馆、动物园、植物园等都是一样的。当然,这并非事实。例如,同样利用来自中国的材料和有关专业知识的展览策划,不同博物馆可能会带来不一样的展览:这些博物馆包括对中国贸易感兴趣的海事博物馆、对三年级社会研究课程和价值多元化感兴趣的儿童博物馆、拥有有精美卷轴藏品的艺术博物馆,以及探索最新化石发现的自然历史博物馆。为此,我们会邀请两位策展人,对他们在策展中如何运用其专业知识发表看法。

通过物件来展示历史

杰西卡·纽沃思（Jessica Neuwirth）**，策展人**

内蒂克历史学会（Natick Historical Society）**，马萨诸塞州，内蒂克市**

我是从学术界转到博物馆来工作的，原来重点从事美国研究，聚焦于物质文化研究和历史考古学。通常，我关注的主题是美国和欧洲17世纪至20世纪早期的家居用品。接受的训练是以物件为中心、以研究和鉴赏为基础的。我所服务的观众中有我的老师和同侪。工作的最初几年，我非常努力。在物质文化方面，我进行的训练包括就建筑物和文物进行必要的研究：对陶瓷碎片进行称重、测量和计数；绘制18世纪建筑的施工细节图；研究釉料和珐琅的化学成分。但是最为有趣的是围绕文献相关方面的物件展开研究，包括遗嘱清单、法庭案件、日记和（银行）通知书收发登记簿。一个个房间的库存为我们重现了当时的人们用物件真正在做什么的画面——在餐厅里真的有便携式的成人便壶吗？（是的，在19世纪早期的美国，有些地方确实存在。）（图4.11）突然之间，我发现这些物件可以揭示不同时代和地域的一些事——毕竟，认为便壶要被妥善安置于餐厅里的世界和我们所生活的世界是多么不同啊！

当我进入博物馆工作时，我研究生训练中最有用的方面就是对有关事物意义思考的转变。我开始意识到所有这些研究方法都不能真正使文物说话，事实上，它们压根儿就没有说话——事物的意义只有通过观察其在日常生活中的作用才能显现。当我在阅读本章的第一部分——有关展览开发中的主题倡导，同

图4.11 艾尔弗雷斯小巷（Elfreth's Alley）餐厅里有一把历史悠久的坐便椅，但仅用作椅子［照片由理查德·克雷斯（Richard Cress）提供］

时准备撰写这篇文章的那一刻，我就对以下观点产生了认同……它说：
"对于沉浸于……物质文化的主题专家，单个物件能够不言自明……然
而，除了我们大多数人已经认识的某些物件……被展示的物件中有许多
的，即使不是大多数，还是主要用来向外行传播信息。"这既是对事物意义
理论上和实践上的洞察，也是在告诉我们该怎么将事物的文化意义传达
给普通受众。物件本身无法直接显现意义——它们对不太了解它们的人
来说，难以不言自明。物件的意义是由社会中的行动建构的——它们在
被使用、误用或重新使用中获得意义。由于物件是通过人们在日常生活
中的谈论和转化来获得其意义的，其方式有很多种，所以对不同的使用者
而言，同一件实物确实有许多不同的意义。因此，如果我们真的希望观众
将物件用作通往其他时代和地域的入口，以帮助他们体验和理解另一个
世界，那么我们必须认识到，我们不得不围绕物件来构建一个故事世界，
使物件能够变得有意义……我们必须考虑展览文本包含的内容和我们用
于展示物件的背景。

　　这对我的展览工作有何影响？当需要为他人展示物件的时候，我想
让人们清楚地了解物件的意义。建筑或材料的细节未必有助于人们理解
当初使用这些物件的人，或未必有助于人们了解在历史上某个时刻，这些
物件对它们的使用者和制造者的意义。例如，当策划一个有关19世纪早
期新英格兰乡村餐具的展览时，我不得不考虑三齿叉(three-tined
fork)。当然，我可以选择描述它们的制造者、材料、加工流程甚至是这些
东西来自何处，以及它们如何反映不断嬗变的贸易模式。或者我可以谈
谈19世纪早期到中期，当三齿叉传入新英格兰乡村时，有些人迫不及待
地购买和使用它们，其他人则很紧张，不知道该怎么办，或者认为新叉子
华而不实。有些人坚持使用两齿叉，即便发现使用它们吃某些食物时会
遇到困难……他们看着新叉子的使用者尝试着新的食物和新的方式——
有关叉子有很多内容可以去策划。而你在餐桌上和客人使用什么叉子，
则表明了你在这场新旧礼仪和生活方式之争中所坚持的立场……三齿叉
让其使用者变成了最新潮的时尚达人(图4.12)。

　　在这个展览和其他类似的展览中，我用物件来阐明过去人们的内心

世界,想让观众知道我想讲述的是一些超越制造等诸如此类事实的东西,但如何向观众讲述仍然是我在努力解决的问题。对我而言,与外行进行沟通以及展示历史的方法就是讲故事或者游戏创造者们所谓的创造故事世界。不过这是什么样的故事呢?我们应该用故事传递信息的想法已经引起了很多人的关注——不少人都相信并且认为故事是向观众提供信息的最佳方式。故事并不仅仅是事件描述,还是思想的集合。它必须是关于解决一个问题,是一次转变、一场从头到尾的旅程,中间有一段弯路,解释为什么事情就是这样,或为什么有人觉得它们必须从 x 变为 y,其因果关系是什么。但是我认为故事不是传递信息的工具,而是旅程本身,因为故事是叙事的,叙事是我们理解周围世界的方式。当你把故事作为一种帮助他人理解事物的方法时,你必须专注于该故事并舍去很多细节。因为缺乏足够的空间去展示所有的细节。故事不是关于主题本身,而是关于转变与改变——变成某个更大的主题或想法。

在小型的展览中,你必须很清楚你想要谈论的上一级传播目的是什么。在前述例子中,其传播目的是展示工业革命给人们生活带来的巨大改变。而19世纪的餐具故事则是讲述一场新与旧的碰撞,意味着我将无法展示有关制作者、材料等所有其他信息。我能讲的是一个关于有抱负的中层民众自我斗争的故事,以及他们在日常生活中如何经历所谓的工业革命的某一方面。

作为历史学家,当我们分析数据时,我们一直在运用我们讲故事的想象力——我们被我们在研究中发现的故事所吸引,这些故事阐明了我们想要提出的更为重要的观点。然而,当我们在为自己的观点构建论据时,我们会专注于数据——而忘记故事的力量。我不是主张去改变历史学家开展研究的方式,而只是主张改变我们研究的方式,并将研究成果传达给更广泛的受众。

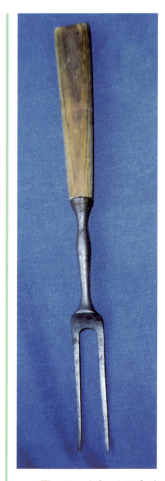

图 4.12 人们可以看到用二齿叉吃东西是多么困难和不合时宜。[照片承蒙杰西卡·纽沃思(Jessica Neuwirth)提供]

艺术史学家的视角

瑞秋・麦加里（Rachel McGarry），**明尼阿波利斯艺术学院**（Minneapolis Institute of Arts）**副研究员**

艺术博物馆的展览通常分为三类：从永久馆藏中遴选展品所做的展览、由内部人员用借来的艺术品组织的展览、由外部机构组织的巡展。对于策展人来说，不同类型的展览决定了在时间和精力上的截然不同的投入。针对第二类展览即大型借展的组织及其实施，特别是当你在制作一份工作总结的一览表时，你会发现其中大部分的工作并非是在进行研究和写作，而是在考虑分期付款和物流问题——商议主要的借展品（是通过现金兑换、人情还是未来的展览来借用伦勃朗的画作）、寻找合作伙伴、申请补助金、撰写贷款信、评估保存条件、申请赔偿、要求摄影和申请图像版权等。展览的团队成员，是将展览从一个概念（以及许多文书工作）变成现实的人，工作执行情况如何取决于策展团队的能力。一个更大规模、更具抱负的展览，如我们票已经售罄的"伦勃朗在美国"（"Rembrandt in America"）展，需要大规模的团队和召开很多会议，提前6年就开始筹备了。对于许多展览而言，主要策展人和博物馆馆长可能是唯一从展览起始阶段到最后都在展厅留意照明（读流明功率）的人。他们为展览提供持续的支持和远见卓识。许多展览的团队成员——展览设计师、平面设计师、互动媒体的制作人、编辑、艺术方面的制作人、开发人员、教育工作者、活动协调员、营销专家——在筹备展览项目的多年里，还会同时参与许多不同的展览。然而，这些人将对观众能看到什么以及展览最终的成功产生重大影响。

新组建的团队首次召开会议是非常激动人心的，特别是当你们多年来一直在相对隔离的环境中各自打着基础。这群人希望听到的绝不只是简短的"电梯演讲"①（用很短的时间向高层或客户成功推销你的能力、产

---

① 译者注：通常译作"电梯演讲"、"1分钟演讲"、"闪电演说"等。最早源于麦肯锡，是指坐电梯从1楼到30楼的这点时间里讲清楚一个方案，后来指用很短的时间向高层或客户成功推销你的能力、产品或服务等。

品或服务等）。他们希望听到的是细节、故事、色彩和最佳做法。他们的兴趣、热情和想法将通过新的方式来点燃该项目。现在，这个展览拥有了一个新的、精力充沛的发起者团队，这些人将把项目变得更为丰富，使其超越由少数策展人或管理者独自设想的展览。

我组织的任何展览背后的指导原则都为：如何让我们多样化的观众了解展览中的艺术、创意，以及有特色的艺术或历史时期。博物馆观众构成的多元化——当地的和全球的、年轻的和年长的、好奇的和疲惫的、经验丰富的和首次访问的、学者和找乐子的、运动员和艺术家——要求我们提供广泛的参与机会。你希望与展览有关的东西——物件、标签、标牌、语音导览、小册子、讲解员导览、讲座、音乐会、艺术课、艺术站、社交媒体的口碑、延长开放时间或咖啡馆特别命名的咖啡饮品——能够引起观众兴趣，并提供进入该主题或艺术的一个入口。这是策展团队工作的关键所在。每个成员都来自不同的领域，为展览带来一系列独特的目标和体验。你并不会致力于追求全体一致。相反，你希望纳入不同的观点，评估其中哪些符合你的愿景，然后将它们协调为一个整体呈现，为一系列观众提供最佳服务。以下是明尼阿波利斯艺术学院（Minneapolis Institute of Arts）团队成员如何应对不同展览挑战的一些案例。

大多数明尼苏达人看不懂中文

2010 年，我围绕着抵达双子城（Twin Cities）的利玛窦在 1602 年绘制的世界地图，策划了一个小型而著名的展览，这幅地图是由北京的耶稣会士制作的纪念性木版画，它是用来向中国人，特别是他们的皇帝展示在地理大发现时代欧洲人所知世界的。我同时使用了同期的西方地图、明代物件、天主教改革圣物、耶稣会传教士版画和图书，但最重要的展品是这幅罕见迷人的地图。它的规模令人印象深刻，包括 6 张大的薄板，这使它具备了壮观的上墙效果。大量的印刷品用于刊出利玛窦对当时世界的广泛评论，糅杂着对生活在地方遥远的人类有见地的描述和奇幻文化的报道，例如，俄国一个怕鹤的矮人民族、土耳其长着牛脚的人以及哈萨克斯坦的独眼人。因为利玛窦的评论是用中文写的，所以策展面临的挑战

图 4.13　利玛窦 1602 年世界地图的布展,左边是展览的阐释,另有一个用来冥思、观看的长凳(来自"17 世纪的全球定位:一幅罕见的世界地图"("Global Positioning c. 1600: A Rare World Map"),嘉吉画廊(Cargill Gallery),103 展厅(Gallery 103),明尼阿波利斯艺术学院(Minneapolis Institute of Arts))。(照片承蒙明尼阿波利斯艺术学院提供)

是从他的评论中选择具有代表性的进行呈现,这样观众才不会被大量的文本压垮。我们才华横溢的平面设计师设计了一个精彩的教学面板,其中包括对 14 条利玛窦所述内容摘录的扩展,以及简洁的"策展人注释"。该复制品被雅致地安排在一幅灰色的复制地图上,各个大陆用不同的颜色进行标记。该设计既适合观众休闲地略读,也适合他们仔细地阅读。我们的展览设计师将这个面板放在展厅里的一块挡板背后,因此观众只有在看完地图后才能看到它。他们可以花时间去阅读它,同时回头看看真实的地图或者完全跳过它(图4.13)。我们的网页开发人员创建了一个随附的展览页面,以便观众可从附近的电脑信息亭进一步查阅译文。令我惊讶的是,许多人使用了该项功能。

展览无小事

最近,我们的非洲艺术策展人建议我们共同策划一个展览,该展览是关于小型便携的宗教物件在全世界宗教传播中所起的作用。这里我们面临的挑战是展示。我们怎么能在没有大量实物展品的情况下,不让习惯于欣赏大型作品的观众望而却步,用小微的艺术品在展厅中进行布展呢? 为解决这个混乱的问题,我们的展览设计师在每面墙上都安装了长而窄的展柜,展柜的背景面板设置了壁笼以容纳更广泛的作品。为了吸引碰巧来参观的观众在布展现场穿行,并告诉他们哪些作品必须看,我们将重要的物件——例如法国14世纪的象牙双联画和日本7世纪的观音——放在显眼的位置,并提供了大量的休息场所。我们还通过墙壁颜色的巨大改变,深蓝和白色的对比,以及照明的变化,向观众提供视觉线索。以一个置于适当位置的长凳来邀请观众坐下、休息和学习。

音频和现状

展览的语音导览,为回应那些对信息充满热情的观众提供了很好的机会。由于我的专业是意大利16世纪艺术,所以被邀请策划一场威尼斯绘画的展览,展品来自苏格兰国家美术馆(National Gallery of Scotland)。除了准备教学材料(我们通常会创建自己的说教方法,甚至是为了巡展),我们选择了14件艺术品作为我们语音导览的对象。音频中有策展人想要在每一站突出的信息,以及我们组织好的贯穿于整个展览的重要主题。在录制开始之前,策展人与我们的教育人员、外部的语言导览制作人合作,审查我们提供的内容:什么知识可能是或者可能不是理所应当的,以及如何为展览创造一个整体叙事。制作人从他与策展人、馆长和出资机构的对话录音中选择素材,创作一个生动的、非正式的、简洁的和悦耳的语音导览。每一站都提供了多层信息,因此观众可以选择仅仅听取一个概述或者听取多达三个的更为深入的论述。他们控制着自己听到的信息量和信息种类。

这些场景中的每一个,都证明了具有声音才华的团队成员是如何为我们的观众提供丰富的、分层的和准确的内容的,并帮助我们将博物馆定义为这样一个地方:观众根据自己的兴趣和心情来做出选择,去积极体验、有选择地阅读或者完全跳过。

第5章 观众体验倡导者

为观众开发展览内容

展览的创意可能来自机构的任何部门,但正如古老的谚语所云,"创意是很廉价的"。选择一个主题并不难(尽管针对具有风险或存在争议的主题可能会有所不同),难的是要意识到什么才是适合你的观众和你所在机构的主题。作为观众体验倡导者,展览开发者必须与团队其他成员密切合作,才能实现此目标。因为展览开发者这一角色的核心在于为观众和观众体验做出倡导,所以其主要任务是通过努力确保观众获得良好的服务,这些努力包括使观众明确展览重点,构建吸引人的整体叙事,整合不同用户基于材料的参与方式,注重社交、情感和认知价值,并在必要时熟练地将材料从"学术语言"转换成观众可以理解、领会和参与的语言(图5.1)。

大照片:斯坦顿(Stenton),宾夕法尼亚州,费城。照片承蒙理查德·克雷斯(Richard Cress)提供。

插图照片:爱尔兰国立矮妖精①博物馆(Leprechaun Museum)。照片承蒙理查德·克雷斯(Richard Cress)提供。

---

① 译者注:leprechaun,是指爱尔兰民间传说中的矮妖精(商务国际外语辞书编辑部《新英汉大辞典》,北京:商务印书馆国际有限公司,2012年,第978页)。

从实践的角度来看,履行这一使命意味着要:为团队创建清晰的主题提供指导;为制定认知、情感和体验的长期、短期目标提供指导;为整个过程中开展有关观众想法、需求和偏好的各种研究提供指导(图5.2)。它还意味着要:为团队创建完善的工作文档;为各个重要阶段的评论和审批提供描述性的方法,这些工作与设计倡导者所进行的产品设计(如平面设计图和模型),是齐头并进开展的。开发人员还常常负责创建(或至少是监督)最终产品,例如标签副本或媒体脚本,并且应在整个过程中与教育人员合作,以确定可能的教育活动的主题及其实施的场所——该场所可能是在展厅内,开展的是结合展览的教育活动。

图5.1 观众体验倡导者。[由迈根·希克森(Meghann Hickson)提供]

图5.2 在美国国家宪法中心(National Constitution Center)开发和设计的巡展"美国精神:禁酒令的兴衰"("American Spirit:The Rise and Fall of Prohibition")中,观众在重建的地下酒吧展区,尝试追随查尔斯顿这座城市的脚步,沉浸于"兴旺的20年代"①。[照片承蒙理查德·克雷斯(Richard Cress)提供]

---

① 译者注:"兴旺的20年代",还可译作"咆哮的20年代"或"狂乱的20年代",是指1920至1930年,社会在第一次世界大战后恢复正常,人们普遍情绪积极,自信又快乐。

所谓观众体验的倡导者会以多种形式出现：展览开发者、博物馆教育人员，当然还有评估人员。他们关心的始终是在考虑最终用户的情况下，进行内容和故事的开发。

三个关键问题

- 我们如何将瞬息的想法变为具体的观众体验？
- 我们如何保持愿景清晰，同时仍能与过程中的其他观点协作？
- 直觉、突发奇想和不可或缺之间有什么区别？

方法与理念

正如我们在第2章中所讨论的，策展团队在展览开发中主要的理念问题是把重点放在观众的需求上。但是这些需求究竟是什么？我们又能如何知道？如何将这些需求与主题的要求和机构的目标相结合？

如何选择展览的主题

在我们工作之初，我们可能会以多种方式来考虑这个问题，采用以下一种或多种策略：

- 我们的观众是谁？
- 流行文化中有什么？
- 机构的内容需求是什么？
- 我们为什么要关心这些内容？

我们的观众是谁？

首先，我们可能会问"这个展览的主要受众是谁？"通常，举办展览会有一个特定的原因，当这个原因与观众有关时，会很有帮助：要么我们试图满足（甚至是增加）以往我们吸引的那类观众，要么试图以某种方式拓展我们的观众类型。但是，当我们试图回答这个问题时，可能会感到有点困惑。即人们经常错误地认为，针对某一特定群体的观众意味着我们放弃了其他所有人。我们知道在大多数博物馆中，展览需要能服务于所有走进大门的观众:我们很少能够完全明确我们的目标观众(就像有时我们在教育活动能设定明确的目标观众那样,但展览则有所不同)。

"主要"或"目标"观众的意思是,这些观众在展览中一定会找到他们需要的东西,我们希望参观对于他们来说是既愉快又容易理解。其次,其他观众也会找到一些他们喜欢的体验或信息。举例来说,在专为家庭设计的展览中,我们可能会发现两个层次的文本,更多的是视觉体验,但视觉体验和身体体验会相伴出现,一些物件或活动被置于较低的观察平台,供年幼的孩子使用(图5.3)。在同一个展览中,我们还可能会在安静的角落里找到其他形式的更复杂的信息。关键是,通过明确你们想要服务的主要观众,你就能判断你将要满足观众什么样的基本需求,无论是你们将要呈现的内容的复杂程度,还是你们可能使用的传播方式。为此,你们也将有一个标准来决定谁来测试你们的想法和原型,以及衡量你们最终是否成功的一种方法。

采用这种方式工作最值得注意的一点是,明确了特定观众以及他们的需求和愿望,通常会(出乎意料地)改善每个人的参观体验(图5.4)。

流行文化中有什么?

我们也许会问:"目前的流行文化对这个问题有什么样的看法?"答案有可能是:"完全没有什么看法。"然而,电影、博客、电视节目、网站、常见的误解、新闻头条、图书、学校课程等也有可能让我们深入了解不同年龄、爱好各异的不同人群是如何获取有关此内容的想法的,以及他们可能带着哪些文化印记进入展览。举例来说,如果很多人

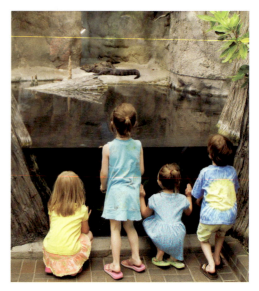

图5.3 前往美国北卡罗来纳州罗阿诺克岛的北卡罗来纳水族馆(North Carolina Aquarium)的年轻观众们,他们既可以蹲下来观看鱼游泳,也可以去最高水位线大胆地直视鳄鱼的眼睛!而身高较高的观众们不得不与这些爬行动物面面相觑。[照片承蒙理查德·克雷斯(Richard Cress)提供]

图5.4 父母和孩子在"鸡皮疙瘩!恐惧科学的"("Goose bumps! The Science of Fear")展览中体验互动展项,该展览是来自美国洛杉矶加州科学中心(California Science Center)的巡展,他们正在使用一个滑动器来比较鸡、狗、老鼠、海龟和人类大脑的杏仁体。杏仁体是大脑的一部分,其被认为是大脑的"恐惧中心"。[照片承蒙加州科学中心(California Science Center)提供]

图5.5 在美国宾夕法尼亚州费城的宾夕法尼亚大学考古和人类学博物馆(Penn Museum)推出了一场基于人工制品的展览——"玛雅2012：时间领主"("Maya 2012：Lords of Time")，该展览利用了媒体和流行文化对"世界末日的引用和论述"作为展览的导入，然后，将虚拟变成事实，揭示了复杂的古代玛雅历法中有关2012年12月21日的真实预测是什么。该展览是在展览部主任凯特·奎因(Kate Quinn)的指导下开发和设计的。(照片承蒙宾夕法尼亚大学考古及人类学博物馆提供)

图5.6 观众通过专门重造的"立体镜"观看并沉浸于三维图像诞生的那一刻(以略微不同的角度拍摄的两张照片，与立体镜前参与观察的观众一起创造出景深)。这样的话，观众能够与历史物件进行互动，从而获得新的体验深度。[照片承蒙理查德·克雷斯(Richard Cress)提供]

对于古代玛雅文明唯一了解的是，他们"预言了世界末日"，那么无论其多么虚假，都可能为展览提供一个吸引观众的卖点，或者至少是一个信号，表明展览可能需要消除什么样的误解。

最终，流行的信息源可以提供如下的见解：作为外行的观众觉得有吸引力的主题是什么，以及哪些起点可能最有用(图5.5)。

机构的内容需求是什么？

我们可以问："就这个主题，我所在机构的主要需求是什么？"如果我们拥有世界上最好的盔甲藏品，我们就需要充分利用它，可能会采取观众研究来深入调查是什么吸引了既有的狂热观众，然后尝试使用这些发现来增强对更为普通的观众的吸引力。或者，也许我们有一个使命陈述，它要求我们用心中特定的目标来处理该主题，例如海洋保护，这为我们的工作提供了一个现成的重点。如果从战略角度来考虑我们的机构需求以及藏品和场地的优势，我们就有可能会找到处理展览体验的既新颖又有趣的方法(图5.6)。

我们为什么要关心这些内容？

我们可以问："关于这个主题，我想知道什么？作为一个成年人，什么东西让我对它着迷？作为一个孩子，让我对它感兴趣的又是什么？"一些人可能觉得这类问题过于个人化，但是利用你的记忆、激情和好奇心的源泉可能是非常有用的，特别是作为一个起点，只要它不只是由你一个人的想法构成。假设你喜欢或不喜欢什么，而其他人也和你一样，上述办法绝不是一个好办法。但是用你自己积累的想法、经验和问题启发你自己，却通常总是一个好办法。

学习理论和人的发展

我们可以从学习理论和人的发展中学到什么？成百上千的理论家和实践者已经撰写了关于教育理论的论著，但是很少有人试图把这一大批研究资料专门用于博物馆。虽然阅读这些资料对我们来说很有用，但是尝试将适用于学校的教学理论，生搬硬套到博物馆工作中，可能会存在一些风险，因为学校很多工作是在受控的中介环境中开展的，这与博物馆环境大多是对立的，尤其是展览。

早期思想家的一些开创性工作，如约翰·杜威（John Dewey）和约翰·科顿·达纳（John Cotton Dana），他们对博物馆能服务于教育目的、民主目的，甚至是精神目的的原因感兴趣，虽然这些思想家更多的是进行理论层面的探讨，但阅读这些论著对我们具有启发意义。此外，更多的当代著者，如约翰·福尔克（John Falk）、琳·迪尔金（Lynn Dierking）和乔治·海因（George Hein），他们的研究成果相较于大多数的学校启发性资料，侧重于描述更为灵活的教学法。其工作重点是，当策展人为观众提供建构自己知识（无论观众对特定主题的知识储备多么少）的方法时，展览通常能最大限度获得成功，而不是试图用策展人认为对他们而言重要的知识，去填鸭式地灌输。

这里的重要观点是，观众将先前的想法、感受、问题和事实与他们在展览中碰到的材料相关联，从而"构建他们自己的意义"。我们明智的做法是专注于使这种记忆和关联过程变得尽可能丰富，

在我的职业生涯中，我经常会利用自己人生体验中那些强大而有用的记忆。记得小时候像我这样的孩子，总是在寻找方法，来接近那些潜伏在我们童年的想象和噩梦中无法接近的想法和情感。还有什么比让博物馆变成一个探索这些可怕想法的安全之所更重要的目标呢？——迈克尔·斯波克（Michael Spock）

图 5.7 一只大白鲨肆无忌惮地悬挂在年轻观众的头上，使其能更深入、更好地理解这种常常令人误解和感到害怕的生物。用昆特（Quint）的话说："它可能会毁掉整个世界！"［照片承蒙理查德·克雷斯（Richard Cress）提供］

图5.8 美国宾夕法尼亚州费城的宾夕法尼亚大学考古和人类学博物馆（Penn Museum），一场名为"正直的吸毒者：无家可归、成瘾和贫困"（"Righteous Dope Fiend: Homelessness, Addiction and Poverty in Urban America"）的展览虽然科技水平不高，但它的"对话"墙却功能强大。该展是由人类学家菲利普·布儒瓦（Philippe Bourgois）和民族志摄影家杰夫·勋伯格（Jeff Schonberg）共同策划的，记录了无家可归的吸毒者在十年间的日常生活。展览向观众提出三个只用回答是和否的个人问题：第一，你是否会避免和无家可归者交流？第二，你是否曾用过违禁的毒品？第三，你是否被逮捕过？这激发了观众以不同的、更个性化的关联方式进入展览中的故事。[照片承蒙理查德·克雷斯（Richard Cress）提供]

而少去担心观众是否学到了新的知识。这并不是说我们不能在展览中采用新的信息，而是说，因为我们所有的观众都是不同的，有着不同的年龄和兴趣，对我们呈现的主题拥有不同的知识水平，我们需要为该主题提供多种"进入方式"，而不是指望所有信息都被"正确理解"。对于不同的观众而言，让他们更感兴趣并具有持久吸引力的，可能是那些在展览中能够唤起记忆、促使流泪、分享个人信息的东西，或者将一些松散的信息放置在一个更新、更有趣的环境下（图5.8、图5.9）。

我们也可以很确定，每个人获取新信息的方法有所不同。霍华德·加德纳（Howard Gardner）在《智能的结构》（*Frames of Mind*）中谈到了他所谓的"多元智能"。这可以提醒我们，通过多样化的方法处理信息，并且将其置于不同类型的媒介中，对拥有不同学习风格的观众会产生巨大影响。

图5.9 高科技"对话"墙是由基础性的"便利贴"墙转化而来——一旦观众写下他们的答案，便利贴就会被扫描并投射，由此观众的反馈就更易于被收集和存档。"对话"墙上那些发人深省的问题，例如"社交媒体是否有利于社区建设？"可以很容易地被更换。[照片承蒙理查德·克雷斯（Richard Cress）提供]

观众行为方面的研究文献

我们可以从有关观众行为的研究文献中学到什么？许多人已振振有词地写道观众如何使用博物馆和他们的总体需求是什么。大多数围绕该主题的思考者们将观众需求分成三大基本类别：认知的需求［或智能、教育和(或)教学的需求］、情感的需求（或感性的需求）、体验的需求（或身体、行为或社交的需求，但有些人会认为"社交"应该是一个单独的类别）（图5.10、图5.11）。

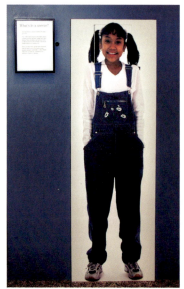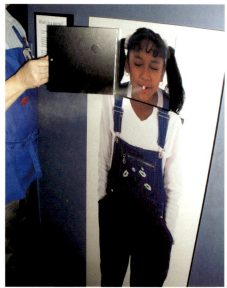

图5.10、图5.11　图片以"打喷嚏是什么？"的标题以及"打喷嚏喷出的空气以100英里/时①的速度行进"的陈述来吸引观众。图片上面的旋钮和铰链暗示观众应该打开小女孩脸上的一扇小门。当观众那样做的时候，"阿嚏"，打喷嚏时的声音和喷射使他们不自觉地往后一跳。这是一个有趣的、令人惊讶的，并引起身体反应的体验式互动图板。［照片承蒙理查德·克雷斯（Richard Cress）提供］

---

① 译者注：100英里/时约等于161千米/时。

然而，不管我们如何分析，有三个观点是无可争议的。

第一，观众在参观时，带着他们自己的世界，包括对这个主题的误解，以及由亲朋好友构成的真实的社交世界，他们往往和展览一样，是观众关注的重要焦点。

第二，在博物馆学习，是出于自愿或"自由选择"。没有人因为观看和记得一个展览的要点而获得奖品、文凭或者加薪，因此观众只会看在你所创造的展览中吸引他们并让他们感兴趣的东西。

第三，学习只发生在特定观众的情感和认知相遇的地方。如果你不关心它，你就不会记住它。而这个结合点就是我们通常所强调的要寻找主题与人的"相关性"。

因此，我们可以而且必须想方设法去询问我们的观众，他们知道什么，想知道什么，以及他们对于主题的看法。

促使观众与我们对话

我们如何才能深入了解观众的想法和观点？我们可以采用非正式、具有启发性的方式，也可以采用更加系统和明确的方式。例如，在项目的最初阶段，我们可以用一种极为非正式的方式展开对话，如"鼓励对话"，即我们在桌上或小车上展示一些物件，并询问观众与它们相关的信息。我们也可以采用不同形式的表格——表格可能包含相关主题的照片、问题或者陈述。表格上显示的内容可能会在单次对话或者反复对话中进行修改。如果对话是从你的主题而非具体的物件开始，甚至可能不需要表格。这是一种高度开放的定性方法——人们几乎可以将其称为"印象派"——采用这种方法的要点就是想方设法与观众谈论该主题。我们想知道可能是什么，激起了观众的质疑和想象，他们似乎对什么不感兴趣，并且如果幸运的话，我们还可以获知什么样的新信息可能使观众由不感兴趣变得感兴趣。

在最正式的对话方式中，可能需要两个人搭档开展工作——一位与观众互动，另一位记录对话和观众的特征。这件事通常不会要求专业研究人员去做，而是在项目一开始，可能由团队成员去做。做这件事的结果可能会让人大开眼界,特别是对于主题专家而言,因为他们会发现多数观众——无论其年龄和教育程度怎样——往往对该主题不熟悉。这种做法可以帮助团队成员从内容角度想象可能的起点,以及从情感角度探寻产生深刻影响的激发点。但是,这种鼓励对话的方法确实存在风险,因为它是一种"轶闻"形式,我们可能从某位观众那里"听到我们想要听到的内容",然后基于该"证据"准备整个展览——通常我们会倾听到那些与我们先入之见相符的观点!

当然,大家会希望在整个展览过程中,使用更正式的观众研究,理想的做法是聘请专业研究人员,运用更难的定性和定量方法,如创建焦点小组或使用访谈工具以及随后开展分析。但是大多数情况下,只有当你有特定问题或某种构想要测试时,使用这种方法才会有效。刚开始时,当你只是被淹没在充满可能性的海洋之中,非正式的方式可以成为团队思考问题的良好起点。

对前置性研究的看法
杰夫·海沃德(Jeff Hayward)

"前置性研究"这个术语是指系统地调查观众"起点在哪里"的过程——人们对你的话题、主题、藏品等有什么看法?通过这一评估,你也许会意识到你的想法究竟是能立刻吸引人的,还是奇怪而又陌生的,与此同时,你可能还会有疑问,比如为什么它吸引人或不吸引人,人们对它的了解情况怎么样,以及对它的期待程度如何等。这就是前置性评估的基本原理:你对潜在观众就你的想法之看法和反应心存困惑。

"前置"不是必需的,但它对你和你的团队来说,是一种很好的资源。专业的指导很可能会让前置性评估变得更为有效,能够促使你们在事情的优先级和使用方法上做出更好的选择,以及对数据进行彻底分析,因为前置性评估不会像形成性评估那样可以反复开展和纠错:它通常只会开展一次,无论有没有得出新的见解,我们的展览规划都会向前推进。我经常会使用这种方法来确定事情的优先级,即通过前置性评估从以下五个因素中选择你最担心的两个：观众的期待与印象、观众的知识储备（包括误解）、观众的兴趣、观众理解关键概念的能力、观众的参观动机。

关于方法，前置性研究可以采用定性或定量的研究方法；任何一类方法背后都有严谨的科学依据。如果你的问题是模模糊糊而又不是最重要的话题，比如是关于社会态度，或关于某个主题影响程度，不那么显性、那么定性的研究方法（通常为焦点小组）可能是一个很好的选择。如果你想要获得人们个性化的想法，如：吸引他们的是什么，他们对某个主题知道些什么，或者在可能的体验中对十几种不同兴趣进行评估，或者你想要比较和分析不同类型观众的想法，以定义你的主要和次要观众——那么定量方法（不同形式的调查，如访谈或问卷调查）会是一个不错的选择。与其他任何研究一样，如果想让你的工作变得有效，那么其关键因素是明确你的问题，对所收集的数据进行透彻的分析（有关设计和分析观众研究时可以询问研究人员哪些问题，请参阅第8章）。

除了所有关于观众和展览内容整合的问题外，我们还要考虑观众的社交需求，包括与他们一起来的成员及其与博物馆的关系。

从概念开发开始

项目在一开始时都是令人兴奋的！这时候一切充满可能，我们收集尽可能多的想法，并且大致考虑如何将它们呈现给观众。策展过程的所有其他部分和阶段的工作都是从这个涉及面广的时刻开始起步。以下是关于如何最好地利用该时间段的一些策略。

展览的新闻报道，或者"谁、什么、何时、何地和如何"参与到展览初始的工作中来

观众已明确，团队已建立，主题已选好，空间已分配，进度表草案和预算的设想都已具备——现在该做什么，又该如何真正地开始？

研究、研究、研究和研究，当然还要有文献资料！

● 内容研究：使用内部资料、图书馆资料、网络资料，由当地高校、全国专家、当地社区具备经验或专业知识的人参与。

● 观众研究：观众知道什么，他们可能还想知道什么？不同年龄段的人都感兴趣的可能是什么？什么可能打动或触动他们？观众看起来有什么困惑？（如此前的前置性评估所述，哪些类型的问题有助于展览概念的开发？）在其他类型的场所中，是否已经做过有关公众兴趣或对此数据进行解读的研究？

● "文化潮流"（cultural soup）①研究：历史频道或《国家地理》正在播出什么？畅销书排行榜上有哪些书？有没有什么名人死亡或者诞辰的周年纪念日？此时，网络显得特别有用，它可以告诉我们围绕该主题存在哪些滑稽和严肃的问题（图5.12）。

● 学校课程：该主题是否包含在地方、州或国家的课程之中？如果包括，它是怎样表述的？它期望学生能够学到什么内容和技能？如果合适的话，最好将展览内容与学校课程结合起来，这也将有助于增加你们的观众。教育人员可以帮忙解决这一问题。

● 同行研究：其他类似主题的展览已经做过什么，你能从中发现什么？那些展览是否做过一些总结性评估？是否有应该去参观的地方？博物馆或其他类型的场所，它们的员工在围绕该主题与公众合作方面，有什么经验？

● 藏品和其他资源：这方面的繁重工作可能会稍后进行，但总的来说，团队通常应该知道立即可用的材料是否丰富，以及在哪里可以找到其

教育不是为生活做准备，而是生活本身。——约翰·杜威（John Dewey）

---

① 译者注：经与本书的作者 Polly McKenna-Cress 沟通，得以明确此处的"cultural soup"与"文化潮流"意思相近。"文化潮流"研究是指对人们观看阅读或体验文化的不同方式进行研究，这些方式包括看电视、使用互联网、阅读图书、观看电影和戏剧以及音乐剧等。我们在生活中以多种方式体验文化，内容开发人员或策展人员必须了解与他们正在研究的主题相关的文化潮流，并考虑拥有不同经历的观众可能带着怎样的文化印记而来。由于媒体涉及的范围太广泛，我们不可能知道一切，所以研究和了解观众接受信息和兴趣可能的"场所"很重要。

图5.12 "林肯：宪法和内战"（"Lincoln: The Constitution and The Civil War"）巡展的前言墙，该展为纪念林肯200周年诞辰而举办。[照片承蒙 Alusiv, Inc.提供]

他的材料——如果有的话，如文物、档案、媒体藏品等（图 5.13）。

上述任务可能会在团队成员之间分配，也可能会主要落在展览开发者的肩上，至少开始时是这样。特别是如果有很多人在从事这类工作，那么就必须设计出一种可理解的方式来记录这些想法和想法的来源，并且所有的研究工作都要遵循这一点。无论这些任务是被广泛分配，还是被个别分配，我们都需要面对这样的问题，即如何将这些资料转化为整个团队都可以理解、出力和使用的工作呈现形式。

图5.13 加州科学博物馆（California Academy of Sciences）的藏品库房。[照片承蒙理查德·克雷斯（Richard Cress）提供]

收集初始信息的策略

观众研究

使用非正式的方法（如前面所述的"鼓励对话"），或者更正式的方法（如焦点小组法或访谈法），采取的第一步是围绕主题，向观众询问他们的兴趣、感受和期待。确保团队中每个人都能获得这类研究的结果，并对结果及其可能带来的影响进行讨论（关于观众研究策略的更多信息，请参阅第8章）。

内部研究人员会议

要求内部人员（可以是该特定主题的专家，也可以不是）根据自己的兴趣，选择主题的一个方面，并就此做一些调查工作。

然后，让参与者在会上谈论他们的发现（以及他们可能无意中发现的任何资源）。记录他们的发言并公开会议记录（图5.14）。

图5.14　正在规划务虚会议和头脑风暴会议的团队：每个人都站了起来，四处走动，并提出自己的意见［照片承蒙理查德·克雷斯（Richard Cress）提供］

与专家会面

召集你们展览主题相关领域的一组专家，就该材料召开讨论会。询问专家：他们认为需传达给公众的重要想法有哪些？依他们的经验来看，什么可能是非专业人士感兴趣的？还需要请教什么人或查阅哪些资料？向专家们强调，最后展览所采取的形式尚不清楚。因为当你们有更多问题需要有人解答疑惑时，这些人很可能是你们想继续咨询的人，如果在本次会议中他们论及的想法，没有在未来的展览开发中突显出来，你不希望他们会误解或失望。

与教师会面

召集水平适当的教师咨询小组,请他们提供特定内容的专业知识,帮助你了解学校课程以及学生对该课程内容的看法。这将有助于为展览要素和教育活动提供相关信息。重要的是要记住,虽然被咨询者拥有主题方面的专业知识,但还有两件事通常也是实情:他们本身并不是策展专家,策展还是必须听从你和你自己的团队;他们可能不会总是赞同其他专家的意见。最后,你们必须决定是否呈现或如何呈现这些不同的观点,而后对你们的决定负责。根据主题以及主题的敏感性,该小组成员可能还包括社区顾问和学者。如果展览将呈现的是活态文化的各个方面,那么随着展览进程的推进,最好即时成立一个独立的文化顾问小组。

头脑风暴

头脑风暴既可以用于收集最初阶段的信息和想法,也可以用于其后的阶段,来帮助组织、整合这些想法。你可能希望从更广的范围邀请兴趣各异的员工,来参加早期的头脑风暴会议,并将头脑风暴建立在诸如“你希望在有关×××的展览中看到什么?”或者“如果我们的博物馆举办一个关于×××的展览,我们将如何让我们的社区观众参与到这一主题中来”等问题之上(有关头脑风暴的更多信息,请参阅第8章)。

信息组织的策略

“矩阵”板

选择一面墙或者一大块泡沫芯,制作一个网格,主题位于顶部,下面是长长的空白列。准备小包装的彩色贴纸(便利贴)。命名主题类别——一开始可能不需要很准确,但无论如何需要向前推进,例如:观众兴趣、重要概念、有趣话题、藏品、互动创意、团队的困扰、好的图书(以及书中的重要观点)、现有媒体、美丽的物件、常见的误解——或者任何适合第一轮讨论的主题。让团队针对上述每一类别或任一类别提出个人想法。把这块板放在所有团队成员通常会经过的地方,并要求每个便利贴都注明日期、并签上名字,必要时还得给出一句话的解释。经过几个星期的数据收集,然后见面讨论、头脑风暴、重新组织,将类别条目进一步细化,有些类别条目可能会被舍弃。做两到三轮,直到每个人的最初想法、兴趣和发现都得到处理(注意:这一"矩阵"板可以在一个公用的计算机网站上完成,但采用"线下"的方式去做有很多好处。在小组讨论和达成共识的过程中,便利贴便于我们重新命名、重新排列或舍弃它)。矩阵板与思维导图有一些相似之处(见第8章),各式想法都被收集和置于便利贴上,然后进行评估和分类。虽然思维导图是一种更为自由、随机的方法,但是矩阵板有一个更为有序的起点,有着明确的类别构成,但每一个类别仍然提供开放式输入。每个人能够在闲暇时添加自己的想法,这使得"慢炖"和一些被酝酿很久的想法得以萌芽,并由此开启了讨论。

使命和传播目的

一旦你们启动了研究流程,并且至少召开过一两次会议来讨论所收集的材料,那么你就需要开始对你们的总体意图做一些陈述。这些陈述应当包括使命陈述和传播目的,以及初步拟定的观众的长期和短期目标(从认知、情感和体验等学习角度来考虑)。

展览的陈述使命和传播目的是衡量是否采用这些展览要素的标准。使命聚焦于展览的主题、观众及其主要目的。使命可能需要搭配一个主动而非被动的动词,即"发现"而不是"观看"。

传播目的也要围绕主题,但是可以从观众的视角来拟定。"鲨鱼不是我想的那样。"每个展览要素都会让观众想到这个传播目的的吗?如果被问及"这个展览是关于什么的",观众是否会想到接近传播目的的内容。一旦建立使命陈述和传播目的,阐释团队就可以确定展览规划中的关键信息。使命陈述不必采用吸引公众的措辞。使命和传播目的既不应该过于简单,不能引起观众的兴趣,也不应该过于复杂,无法在展览中予以实现。

传播目的是对展览具体内容的一个完整表述。通过采用非复合句清楚地表明展览的范围和目的,传播目的为策展团队在整个展览开发过程中提供了一个明确的重点。——贝弗利·瑟雷尔(Beverly Serrell),《展品标签:一种阐释方法》(*Exhibit Labels: An Interpretive Approach*)

创建展览的目标

观众目标通常与前面被提及的三个方面捆绑在一起,就是用来支持使命陈述和(或)传播目的的认知、情感和体验目标。通过这种方式,我们可以说,总体来看,观众将学习三个重要概念,体会特殊的情感(如怀旧、自豪和恐惧),获得一些特别的体验,如尝试某项技能或者与他人合作创造出某些成果。因此,观众目标可表述为我们参观整个展览后所收获的成果。就像"展览的使命陈述"和"传播目的"一样,观众目标可能采用"面向一个群体的语言"("观众将了解到鲨鱼攻击人类的频率以及它们为什么会攻击人类")和"面向一位观众的语言"("大多数鲨鱼都很安全")来表述。

在此后的流程中,观众目标也可以被附加到特定的展览要素上,以帮助指导展览要素的开发。例如,谢林达研究协会(Selinda Research)[①]的底波拉·佩里(Deborah Perry)认为"目标"是你们希望特定展览要素实现的东西,这些表述通常以"观众将要做/思考/感到/欣赏"等等来开头。后面接着的是"信息",谢林达通常将目标解释为与"传播目的"表述相符的教育信息。接下来是"身体参与、认知参与、社交参与和情感参与"。这类细节为展览开发人员提供了为何使用这一要素的共同想法,并为观众研究人员提供了非常清晰的维度和结果来观察或测试。(有关使命、传播目的、长期目标和近期目标的更多细节,请参阅第8章)。

展览中的声音

初稿还应包括在展示相关材料时,使用什么样的"声音"或采用何种基调,例如"发出矿工的声音,而不是历史学家或矿主的",或者采用"缺乏诚意"的基调,抑或是采取"对塌方受害者表示最大尊重的声音"。可以组织召开一场头脑风暴会议或研讨会,整个团队尝试在一场或数场会议中

---

① 译者注:Selinda Research 可能是指 Selinda Research Associates,该协会旨在帮助博物馆和其他非正式教育组织为访客提供有效的体验。

确定可能的声音和基调;或者组织一场讨论(或一系列讨论)以回应和改进你事先制定的,有关拟议工作、观众目标、学术标准、展示特征等问题的重要性及其意义的初稿。

虽然你们做出选择的过程可能不是那么教条和具体的,但是明智的做法最后确定和阐明了所有团队成员都理解并同意的结果。如果不做这类工作,团队成员就会发现他们的工作与当前目标存在冲突。

好笑的事

幽默能吸引人,有时甚至能引起人持久的关注。它是会议召开过程中的一个重要组成部分,也是为展览定调和传递信息的工具(如果处理得当)(图5.15)。它可以创造一种介入主题并邀请观众参与的方式。我们常常会想:"这是份严肃的材料。我们打算认真地教授这份严肃的材料。"针对展览创意的头脑风暴只能在某种程度上发挥作用,因为有些人不知道如何开展头脑风暴,或者只是忘记了如何开展。诙谐和幽默能够为创意提供灵感。如果团队在开发展览期间彼此都很享受,那么很可能最终的展览也会如此,观众也会玩得开心。

俏皮话,比如朱迪·兰德(Judy Rand)的标题"螺旋锥蝇(极具攻击性的食肉蝇)过着无聊的生活"就能鼓励观众继续阅读。或者在菲尔德博物馆(Field Museum)"生命的变迁"("Life Over Time")展中,正式出现的"适应之轮"("Wheel of Adaptation")展项,有一个问题式标题:"感觉到两栖动物的幸运了吗?"这种互动也是一种可视化的幽默,它改变了我们熟悉的"财富之轮"("Wheel of Fortune")游戏的形式:长着用肺呼吸的鱼的头,打了瘦脸针的"帕特·扎赛克"(Pat Zacek)和其多腿小龙虾伴侣"瓦娜"站在轮子两侧,邀请观众参与这场恶作剧,尝试玩

图 5.15 富兰克林科学博物馆(Franklin Institute)团队在探讨太空科学等传统话题时,采取了一种新的方法:找出观众想要了解的内容,并为"太空司令部"("Space Command")展增加一些幽默感。观众通常会问到有关身体功能的问题,典型的问题是:宇航员在太空中如何上厕所?这张题为"月亮之果"的图片探讨了"太空内衣"或者说高科技液体冷却和通风的衣服如何去除多余的身体热量,让宇航员降温(尤其是在太空漫步时)。大多数孩子(和成人)不会忘记有关内衣的那个有趣面板。[照片承蒙理查德·克雷斯(Richard Cress)提供]

这个游戏以及体会其背后严肃的教育意义。即使是极端保守的成年人也开心地推动轮子旋转。他们不再感受到来自教育方面"要正确理解"的压力,而是仅仅体验一下!

展览还是教育活动,这是个问题

在早期阶段,许多想法都需要进行测试,以当它们变成有形的展览要素或教育活动时能否产生更好的效果。这些想法能否独立存在并吸引观众?这些想法是否需要人们以某种方式展开人际互动和对话?并非所有想法都可以用来展示,也并非所有想法都适合做教育活动。如果要进行个体或小组的个人调查,这里面只有一位员工或志愿者可能会有点冒失。无论是在展览之中的人,如讲故事的人、演员、演示者或回答问题的阐释者,还是展览空间之外的特色活动,如电影之夜、系列讲座、特别之旅、露营或夜间活动,这些元素在展览的整个生命周期中都至关重要,并能扩大展览的影响范围。而教育活动有各种形式和类型,并且只受制于团队的想象力。

整合并提出初始概念

"阐释框架"文件列出了展览的基本信息,包括目标观众、展览使命、主要想法和目标及其对观众的预期影响,当然还有机构的预计收益、展览规模、地点和预算估算。为了便于审查,"阐释框架"文件应附上概念图或"泡泡"图(详细信息请参阅第8章),这些图将反映出各事项之间的关联和重点。一旦通过团队的审查和评论,该文件将成为在本阶段结束时的审批材料。概念开发阶段的工作应该就展览必须包含的统一信息、主要想法和态度达成一致。

在早期阶段需要注意的事项

● 无法停止信息收集和(或)无法开始信息整合:这可能导致难以制定具体的观众目标,更不用说作为支柱的使命(传播目的)。这个时候截止日期就能派上用场,尤其是在一个完整的好方案需要开始整合和编辑时。

● **无法在团队内建立共同愿景:**管理不善的合作确实可以变成"集体迷思"(如第1章所讨论的),因为成员们在为彼此达成共识而努力,而不是试图为观众创造出最佳结果。事实上,他们可能甚至没有意识到他们处在"共享泡沫"中,因为他们习惯于只依靠内部的彼此合作,而非寻求外部的意见和参与。通常,集体迷思的结果往往是令人困惑的(每个人的想法都找到一席之地,没有团队成员感到"被忽视")、空洞无聊的(在众多对立观点中,选择一个乏味的折中观点以避免冲突)或者顺从的(声音最大或是最自信的人总能形成自己独树一帜的观点,而其他人只需跟着他走——那样的方式更容易)。

● **无法合作导致两极分化:**与空洞无聊或者令人困惑相反的是,团队中不愿意和不想改变的一方,拒绝为了最终用户的利益进行调整,从而导致合作瘫痪。在任何一种情况下,观众倡导者都必须发挥作用,促使团队明确表达观众的需求和愿望,并朝着这个目标前进,保持不被成员的个人或关系问题所牵制。

● **在"及时"做出决定和过早得出结论之间找到平衡很困难,过早得出结论是为了赶时间还是做好表面功夫。**如果这些基本的展览构件没有经过团队真正的深思熟虑和验证,将无法承受此后工作的重压,会分崩离析。虽然团队成员不能磨磨蹭蹭做事,但也不能跳到没有根据或者反复无常的终点。找到这样的平衡点可能很难,但意识到它们确实存在,可能对我们是有所帮助的。

将概念组织成一个连贯的叙事

画出想法、空间和可能方案的概略事

方案设计阶段的任务是把这些想法置于空间中,考虑它们之间的关系、它们对于整体的相对重要性,以及它们各部分如何叠加在一起,以创造一个对于观众而言,易于理解、引人入胜和有趣的叙事。这就是"概念平面图"(conceptual floor plan),因为它还不是一个非常具体的规划。它

应该包含物件和一些可能的展览要素，与设计倡导者一起，通过这些要素来开始塑造实体意义上的故事情节。这是设计倡导者与团队成员之间的一个重要结合点，因为无形的想法将被塑造成实实在在的体验（有关此内容的更多信息，请参阅第6章）。

概念的组织

关于组织时采取何种策略的思考路径有很多，虽然最后你们可能不会明显地使用其中的任何一种，但是想一想我们都熟悉的传统方案会很有用，例如按照年代、数字或字母系统、季节或方向、对立面，或容易理解的主题，像"七宗罪"或有关"家庭、学校和工作"。在大多数情况下，观众能够很快地理解这样一类策略，即采取众所周知的分类安排的策略，而且选择熟悉的东西可能会很有用，因为它可以让观众将时间和精力投入到展览的其他方面，而非绞尽脑汁试图分析一个比较奇特的系统。

同样值得注意的是，透明系统对观众来说可能很乏味，因为观众对它们太熟悉了。这可能还取决于你正在处理的材料。例如，在一些历史展览中"强制以时间顺序参观"会让人觉得死气沉沉，但在大屠杀博物馆（Holocaust Museum）中并不会让人觉得无聊。也许是因为材料太过令人不安和复杂，以至于没有严格的时间顺序会让观众感到完全不知所措。也可以考虑引入这样的系统（如字母排列），然后以某种方式转变它，以给整个系统带来惊喜，这也是有用的（图5.16）。

不管是构成这一组织结构或者展览"脊梁"的体系是多么透明，都存在一个贯穿整个组织结构

图5.16 "明尼苏达州从A到Z！"展带领观众经历明尼苏达州从建州前到现代的历史，由于这段历史如此浩瀚，而展览开发人员不想采用传统的时间顺序，所以使用了简单的ABC系统，它能立即被识别并为展览增添了些许幽默感。图中所示的Q代表缝制被子（quilt），在漫长冬季里，这是一种重要的集体手艺，被人们迫切需要。该展在明尼苏达历史中心（Minnesota History Center）展出［照片承蒙波利·麦肯纳-克雷斯（Polly McKenna-Cress）提供］

并基于"脊梁"的叙事问题。我们可以使用各种策略来创建一个观众真正热衷的故事。总的来说,我们寻找的是一条"故事线",它提供了一个开始、过程和结局,其间提出了一个寻求解决的问题,接着设置障碍让人感到沮丧,但最终我们会得到一个和睦的结局,这一结局可能是快乐或悲伤的,或只是达成两者的平衡。换句话说,故事按照"男孩遇见女孩,失去女孩,得到女孩"的线索发展,或者是关于这个主题的无数变体中的任何一种。

我们再次以大屠杀博物馆为例,从一开始,我们就被置于恐怖的环境之中,接着害怕和恐惧的程度加深到难以承受,让人似乎完全无法逃脱,直到我们最终发现,对于所有死亡和恐怖的事而言,都会有幸存者和施救者,所有的灾难都会终结。理想情况下,这样的结论会以认知和情感两种方式带给观众。事实上,在大屠杀博物馆,观众确实反映,他们不仅学到了新的知识,还体会到了深刻的个人责任感,这种责任感帮助他们避免这种灾难于现实世界再次发生。

讲故事

能让故事变得生动起来,使之与观众息息相关,并且有趣和引人入胜的,都是一些小故事。这些小故事能阐明问题,指出可能的解决方案,或者在过程中设置更多的障碍,最后描述结局。这些故事也有开始、过程和结局。理想情况下,即使我们正在做纯科学主题的展览,它们在某种程度也应该更加人性化和个性化。无论采用鲜明的还是简单的方式组织展览,故事能帮助观众遵循一条线索,获得连续性的完整体验。虽然这似乎意味着需要采用时间顺序或其他刻板的方法,但情况并非总是如此。例如,在本书的前面章节,我们已经讨论过"种族:我们是如此的不同?"("Race: Are

图 5.17 由位于华盛顿特区的美国人类学协会和位于明尼苏达州圣保罗的明尼苏达科学博物馆共同策划的巡展"种族:我们是如此的不同?"中,不同的人被邀请分享他们的个人故事及肖像。而当观众重新考虑种族和身份的意义时,诸如"我 100% 的是黑人",这些辛酸的引语引起了观众的共鸣。[照片承蒙明尼苏达科学博物馆(Science Museum of Minnesota)提供]

We So Different？"）展，该展来自美国人类学协会和明尼苏达科学博物馆，其故事围绕一个核心，可以按任何顺序观看，但所有的故事都是关于种族和种族主义问题的，一些采用科学的方法，而另一些则更多采用第一人称体验的方法（图5.17）。总体来说，所有故事都支持展览的核心信息：种族不是一个科学事实，而是一种社会建构，用来使社会中的种族主义永久化和制度化。我们可以一起来理解并克服种族主义。

讲故事和叙事的另一种方法是公开，让观众了解真实的故事。其中一个比较成功的展览是1993沃斯堡科学历史博物馆（Fort Worth Museum of Science and History）的"侦探小说：破案的科学"（"Whodunit？ The Science of Solving Crime"）展。观众出现在一家餐厅，餐厅里用粉笔勾画出犯罪现场，以及用单色描绘出的人像坐在柜台旁。收音机正在播放，观众将注意到一些线索，当他们进入位于餐厅另一侧的犯罪实验室互动站时，这些线索将会发挥作用。互动站包含尸检区和指纹配对。观众将按照线索查明发生的故事以及案件凶手！

讲故事的10条铁律

安迪·古德曼（Andy Goodman）

第一，故事总是与人有关的。即使你的组织致力于拯救植物，在政策变化中辛勤工作，或者帮助其他非营利组织更为有效地开展工作，这些也都是由人来驱动的。所以你的主角必须是一个人。而且由这个人通过故事引导听众，所以你需要为他提供一些身体方面的描述。这将有助于你的听众在脑海中形成相应的画面——因为你要理解你看不到的东西是很难的。

第二，你的主角必须拥有目标。一个故事直到观众明确知道主角的目标是什么，并且拥有关心目标能否达成的理由时，才会真正开始。在第一段或者第二段中，讲清楚你的英雄想要做什么，想要得到什么或者改变什么。并且不要采用被动语态——因为故事通常是由欲望驱动的。

第三，故事需要明确时间和地点。在你开始讲故事的那一刻，观众就会想知道：这个故事是发生在上周还是10年前？我们是在波士顿街角还是在爱荷华州的沃尔玛超市？帮助你的听众迅速弄清他们的方位，他们就会更容易跟随你进入故事情节，探索更深层次的意义。

第四，让你的角色自己说话。当你的角色相互对话时，它会给故事带来即时感和紧迫感。听众会觉得他们好像谚语中说的"墙上的苍蝇"，能够实时听到每个人说的话。直接引用角色自己特有的声音说话，会让对话更具真实性。如"我叫邦德，詹姆斯·邦德"的方式就比"这位特工做了自我介绍，特意将他的姓重复了两次"的方式更好。

第五，给听众带来一些意想不到的事。你必须立刻让你的听众感到好奇，"接下来会发生什么"或者"这件事最后到底怎么样了"当你故事中的人物追求他们的目标时，必然遇到障碍、意外，或者能使听众不由地坐直身子并给予关注的事。否则，他们会站起来走开。

第六，故事的语言要适合听众。根据全国读写能力研究，美国人阅读平均水平是六级。讲述故事是最重要的。优秀的故事讲述者也非常关注口语和地方俚语，以构建讲述者和听众之间共同的基础。

第七，故事要激发情感。即使你身边有堆积如山的铁证，你也必须先让听众感受到一些东西，然后才看到你描述的相关数字。用故事来激发情感不是操控性或浮夸性的，而是突破淹埋我们的信息"白噪声"[①]，传递出"这值得你关注"的信息。

第八，故事不是告知，而是展现。从智能上讲，你的听众将会理解这句话："当保姆去某个家庭拜访时，她会感到敌意和戒备。"但是，如果你改用"当家庭成员都坐在客厅的时候，他们不会看着保姆的眼睛"的说法，你

---

① 译者注：白噪声（white noise）是指功率频谱密度在整个频域内均匀分布的噪声。白光是在正常视力范围内所有光线波长的均匀分布，白噪声与白光很类似，它是具有平坦功率谱性质的噪声信号。理想白噪声具有无限带宽，因而其能量是无限大，这在现实世界是不可能存在的。实际上，常常将有限带宽的平整信号视为白噪声，因为这在数学分析上更加方便。白噪声广泛用于声音合成，最典型的就是利用白噪声生成一些频谱中具有类似噪声分布的打击乐器声音，如小军鼓等。另外，有时为了减弱建筑物内部空间中分散人注意力或者不希望出现的背景噪声（如人的交谈声），可以使用持续的低强度白噪声作为背景声音来隐蔽那些声音（张婧颖、孟子厚编著：《音响师听力训练基础》，2015年版：第91页）。

的听众头脑中会出现一幅画面,感受到敌意,变得更加融入这个故事。

第九,故事应该至少包含一个"真相大白的时刻"。实质上,最好的故事向我们展示了我们应该如何对待自己、他人或者我们周围的世界,我们将故事视为真相的容器,你的观众将本能地去寻求这种真知灼见。

第十,故事必须有意义。当说出故事的最后一句话时,你的听众应该确切地知道为什么要跟你一起进行故事之旅。最后,这可能是所有规则中最重要的一条。如果你的听众无法回答这个问题,"这个故事到底是关于什么的?",那么无论你多么努力地遵循前面九条规则,都将没有什么用。[①]

这些故事可以来自并基于传统的资料,如藏品、口述史、照片、科学数据和档案资料,但它们也可以关注更具想象力、戏剧性或艺术性的方法,而这些方法的使用则需要立足于对主题的深刻理解和重视,而可能并非字面意义上的。

叙事也可以通过互动方式来得到支持和增强,互动可以解释或展示一种想法或现象,从而创造出更多感官形式的小故事。各种各样的设计应用,如环境处理、创意照明、质地处理或音频处理也能够支持叙事。有时候这些设计方法非常微妙,以至于许多观众甚至可能还未曾留意过,但是它们对实现运作良好且和谐的整体展示很有帮助。

关于讲故事的故事

莱斯利·贝德福德(Leslie Bedford)

我们从很小的时候就开始讲故事。将信息转化为叙事形式的动力似乎在我们大脑中根深蒂固,这是一种帮助我们共同工作和创造的生物适应性。或许它反映了我们早期的祖先在一个基本无形的宇宙中识别出有形世界的渴望。无论是基于什么原因,我们讲述和发现故事已经有很长一段时间了。因此,展览利用这种基本的人类习惯和工具是有道理的。

———————————————

① www.agoodmanonline.com/pdf/free__range_2007_06.pdf.

除了人类熟悉故事外,讲故事还具备其他特点,使之适用于展览这门艺术。叙事的许多特点已经被不同学科的学者分析(涉及叙事学或叙事研究)。他们的看法为展览开发人员试图选择某一种要素提供了有用的标准,包括文本、互动装置、物件。

例如,故事会产生故事。它们打开聆听者的心扉——激发他的想象力,使他反过来可以创造出自己的故事。公共广播员和故事讲述者加里森·凯勒(Garrison Keillor)这样说道:

> 我发现如果我在故事中漏掉足够多细节,听众就会以她自己家乡的故事进行填补。如果一位背井离乡到曼哈顿的弗利伯特(Freeport)女孩,听到了关于阵亡将士纪念日的故事,她脑中就会筑起一座墓地,石头上镌刻着那些阵亡将士的名字,但同样的墓地可能会使她想起叔叔阿尔昆(Alcuin),他去了法国再也没有回来,这时她掏出手帕,擤了擤鼻子。

> 我不是打动她的原因,她的叔叔才是。我所能做的就是说出这些词:玉米田、母亲、代数、雪佛兰皮卡车、冰啤酒、周日早晨、激烈的争论、寂寞,其他人共同构建起这幅画面。[1]

换句话说,故事牵动着我们的情感。正如本章所指出的那样,情感因素在展览中与认知和身体因素一样重要:当我们投入情感时,我们会更加关注,并且更容易记住。讲故事所呈现的特性或所谓的*叙事思维模式*(narrative mode of thought),与逻辑科学模式(logico-scientific mode)在写作方式和解释方式上形成鲜明对比,后者如教科书,或者通常采用说教式展览标签。[2]讲故事是促成理解和鼓励个人意义构建的,而后者只是传播知识。

---

① Bedford. L. "Storytelling: The Real Work of Museums." *Curator: The Museum Journal* 44, 1, pp. 27-34; Keillor, G. 2000. "In search of Lake Woebegon." *National Geographic Magazine*, December.

② Bruner, J. 1990. *Acts of Meaning*. Cambridge, MA: Harvard University Press.

故事适用于代际观众。根据想象力教育学派的观点，非常年幼的孩子会对涉及二元对立的故事做出反应，就像童话故事中的善与恶。[1]随着他们在语言上的成熟，他们的思想包含了更复杂的叙事，涉及现实生活中的人物和斗争。最后，作为受过良好教育的青少年和成年人，他们学会了处理元叙事，例如，随着时间的推移很多东西会改变。但人们对故事的初始反应永远不会消失，就像《星球大战》中的故事适用于所有人。

　　故事讲述者究竟是要代表谁来发声？我喜欢在贝鲁特看到的公元前四世纪石棺中的标签：

> 在这个棺材里躺着的是我，巴塔诺姆，我是奥兹巴王的母亲，而奥兹巴王又是比布鲁斯之王、帕提鲍尔之子，同时我也是女祭司，我遵循着此前皇室女眷们的习俗，穿着长袍，头戴冠状头饰，嘴里含着一片金箔。"

　　想想作者是如何在我们的脑海中创造出一幅画面，让我们了解有关葬礼的习俗，又把我们及时带回，站到身着葬礼服饰的巴塔诺姆旁边。同样，大屠杀博物馆的故事情节之所以推进良好，原因之一就是它的策划者原来是一名电影制片人，所以他仔细检查了展览中的所有标签，并删除了所有告诉观众要去想什么和感受什么的内容。

　　总之，故事是我们学习的最基本方式。它们有开始、过程和结局。不是说教，而是鼓励个人反思和公众讨论。故事激发了听众的好奇心和敬畏感，让他们去想象另一个时间和空间，发现某些方面的普遍性，并对他人的遭遇产生共鸣。故事保存着个人和集体的记忆，可以促使与成人和儿童开展对话。

　　展览的开发者、设计师和教育人员都是故事讲述者，他们使用讲故事的材料，并遵循讲故事的原则。这是有道理的，因为博物馆本身也类似于故事讲述者。它们之所以存在，是因为曾经有某个人或团体认为，某个故事值得一遍又一遍地讲给后代听。

---

[1] Egan, K. *Teaching as Story Telling*. London and New York: Routledge, 1989.

文件和展示

阐释框架（展览大纲）

阐释框架是指按照概念平面图相应的顺序，对每个准备展出的展品和主要元素进行简要描述。它可以被团队成员当作一份检查表，确保所有的部分没有遗漏，并确保每个人都知道这些展览元素是什么以及它们所在的位置。

展览踏查[①]

展览踏查（exhibition walkthrough）是从用户角度描述将要诞生的展览，解释观众在每个展区将会看到什么、会做什么，以及可能学到什么和感受到什么。撰写这样的文件非常有用，因为它迫使我们不仅要面对想法和物件，还要面对观众正在体验或从未体验过的事情。这种踏查还应该包括为展览准备的教育活动，以进一步了解观众将如何把阐释性的教育活动（工作人员）与静态的展览要素联系起来。是否会有小推车展示、剧场表演、讲故事或者"工作坊"（make and take）？工作人员的互动将如何拓展展览的概念？展览踏查也可以成为颇具说服力的审查文件，也可能成为筹款方案中的必要构件。此外，正如第8章所述，它们也是重要的设计工具，可以使照明、感知觉、情绪以及其他构成体验的无形要素变得更加具体而形象。

测试的方法

在头脑风暴和讨论中去测试一些组织材料的方法。如果按照时间、颜色或者主题策略来编排材料，这种材料会呈现一番怎样的景象？概括

图 5.18 蒙特雷湾水族馆（Monterey Bay Aquarium）的展览——"深海任务：与蒙特雷湾水族馆研究所一起探索海洋"（"Mission to the Deep: Exploring the Ocean with the Monterey Bay Aquarium Research Institute"）将高清视频和模拟控制器结合在一起，以便观众能体验蒙特雷湾水族馆科学家所做的事，即便是科学家，他们也是第一次尝试这样做，即（通过水下机器人）远程旅行到海洋的最深处，并记录那里生物。[照片承蒙理查德·克雷斯（Richard Cress）提供]

---

① 译者注："exhibition walkthrough"通常是指展览布展完毕后的检查或验收，但根据上下文判断此处是指展览开幕前进行的观众踏查。

图 5.19 请触摸博物馆
(Please Touch Museum) 不仅
通过图文阐明简单的摩擦力
和动力概念,年轻的观众还能
借由身体来感受,他们可尝试
以个人力量转动"人类仓鼠转
轮"。图中的这个小女孩真
的让这个大轮子转动了。[照
片 承 蒙 理 查 德·克 雷 斯
(Richard Cress)提供]

几种不同的可能性,讨论这些可能性,并根据你们的观众目标来测试它们(当然,我们还需要考虑与之共存的参观动线方案以保证这些方案很巧妙,能够符合观众的可及性和安全标准)。

一旦你已经选择使用某种策略并绘制出平面图的草图,能够通过叙述来描绘将要创建的体验,你也可以借助公众进行测试。"人、地点和设计研究"公司(People, Places & Design Research)①的杰夫·海沃德(Jeff Hayward)开发了故事线测试(storyline testing)的方法,以便为展览开发者提供观众的一些早期反馈,包括:观众如何感知整体信息,他们的期待如何影响真体验,以及当观众参观展览时,他们的体验可能是如何被增强或减弱的(详细信息请参阅第8章)。

头脑风暴的形式适用于传达各种故事和想法。展览开发者与设计倡导者一起决定:是使用媒体(图5.18),还是互动装置、插图,或是利用空间环境?用户是否有机会为展览要素添加内容或发表评论?你会用普通模型、复印的照片,还是实体模型?会有身体体验(图5.19)吗?要在视线、照明水平和层高上做出调整吗?

制定一份拟议的"标准清单",以帮助指导你们思考。想一想,我们是否试图将观众带到不同的时间和(或)空间,如将他们置于18世纪的波士顿?我们是否试图帮助观众从新的角度去看待事物,如以不同比例来观察事物,或从外太空观察地球和地球系统?如果是这样,那么我们可以制定什么样的"规则",来描述我们在讲故事时使用的空间或者设计的界面外观,而这些规则会支持我们的故事讲述,也会有助于我们进行编辑?

增加来自博物馆内部其他部门的顾问。这是获得或给予筹资人员意见的绝佳时机。教育人员可能需要在绘制平面图时有发言权,以确保教育活动和材料存储的需求都被考虑到,或者确保教育活动空间足够容纳参与者。观众服务部、安保部、市场部和公共关系部从此刻开始,也可能会发表有用的想法,他们可以持续发表意见直到进入审查环节。

---

① 译者注:该公司成立于1984年,通过定制化的研究和咨询,专门从事非营利组织的受众研究。服务主要集中于四个类别:观众分析、展览开发的观众研究、观众体验问题的解决,以及社区研究和市场研究(http://ppdresearch.com/)。

通过询问情感和体验内容在何处发生来审查你的工作。在一个严格由内容驱动的叙事里,更容易发现漏洞,所以问问自己惊喜在哪里,美丽、喜悦、悲伤、恐惧或笑声在哪里;在哪里可以鼓励观众彼此交谈或者合作;在哪里观众可以接触物体并做些事情,而不仅仅是看和听(图5.20)。

继续与专业顾问、文化顾问和社区顾问保持联系,并对其提供的信息和想法持开放态度。

图5.20 这些观众在参观美国圣路易斯市城市博物馆(City Museum)的外部设施,他们更多的是参与,而不仅仅是看和听。[照片承蒙圣路易市博物馆的保罗·马丁(Paul Martin)提供]

展览开发过程中应注意的事项

概念阶段的基本设想站不住脚。 当这些想法在空间中被组织起来时,团队就各种想法的目的难以达成一致,并且(或者)很明显,那些被提出的展览要素彼此的关联不紧密,无法构建令人满意的体验——它们只是一堆想法。一个简单易懂的问题症状就是:我们是否听到自己在说"这里我们将谈论x,这里我们将谈论y"。因为在展览中,我们不会当场"谈论"任何东西,也不能向感到困惑或无聊的观众解释这个想法如何以及为什么和那个想法差不多,而这个想法在展览中处于首要位置。对此唯一的解决方法是原路折回,重新开始,尝试去构建一个能够给予支撑的新基础。这可能很困难,并且需要一些勇气,因为团队的内部关系可能会因为对先前协议的重新评估而变得紧张。

针对公众的测试显示,我们使用的部分或全部材料(或者采用的方法)对于潜在观众来说是无趣的。 如果测试没有告诉我们如何改进这一点,我们就需要彻底对我们提出的方法进行重新评估,甚至重新考虑这个主题。虽然这听起来很糟糕(确实很糟糕),但是如果我们能够认识到我们正在为之服务的人根本不关心这些,那么就没有继续下去的必要了。

有太多的东西,但并不是所有东西都合适。 我们等待的时间越长,修改就变得越困难,因为团队成员已经开始致力于某些想法、故事或物件。所以最高难度的修改应该尽早完成,而非延后。关键性的测试是评估展览中任一想法或要素或故事是否有助于展览主要信息的理解。

学术顾问和（或）文化顾问对你的报告感到震惊，或者你被一些新观点弄得措手不及，而这些新观点与你一直咨询的顾问所持的看法完全不同。如果这种情况发生，我们希望它发生在策展过程的早期，而不是后期，因为那个时候更加难以挽回。这是在早期聘请顾问、真正听取他们意见的原因，但从一开始就要明确，你才是展览内容的最终决定者。

虽然人们很难意识到何时变得"积重难返"，但经验有限或没有经验的人也很难应对完全从零开始的展览开发——对你来说这也是很危险的。对不同的展览来说，这个平衡点各不相同。人们需要对某些事做出反应，而且可能不止一次，因此当你开始寻求来自各方的反馈时，你不能在开发过程中走得太远，或者过于执着于自己的想法。然而，你又不得不走得足够远，以便你的建议对于未参与展览的人来说有意义。

把细节弄清楚：这些东西到底是如何工作的？

在设计开发阶段的工作过程，就是把所有的细节都弄清楚——精确到是哪个物件、哪种体验、哪条信息、哪类互动，以及：有多少标签，它们的撰写规则是什么；用什么样的家具，尺寸多大；等等。这个时候需要每个人真正全力以赴，考虑到每件事并做出预算和决定。对于展览开发人员来说，这意味着他们至少要在三个主要领域展开工作：拟定具体的展览信息、开展原型测试，以及持续获得来自顾问、社区和员工的投入。

具体展览信息的组织与准备

随着平面图的不断细化，每个区域的信息传达都需要有所跟进。我们都看到过这样的展览，标签文字、有用的照片或插图都是事后想起的，最终像是追加在碰巧留下来的空间里。为了避免这种情况，开发人员需要确保

图5.21 "拒绝为仍然活着的移民提供福利的计划"——美国华盛顿哥伦比亚特区的新闻博物馆（Newseum）的卫生间里，这些文字都是关于安置问题的。没有什么比在你的必经之地阅读材料更好的了！整个卫生间都粘贴着真实印刷出的报纸头条，这些头条在刊登前显然未经过校对。[照片承蒙理查德·克雷斯（Richard Cress）提供]

在概念规划和方案设计阶段,获评的大纲主题和观众体验被相应的整合进去。在更详细的设计开发阶段,这意味着要创建一个信息层次结构,并为放置标签和其他信息材料提出相应的实体设计(图5.21)。一般来说,前者是通过平面设计师和开发人员之间的密切合作来完成,后者则是通过三维集成设计实现的。

阐释活动

开发人员也应该与教育以及阐释人员合作,以完善学校、团队、家庭以及其他公共活动,而教育和阐释人员从策展流程一开始就不断进行相关的讨论。无论展览是持续6个月还是15年,它都可以通过举办活动、参观者评论、观众互动和对展览进行补充等方式,以及随着时间对布展进行一些改进,来持续地革新和发展展览。

教育人员的倡导
莎丽·罗森斯坦·韦布(Shari Rosenstein Werb),美国史密森国立自然历史博物馆(Smithsonian National Museum of Natural History)教育与推广部主任

每年有超过700万人参观史密森国立自然历史博物馆,而这些观众拥有着不同的外形、体格和年龄,不同的背景、知识水平以及不同的语言。他们的身体状况、感知能力和智能水平也各不相同。他们来自大华盛顿地区①、全美和世界各地,旅行到这里来参观展览,也通过互联网和虚拟实地考察(virtual field trip)②与博物馆建立联系。他们独自、成对或作为团队一员前来参观。有些人是博物馆的经常性观众,有些人则一生只会去一两次。正如著名的博物馆学研究者约翰·福尔克(John Falk)在《身份和博物馆观众体验》(*Identity and the Museum Visitor*

---

① 译者注:大华盛顿地区包括马里兰州、弗吉尼亚州和华盛顿特区。
② 译者注:虚拟实地考察是指通过网络平台获得视觉体验。

Experience)①一书中所描述的,有的观众是探索者,有的是助推者,更多的是体验的寻求者、充电者或专业爱好者。无论我们选择用哪种方式来描述我们的观众,我们都知道,不能将观众视为铁板一块,而需要加以区别对待。教育人员作为服务于展览和教育活动的团队,是博物馆不同受众的重要倡导者;他们提供相应的研究成果和见解,向同事告知观众的基本需求、兴趣和动机,并将观众的声音和观点纳入对话之中。教育人员帮助塑造和策划展览,以创造观众身体、认知、社交和情感可及的体验。我们通过以下方式来实现这一目标:

定义宽泛的展览学习目标和成果,以确保展览的每个部分都支持这些目标;

提出有助于改善内容和沟通策略并确定优先级的问题,提出有助于简化复杂概念的问题,这些问题可以通过原型设计、测试与内容专家的持续对话、观众焦点小组访谈来提出;

实施观众研究并分析、分享其成果,其成果传达了观众动机、知识水平、展览要素的功能和实体设计的可用性;

确定和建立伙伴关系、合作以及利益相关群体,以吸引学校、社区和组织参与,努力扩大它们的影响范围,并确保相关性;

通过我们的内外部网络(包括博物馆的专业教育人员和其他同事及志愿者)**建立学习共同体,**以激发想法、分享策略,并确定新的创新性方法;

利用好展览内容创作上的投资,经营好策展人、主要利益相关者以及合作者的关系,以创建、传播新的展览产品、教育活动和资源。

从一开始就参与展览开发的教育人员能更好地理解有关展览的想法、概念和取舍标准,能够传播这些东西,并将它们整合到项目和活动的开发中。他们不仅为将来参观展览的观众进行倡导,而且他们本身也是展览的倡导者和大使。

下面的案例反映了策展人员、科学家和教育人员之间的紧密合作。

---

① Falk, John H. *Identity and the Museum Visitor Experience*, Walnut Creek, CA: Left Coast Press, Inc., 2009.

2009 年 5 月，国立自然历史博物馆（National Museum of Natural History）开始开发一个名为"失乐园"（"Losing Paradise"）的展览，该展使用了来自美国植物学家协会（American Society of Botanical Artists）的 43 幅植物插图，来探索全世界范围内，各种各样受到威胁和濒危的植物物种的多样性、植物生存面临的威胁，以及目前持续进行的保护工作。

此次博物馆展览开发团队包括植物保护的负责人、植物插画家、展览设计师、项目经理、作家和教育人员。在听取有关目标和关键问题的讨论后，教育人员提出了许多建议。其中包括确保展览中的语言可被广大观众理解，向公众解释植物插图的重要性，以及找到让公众参与植物插图艺术和科学的方法。结果是展览中穿插了一些复杂术语的定义；引用了插画家的话向观众说明为什么植物插图对植物学家很重要；设置了一个大型科学插图站，里面有存放活体标本的玻璃柜子，并采用数字绘图技术（一个高端手写板），而传统的插画材料是由志愿插画家提供的。还有一个名为"科学插画家在博物馆里"（"Scientific Illustrator Is In"）的常规教育活动，提供插图的现场演示和开展现场对话，此外，该教育活动还提供一个应用软件，邀请公众通过博物馆的 Flickr 网站①分享他们创作的植物插图。由于教育人员和展览团队之间的深入合作，教育人员能够参与招募插画实习生和志愿者。因此，教育人员、志愿者和实习生也成了这次展览的大使，他们能与多个社区里的插画家、艺术家、学校，以及那些对植物学和保护问题感兴趣的人建立联系。

此外，国立自然历史博物馆正在开发其新的"问题？很好奇"（"Q? RIUS"）教育中心，这是与展览开发者、建筑和藏品经理、科学家、IT 员工和教育人员合作创建的。中心包含了从 2 万件物品中选出的多样化展品，代表国立自然历史博物馆 7 个不同的学科（人类学、植物学、昆虫学、无脊椎动物学、矿物学、古生物学、脊椎动物学），实体空间的设计就像表演艺术的剧场——适应性强，用途广泛，结构可允许数百种不同的布局，

①译者注：Flickr 是雅虎旗下的图片分享网站，是一项提供免费及付费数码照片储存、分享方案的线上服务，也是提供网络社群服务的平台。简言之，它类似于可以分享照片的社会相册。

内容和体验可以频繁改变，并且能够容纳季节性和常规性的不同观众。这个学习实验室将成为博物馆教育人员、科学家、展览专业人员、公共事务和特别活动的承担者持续开展对话的地方，并在新的科学发现和非正式学习研究的推动下，对时事、观众的参观兴趣及各种趋势做出及时回应。

信息的层次结构

信息的层次结构需要考虑如何处理各个级别的信息，包括展览的前言、标签副本（通常包含两个或以上层次的细节信息，可能还有多种语言），展品识别，各种展览要素的使用说明，以及至少一个基本的寻路系统，特别是如果展览打算使用定向的参观动线。一个统一的图文系统应该适用于各种类型的面板，为每种面板（或其他信息载体）的尺寸、字数和可能的图像提供指导。该系统还确定了字体、字号、颜色或纹理、对比度和其他视觉强化手段，所有这些都必须融入整体展览空间的实体设计中，可读性和审美性也要被纳入考虑的范畴。为了解决一个重要的实际问题，环境平面设计（环境图形设计）（environmental graphic design）①还应该确定一套编号系统，用来跟踪所有的细节，即组织每个图文要素的编写、审查、制作和安装细节。

展览拟稿

开发人员至少应该要为展览与观众的对话，准备好初步的"展览拟稿"（exhibit pre-write）②。这是一份文档，它试图罗列出观众在参观整个展览的过程中所需的所有信息。"展览拟稿"将指明不同类型的信息（图像、操作说明、方位、识别展柜中物件的方法等）在何处被需要。随着展览拟稿的完善，它也可以转变成为对标签副本的基调和编写可能采用哪一群

---

① 译者注：环境图形设计，或者叫作 EGD，也叫"视觉语言"设计，是设计领域一个相对较新的综合学科，属于视觉传达的分支。环境图形设计是综合了平面、建筑、环艺、工业设计和其他相关设计行业的一种设计活动，运用自身的一套独特技巧，帮助我们解读这个世界。

② 译者注：也译作"展览预写"。

体的声音(或多个群体的声音)进行测试的工具。但是展览拟稿不是标签副本或者展览脚本,它只是这两者的草稿,也成为一种发现和解决细节问题的方法,如遗漏问题、位置摆放问题或者其他视觉辅助工具的需求问题等。"展览拟稿"是一份工作文档,它伴随着设计倡导者创建的详细的建筑平面图、立面图和其他图纸的完善而完善,可供团队成员使用,也能在本阶段结束时用于审查和批准。

外部的持续投入

随着活动水平的提升和更多不容商议的决定被做出,似乎出现了团队之外的顾问被忽视的趋势。这是很危险的。因为外部顾问不仅可以持续为你提供帮助,也可以为你最终的决定做出重要贡献。如果出现问题,引入外部顾问并听取他们的意见,对你而言也是很重要的。因此,保持让潜在用户、主题顾问、文化顾问和社区顾问了解情况,并请他们对材料进行审查,这一点非常重要。顾问们还需要知道策展的流程确实即将结束,虽然每个参与者都希望在项目完成布展和开幕后对其进行评估,但从现在开始我们就要设法解决一些问题——而不是将问题留到开幕式上。

解决细节问题的策略

"形成性原型"

针对特定展览要素的原型测试,或者在形成阶段进行的"试用和修改",可以采用极为非正式的方式完成,该方式包括邀请观众尝试体验一个物理模型,或者当你观察观众和(或)向他们提问时,促使他们"详细谈论",并用纸和笔记下他们的行为和看法(图5.22)。为了记录我们要制定某种表格,并且拥有一位助手,尤其是如果材料需要实体地

图5.22 美国宾夕法尼亚州费城的富兰克林科学博物馆(Franklin Institute Science Museum)的一个原型设计:"扫描大脑"("Scan a Brain")。这个"形成性原型"是用来查看观众是否知道该怎么做的,但更重要的是,他们为什么要这样做。[照片承蒙富兰克林科学博物馆艾瑞克·韦尔奇(Eric Welch)提供]

呈现给观众,这将会有所帮助。如果你的用户是随机的并且你需要专注于某类特定的观众,请尝试观看至少25个用户样本。你还可以通过教师顾问(集中于特定的年龄层)走进教室开展这类测试,或者在活动实施现场让观众试用一下。你可能正在寻找各种信息:观众是否知道它如何使用? 他们想要用它吗? 他们喜欢使用它吗? 他们是否知道活动的目的? (有关原型设计的更多信息,请参阅第8章。)

创建图文系统

开发人员(或策展人、撰写人员)和平面设计师有时很难将这一讨论付诸实践,因为开发人员正在"等待形式",设计师正在"等待脚本",实际上没有人真正开展这项工作。然而,仅仅使用任何可用的工具(例如观感研究、平面图、展览踏查文档)开始讨论就很有用。最终,讨论可以变得很具体,足以描绘标签的类型、字数、可能的图像,以及提出更为具体的审美和"可读性对策"。

书面许可

如果没有内部的平面设计师,让开发人员和项目经理合作,制作一份需要批准[和(或)有许可协议或版税支付]的包含所有材料的清单,或从头开始制作是很有用的。清单包括现在使用的多媒体、照片、音乐和插图,还有在制作阶段时需要制作的多媒体、照片、音乐和插图。

藏品

随着藏品清单的汇总,开发人员与主题倡导者配合,至少需要检查两件事:指出藏品的保存要求,馆方是否具备时间和资源去处理? 如果没有时间和资源,那么哪里能找到替代品或复制品,以及获取它们在成本和时间上有什么要求?

展览设计中需要注意的事项

随着"简单"互动装置的复杂性显示出来,展览的成本失控了,因此被迫需要重新进行评估,并尽可能削减成本。当削减成本时,开发人员需要分析用其他更加便宜的替代方法替换展览元素的重要性,以及如何在计划内完成替换。

原型测试显示,一些元素确实对于观众没有效果,这时就需要做出决定,要么付出更多努力来改进,要么将损失降至最低。同样,此时可能必须要用另外一种技术来替换。

更糟糕的是,因为"没有时间",所以没有进行原型设计和测试。这是一个反复出现的问题,该问题不但意味着计划的失败,而且可能代表了某些团队成员的态度,他们认为这种测试是浪费时间。一旦展览项目到期了,就没有办法进行原型设计和测试,只能接受结果(并记录结果留待下次改进)。

由于各方面不足或者不够熟练,工作交由顾问完成,以争取他们的支持,但现在观众觉得不满意。不幸的是,想要扭转这种情况让观众感到满意为时已晚。

最后的征程

当设计倡导者刻苦钻研施工图时,负责投标和展览制作的开发商应该发现自己处于一种更具回应的模式之中,他们帮助就材料和产品进行评论,并整理各种无关的细节。他们也可能发现自己正在撰写(或者至少是在监督)最终标签副本的制作。此时,展览文本将以流程早期的展览拟稿作为基础。展览制作的开发商很可能在图文制作的过程中,检查所有最终文本和图像,确保物件按计划进行组合和布置,从而解决最后所有的细节问题。

标签撰写

标签撰写需要特定的技能,得经过大量的练习(图5.23)。有许多有用的书和文章可以帮助第一次撰写的人,即使撰写者在其他领域具有良好的写作技能,但标签撰写相较于其他,还是有所差异的。无论能力如何,标签撰写者需要投入和审查标签的基调、代表谁发声、内容的准确性、

图 5.23 来自蒙特雷湾水族馆（Monterey Bay Aquarium）"飞溅区"（"Splash Zone"）的图文板，它是为年轻的目标观众开发的。开发人员（撰写者）使用了类似苏斯博士①的押韵文本，例如："海洋生物住在家里，就像你和我一样，但是他们的家在浩瀚、蓝色的大海里，那是一个潮湿和天然的家。参观珊瑚王国，探索崎岖的岩岸，潜入海带森林，寻找更多的奥秘。"以上文字的押韵仅限于四行，以免成为绕口令或者被滥用。这种文字，让人轻松难忘，并提示观众去寻找和阅读其他面板。这些面板也被翻译成了西班牙语。[照片承蒙理查德·克雷斯。(Richard Cress)提供]

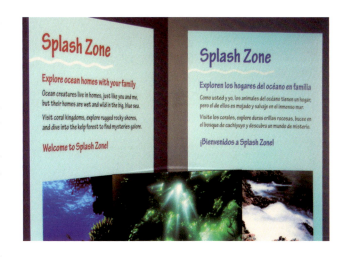

---

① 译者注：苏斯博士（Dr. Seuss），美国20世纪最卓越的儿童文学家、教育学家。他以独特的绘画风格、极具韵律性的语言和尽量少的重复性词语来讲述或无厘头或搞笑的故事闻名，其中语言的押韵是一个重要的特色。

环境定位的表达（"在你的左边你将会看到……"它一定是一个正确的表述）和文字编辑。这些标签也可能被要求进行细部改动和局部重写，以满足平面设计的需要。

标签撰写者和设计者的十大要诀

朱迪·兰德（Randy Rand），加利福尼亚州旧金山市的兰德&联合公司（Rand & Associates）

对于所有要诀而言，撰写和设计时都要将观众置于心中。

1. 把你的主要想法说清楚，并用简略的标题予以传达，以便路过的人可以一目了然。

2. 使用主动语态，生动的动词和对话的语气。

3. 将文本设置成短小、易处理的段落。

4. 具有足够大的字体和高对比度。

5. 采用易读的字体和字形。

6. 采用干净的布局，具备很多空白区域。

7. 确保标签放置得当：在观众的视野范围内，离地面3～6英尺（0.9～1.8米）……

8. 靠近文物、场景和活动……

9. 按照瑟雷尔（Serrell）的说法，标签放在哪里，观众的眼和手就自然跟到哪里……

10. 将一般的标题和大的粗体标题置于合适的位置，以便人们路过或是排队等位时都可以透过人群阅读它们。

总结性评估

一旦展览正式开放，重要的是团队成员要观察现场实际发生的事，并准备好立即处理那些实际上无法有效工作的东西。通过仔细观察以及与观众交流，可能会发现由于标签或说明无效，某些要素并未向观众揭示其目的或意义。试图解决这些问题，不要羞于放置一些临时性的指示牌。

系统评估（详见第8章中的总结性评估）可以更多地揭示展览的整体表现以及单个要素是否成功地吸引了观众，达到你为他们规划的认知、情感和体验目标。

这不是一场你会得高分或不及格的考试。所有展览都会有很高的分数和不那么高的分数——无论展览一开始有多好，观众研究都可以帮助你改进展览，也可以帮助你提高你的专业技能。也就是说，发现你在项目中使用该策划的实际收益情况。

"接近近似值"理论

在整个过程中，当我们收集、组织、选择和编辑材料时，你会注意到我们总是"靠近，但尚未到达"。所有团队成员的工作都是如此，每一次我们都要重新评估、完善、甚至重新计算成本。我们可能从项目开始时就知道总预算是多少，但直到我们着手制作之前，可能仍在重新安排各类支出的确切成本，并仍可能会舍弃我们实际支付不起的东西。用于展览开发和设计的每个策略和文档表格都是为了让我们向自己和他人描述我们已经达成的协议，以及随着流程的推进还要做的事情，这样我们就可以掌握展览的进度表、成本和总体物质，以确保我们仍然朝着正确的方向发展。甚至展览开幕后，我们还要继续问自己问题。

一些开发人员争辩说，像这样将工作置于一个流程模板中，将会阻碍创造力的发挥，而遵照流程生产的产品将呈现出同质化和单调性。我们的回答是"熟能生巧"。当个人和（或）团队整体经验丰富且自信时，他们可以——像其他大师一样——抛开规则手册，以任何他们认为合适的方式组织工作。然而，即使经验丰富的团队也经常发现某种模板、清单或流程文档将有助于为他们提供一系列"接近近似值"的方式，确保所有重要的事情被虑及，并且在展览开幕时或开幕后不会出现任何意外。

延伸阅读

Cotton Dana, John. *The New Museum*. Woodstock, VT: The Elm Tree Press, 1917.

Dewey, John. *Democracy and Education*. Ithaca, NY: Cornell University Press, 1991.

Diamond, Judy, Jessica J. Luke, and David H. Uttal. *Practical Evaluation Guide: Tools for Museums and other Informal Education Institutions*. Lanham, MD: AltaMira Press, 2009.

Falk, John, and Lynn D. Dierking. *The Museum Experience*. Washington, DC: Whalesback Books, 1992.

Hein, George. *Learning in the Museum（Museum Meaning）*. Washington, DC: National Science Foundation, 1998.

Gardner, Howard. *Frames of Mind: The Theory of Multiple Intelligences*. New York, NY: Basic Books, 2011.

Gardner, Howard. *Unschooled Mind: How Children Think and How Schools Should Teach*. New York, NY: Basic Books, 1995.

Serrell, Beverly. *Exhibit Labels: An Interpretive Approach*. Lanham, MD: AltaMira Press, 1996.

第6章 设计倡导者

你可以设计、创造和建造世界上最美妙的地方。但要梦想成真,则需要人的努力。

——华特·迪士尼(Walt Disney)①

倡导身体和感官体验

为展览设计身体和感官体验是一个反复的过程,该过程要将观众置于中心。"展览设计"在这本书中被定义成通过空间问题的解决,为不同受众创造出精美而又有意义的体验。本章将为设计倡导者解决相关类型的问题奠定基础。这些问题涵盖了体验式设计的理念、空间规划、观众流量、展览个性、选择和设计适当的媒体等方法,以及确保设计易于使用和环境上的可持续性。在上一章中,我们讨论了观众的利益需要由展览开发人员、教育人员和观众研究人员来倡导。事实上,设计倡导者也应该将自己视为观众倡导者,而不是将自己排除在外。实体设计与内容本身一样构成观众的体验;观众为了某一清晰的目的而进行感官互动(图6.1、图6.2)。

大照片:爱尔兰国立矮妖精博物馆(National Leprechaun Museum)。照片承蒙波利·麦肯纳–克雷斯(Polly McKenna-Cress)提供。

插图:美国康涅狄格州科学中心(Connecticut Science Center)。照片承蒙理查德·克雷斯(Richard Cress)提供。

---

① 译者注:迪士尼公司创始人。

图6.1、图6.2 这是由美国哲学学会（American Philosophical Society）的博物馆之驻留艺术家维尼弗雷德·卢茨（Winifred Lutz）所创造的艺术装置"绘制码头溪"（Drawing Dock Creek）。该装置与博物馆举办的展览"无所畏惧：五位美国探险家的家"（"Undaunted: Five American Explorers Housed"）同步推出，作为徒步参观的一部分，是展览的延伸。这条美妙的体验式"河流"，被安置在国家独立历史公园（Independence National Historical Park），它实际上是由蓝色的松紧绳制成，横跨曾经的码头溪。观众喜欢在河里嬉戏，并躺在水下。[照片承蒙理查德·克雷斯（Richard Cress）提供]

三个关键问题

● 在创造有吸引力的、实用的、美观且有趣的体验时，团队如何充分尊重展览的内容和观众？

● 在策展的整个过程中和展览的最终实现上，设计倡导者如何在观众的身体体验、视觉体验和多元感官体验方面，从大局到细节，确保团队工作的清晰度和连贯性？

● 团队如何超出预期，在视觉、智能、身体和情感方面，创造出意想不到的结果？

展览设计是……

第一，最基本的问题解决方案。

第二，最实用的导向和内容传达。

第三，激发最本质的好奇心和奇妙感。

展览设计是关于······

- 在非正式环境中的教育。
- 多种形式的沟通,包括直接和间接的沟通。
- 与许多利益相关者和影响者的合作。
- 邀请观众参与来贡献力量。
- 最重要的是,为观众服务。

方法与哲学

　　展览应被视为沟通、启发和教育公众的媒介,而公众则来自不同文化,拥有不同的身体状况、教育(和心理)背景。有人说,"没有人会责备博物馆"。最好的情况是,展览能使观众通过体验获得灵感和信心。但最糟的情况是,展览策划不佳,让人感到毫无意义且乏味。因此,体验设计必须服务于内容的意图和观众的动机(图6.3)。

　　团队倡导者需要确保展览体验舒适、有吸引力、令人难忘并且最终是具有意义的。[①]愉快放松和充满信心的观众更有可能获得有意义的体验。展览的策划应该有一个基本的逻辑结构,以便观众轻松地适应内容叙述的线索。如果实体设计的组织在逻辑上与内容同步,那么更容易促使观众关注正在传达的内容。观众来这里是为了体验,展览不应该充满混乱或者让观众有挫败感。观众需要得到帮助,以明确地选出他们想去的地方和想看的内容。让展览具备节奏感,主要的兴趣点分布其中,但又充满惊喜和意外,从而创造出一种有助于增强观众体验的记忆。一旦展览的内容结构太过死板或单调,观众很快就会感到无聊。提高展览开发和设计过程的透明度,或者透露团队是如何做出决策的,也可以吸引观众,并且促使他们成为积极的参与者。除了简单地创造直观的设计外,对视觉

图6.3 设计师的技能和工具对于完成项目很重要。但有效的设计思维——能够对他人产生重大影响——才是真正的最终目标。[插图由迈根·希克森(Meghann Hickson)提供]

---

① Serrell, Beverly. *Judging Exhibitions: A Framework for Assessing Excellence.* Walnut Greek, CA: Left Coast Press, Inc., 2006.

亮点的清晰组织也是展览设计师规划的重中之重。

设计倡导者:在合作中工作

设计倡导者可能囊括来自各行各业的人士,其拥有的技能包括3D展览设计、印刷制作和环境图形设计、写作、视听或多媒体设计、建筑、原型设计、照明设计、声学和声音设计等。并非所有的专业技能对每个展览而言都是必要的,但一旦项目存在某些特定需求,团队需要明确、虑及和倡导满足这些需求所要具备的专业知识。这应该在策展早期,通过对未来团队所拥有的技能和资源进行审查来决定(见第9章)。当所需技能在团队中找不到时,考虑聘用顾问或自由职业的专家,以及为此分配好资金就变得很重要了。

早期的策展过程通常是一个更为紧密的合作过程,这意味着团队那会儿正致力于讨论和倡导不同的展览需求,并共同做出决策。这是一个关键时刻,团队正在为展览建立基础,大多数决策都将以此为基础。由于设计倡导者是为展览项目创建奠定基础的关键声音,不应该无所事事地"等待设计开始"。设计倡导者在展览策划的早期需要考虑的一个主要方面是帮助团队关注到空间的限制——被分配的空间内适合放置多少故事和内容?设计师负责自己的研究和概念开发,以及用以支持和满足初步规划所需的方式(例如,与观众体验倡导者共同负责"前置性的"观众研究,因为一些有关观众体验的问题可能是出自设计问题)。

作为媒介的展览

展览与图书、电影、电视、新闻等大多数直接传播的媒介存在着显著差异,原因在于展览自由的形式。虽然媒介内容可以通过单一格式以特定的顺序传达(一本书由文字写成,电视由运动的图像和音频构成),但展览内容却可以通过空间以多种方式传达给观众,在展览空间中,观众身体发生位移并决定自己的参观动线。即使观众是从前门进入,出口离开,这中间的体验也通常是非线性的(即使展览恰好是线性的),因为观众可以选择他们所参与的内容。他们可能会根据兴趣、物件的位置或者仅仅是

[在博物馆展览中]观众需要感到环境安全、设计巧妙。——保罗·马丁(Paul Martin),明尼苏达州科学博物馆(Science Museum of Minnesota)

设计思维依赖于我们感知敏锐直觉的能力、识别不同模式的能力、构建具有情感意义和实用功能的想法的能力,以及用文字和符号以外的媒介表达自己的能力。[1]——蒂姆·布朗(Tim Brown),IDEO(斯坦福大学毕业生创建的一家知名设计公司)

———

[1]Brown, Tim. *Change by Design: How Design Thinking Transforms Organizations and Inspires Innovation.* New York: Harper Business HarperCollins Publishers, 2009.

人群的规模和流量在空间内来回移动(图6.4)。观众在展览空间中的自由移动可能被认为会对参观线性展览造成障碍,但往往也让观众发现自身拥有独特体验的能力(即使是在一个团队中),这可能是参观中最具效用的部分。与所有媒介一样,展览的局限和机遇并存,在进行实物展示设计时,显然这两方面都需要被清晰地牢记在心。

这里有三个基本特征,这些特征是将展览与其他媒介区分开来、使其成为独特交流工具的核心。展览设计师应当充分利用以下一个或者多个特征:真实的东西(物件或藏品)、真实的体验(内部和外部)、社交的空间(观众群体的内外讨论和想法分享)。

真实的东西

博物馆最明显的资产是物件、文物和藏品。真实的物件可以对观众产生强有力的改变作用,真实性是关键。随着我们的世界逐渐发展成为通过技术及其用户界面来体验生活的世界,如果能让自己迷失在一幅画中,看看木工使用过的工具的磨损情况,或者感受一下一副镣铐的重力,那将是多么令人耳目一新。

这些与"真实故事"相关的"真实物件"将对观众产生影响,并且这种影响将会是持久的。物件所蕴含的意义往往是当初观众来博物馆的原因——看看真实的物件,通过叙事来理解它是什么以及为什么有人重视它。但是,没有明显内在价值的物件则需要设计师和团队来帮助讲述它们的故事。展示真实物件的同时,用故事或想法进行信息传达,有助于从物质表层信息走向内涵信息,赋予其更深层次的意义。设计师的工作是理解情境的力量,包括实体的和概念的,并利用他们的工作去充分

图 6.4 美国国家自然历史博物馆(National Museum of Natural History)哺乳动物厅(Hall of Mammals)中流动的人群。[照片承蒙理查德·克雷斯(Richard Cress)提供]

使用创造性的技能,担任观众的感官阐释者和转化者(图6.5、图6.6)。

观众希望博物馆里的东西是真实的,如果发现它们不真实,可能会非常失望。最终,观众对整个博物馆的信任可能会受到影响。但是当实际的文物无法使用时,有些博物馆必须使用复制品或重新创造。如果观众知道这一事实,他们就可能会接受复制品。博物馆对于其观众应该是完全透明和可信任的。

图 6.5 由加里·索耶(Gary Sawyer)重新创造的"露西"(Lucy)(南方古猿阿法种)在美国自然历史博物馆(American Museum of Natural History)展出,它是世界各地观众前来参观的一个强有力的"目标对象"。[照片承蒙理查德·克雷斯(Richard Cress)提供]

图 6.6 在美国华盛顿特区新闻博物馆(Newseum)里展出的部分柏林墙。虽然它不是一家基于物件而闻名的博物馆,但是该馆选择展出的这一物件,引发了观众强烈的情感共鸣。该展览展示了有关1989年柏林墙倒塌的报道。[照片承蒙波利·麦肯纳-克雷斯(Polly McKenna-Cress)提供]

吸引人的真实性

场所的力量

除了收藏的物件之外，真实的另一种表现是"场所"——某个地方或者建筑本身，它是一个拥有内在力量、能唤起深层意义的地方。这些建筑物通常与重大事件、人物、时代或文化相关联，可能包含遗产地（大金字

图6.7 位于美国宾夕法尼亚州费城的东部州立监狱（Eastern State Penitentiary）曾经是"世界上最著名和最昂贵的监狱"。作为第一所采取单独监禁措施的监狱，在建筑上它被设计成一个个隔离空间，当初这样做是因为人们认为这能够促进犯人的沉思，促进贵格会教徒（基督教新教的一个派别）受上帝指引和忏悔。[照片承蒙理查德·克雷斯（Richard Cress）提供]

图6.8 林肯死亡的实际地点是在彼得森之家（Petersen House），它的街对面就是著名的福特剧场，林肯是在那里被枪杀的。当意识到总统命不久矣时，他被带到彼得森之家的一间卧室。以前的寄宿公寓和卧室现在成为一个受欢迎的旅游景点，虽然这座公寓没有展示林肯原来的临终所卧之榻，但它的外观已经被恢复至1865年的样子。[照片由理查德·克雷斯（Richard Cress）提供]

塔、赫尔大厦)、历史建筑(凡尔赛宫、格雷斯兰大厦)、监狱[伦敦塔、东部州立监狱(图6.7)]、工厂与产业空间(明尼苏达州的米尔城堡、爱迪生工作室),或者特殊事件发生的地方[宾夕法尼亚州的斯文克斯维尔、林肯死亡之所(图6.8)]。展览团队面临的挑战是找到场所的影响力,将其更深层次的意义转换为真实的体验。例如,在一座历史悠久的监狱举办的展览,就可以设计出一些方法和教育活动,促使观众思考在这种被囚禁的环境中生活可能是什么样的,同时也引发人们对现代惩教设施的思考。

真实的体验

为观众提供机会,参与日常生活中难以轻易获得的真实体验,使观众与展览内容和博物馆建立起强有力的内在联系。你想要他们拥有这样的反应,如:"我今天在博物馆分裂了一个细胞!"——突破固有的常规体验,并在参观后留下难忘的回忆。直接参与驾驶一艘船,或进行静电科学实验,或在显微镜下分裂植物细胞,这些都可以在身体、情感和智能上,为观众的理解创造共鸣。

沉浸式环境

沉浸式环境通常是外部重新创建的空间,经过精心的设计,"真实地模拟"一种自然环境、一段时光,或观众无法拥有的体验,如参观热带雨林或者水下海洋世界,或者行走在月球表面(图6.9)。实景模型(diorama)和复古展厅(period room)表达了从时光中采撷的一个时刻。活态历史博物馆(living history museum),如弗吉尼亚州的殖民地威廉斯堡(Colonial Williamsburg)或者印第安纳州的康乃尔大草原互动历史公园(Conner Prairie Interactive History Park),

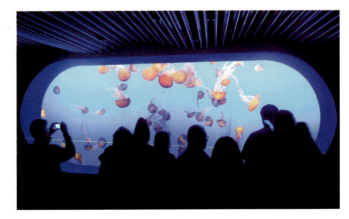

图6.9 在美国加利福尼亚州蒙特雷市的蒙特雷湾水族馆(Monterey Bay Aquarium)里,观众沉浸在水母池发出的微弱但却稳定的光中。[照片承蒙理查德·克雷斯(Richard Cress)提供]

无论是哪个参观群体，博物馆体验在很大程度上是由他们的社交背景所决定的，这一点很重要。展览中对信息的获取和理解是整个群体共同努力的结果。[①]——约翰·福尔克（John Falk）、琳·迪尔金（Lynn Dierking）

通过让演员扮演成那个时代的人物，与观众进行互动，加强了观众对"时代"的体验。不仅是因为环境的创造，也因为艺术家、科学家和设计师，设计出了美丽的环境，这样的再创造可以在观众中激起一种奇妙的感觉。高质量的沉浸式体验，通过使观众中止某种程度的怀疑，让观众产生真实的内在反应，并对观众颇具影响力。

投入真实的感情

真实性"柔软"的一面，是从观众内心创造真实的情感反应。在过去，博物馆通常采取被动观察和理性思考的方式来处理展览。现在，他们越来越多地寻求使用一个更加感性——快乐、好奇、幽默、恐惧、悬念、悲伤和正义——的平台，该平台可以创造出与观众的相关性，让观众以不同方式沉浸其中。如果展览能够帮助观众反思自己的经历，那么这种情感转变就有机会实现。再次以华盛顿特区的大屠杀博物馆（Holocaust Museum）为例，它是一个充满真情实感之所在的典型案例：恐惧、震惊和深深的悲伤。整个博物馆的设计和受控的线性顺序被规划为观众的情感之旅，同时提供出口，让观众在必要时离开故事。在体验的最后，博物馆为观众设立了一个区域，以供观众反思和回到当下。

社交的空间

大多数人在看电影的时候、读书的时候甚至上网搜索信息的时候，都不会说话。尽管我们最终可能分享所发现的有吸引力的图书、网站或者文章，但是我们通常不会在获得这种体验的那一刻进行这种交流（除了一个特例：给你的孩子读书）。

许多博物馆的空间是为被动观察者设计的。在某些类型的博物馆或展览中，观众独处是一种有效的和可预期的体验。但就其本质而言，博物馆和展览应该是能进行社交互动的场所。许多博物馆和阐释性的场所都依赖于——并且巧妙地利

① Falk, John H., and Lynn. D. Dierking. *The Museum Experience*. Washington, DC: Whaleback Books, 1992, 54.

图 6.10 在美国宾夕法尼亚大学考古和人类学博物馆（Penn Museum）2011年的多媒体展览"丝绸之路的秘密"（"Secrets of the Silk Road。"）上，多名观众在互动触摸屏上共享他们的发现。[照片承蒙波利·麦肯纳–克雷斯（Polly McKenna-Cress）提供]

用——这一特征。让博物馆成为人们可以讨论提供想法的社交空间,作为一种加深观众与展览内容关联的方式,这已经变得越来越重要了(图6.10)。

设计倡导者通过创建实体空间,可以促进观众的某些社交行为。配备的座椅应该有助于观众彼此间的交谈。更多的以社交为重点功能的博物馆创建了"市政厅"(town hall)①计划,设计了可供多人参与的互动设施,并提供了空间鼓励观众交流。

成功的家庭友好型展览具备七大特征②

多面的:家庭成员可以聚集在展品周围。

多用户的:允许多双手或多个身体互动。

无障碍的:儿童和成人可以舒适地使用。

多结果的:观察和互动足够复杂,可以促进小组讨论。

多种模式的:对拥有不同学习风格和知识水平的观众都有吸引力。

可读的:文本以易于理解的小段文字组成。

相关的:在认知层面,提供与观众现有知识和体验的连接。

一个用巧妙设计激发社交互动的例子是使用"角色卡",这些小小的信息卡包含展览中能找到的人(或宠物、特殊物品等)的生平简介,以促使观众能够与个人故事建立更深层次的连接。最初,人们担心这些卡只能

---

① 译者注:town hall 一般译为"市政厅",是指地方政府处理日常政务的大楼,常常在此举行面向公众的会议、集会。经与本书的作者 Polly McKenna-Cress 沟通获知,这里"市政厅"指的是一个供人们聚集的空间,通常是一个互相面对的圆圈,这样所有的参与者都可以与不同排的观众或面对讲台的观众进行对话,他们能够听到一两个人的谈话。

② Borun, Minda, Jennifer Dritsas, Julie I. Johnson, Nancy E. Peter, Kathleen F. Wagner, Kathleen Fadigan, Arlene Jangaard, Estelle Stroup, and Angela Wenger. *Family Learning in Museums*:*The PISEC Perspective*. Philadelphia, PA;The Franklin Institute, 1998.

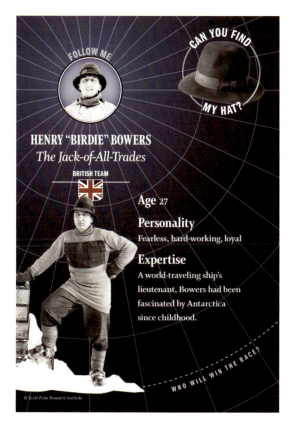

图6.11 亨利"博迪"鲍尔斯(Henry"Birdie"Bowers)是"通往地球尽头的竞赛"展涉及的五位探险家之一。不幸的是,当你参观完展览时,会发现亨利最终还是遇难了。该巡展由美国自然历史博物馆的团队开发和设计,首席设计师是凯瑟琳·鲍威尔(Katherine Powell)。(图片承蒙美国自然历史博物馆提供)

被个人持有和使用,但实际上,观众喜欢与朋友和家人分享他们的角色。事实证明,这些卡非常成功,成为参与社交的手段,从而促使观众实现了思想性强和令人难忘的交流。

美国自然历史博物馆在它们2011年的巡展"通往地球尽头的竞赛"("Race to the End of the Earth")中使用了这种卡,这是对1911年谁先抵达南极的一项竞赛调查:挪威探险家罗尔德·阿蒙森(Roald Amundsen)首先抵达,他的对手英国人罗伯特·法尔康·斯科特(Robert Falcon Scott)却没能在这次探险中幸存下来。这个故事是关于一场并非每个人都能活着回来的"竞赛",这就使设计师可以使用具有悬念的情感圈套。展览中使用的这些卡,为观众提供了此次探险活动部分参与者的具体信息,使其拥有实质性的个性,从而把观众直接带到100年前的故事里,这样做的效果或许比基于事实的时间轴面板更具影响力(图6.11)。

主要的展览设计原则

设计倡导者考虑的是展览设计元素将如何影响观众的体验,设计上需要考虑的因素并非仅仅局限于一幅画应该挂多高或者在特定情况下应使用的饰面类型,而应扩展到更加复杂和主观的领域。设计完成后呈现的结果应该是一种展览体验,至少涉及以下五个主要的设计原则:参与,即创造和促进观众参与体验;舒适,即身、心都感到舒适;超出预期,即观众应该带着惊喜离开(图6.12、图6.13);激发好奇心、共鸣和奇妙感,即提供激发这三者的机会;具有颠覆性和(或)沉思性,即超越静态或无聊;

从表面上看,这五个原则似乎是不言自明的;但是当展览历经数月或数年的开发和设计,最终对外开放时,你会惊讶地发现它们居然这么容易被忽视。这些原则应该贯穿展览开发的整个过程。只有这样做，在我们接手施工图、结构建设、饰面选择或者数据链接工作并满足其实际需求时，才不会忘记将上述五个原则作为重要的考虑因素。

图6.12、图6.13 在美国加州科学博物馆(California Academy of Sciences)的非洲厅有一群生动活泼的企鹅，着实为重建的历史厅带来了生机，也使得实景模型栩栩如生。当观众盯着实景模型看时，他们不确定自己将会受到怎样的迎接，是假企鹅用玻璃眼注视着他们，还是真企鹅用尖叫声欢迎他们。[照片由理查德·克雷斯(Richard Cress)提供]

设计将颠覆视为契机

- 视觉上
- 身体上
- 智能上
- 情感上

十几年前当设计思维出现的时候，它是对全球媒介化经济兴衰的一种回应，这种媒介化经济围绕的是符号和人工制品；在这种背景下，专业设计师扮演着越来越重要的角色，他们不再只是作为形式的制作者，而更像是文化中介者，或者是多学科团队的"黏合剂"。①

"如果它没有坏，就别去修了"（不要没事找事），这是颠覆性思维的敌人。在其他人不常注意到的地方，从你的工作中辨别出某些未必是"问题"的问题，这样的开始更有效。换句话说，想想通常被忽视的东西，在不显著的地方花心思，从还未破坏的东西开始。②——卢克·威廉姆斯（Luke Williams），青蛙设计（Frog Design）

①Kimbell, Lucy, *Design and Culture*, Volume 3, Number 3, November 2011.

② Williams, Luke. *Disrupt: Think the Unthinkable to Spark Transformation in Your Business*. Upper Saddle River, NJ: Pearson Education, 2011.

设计的启动

视觉设计流程的启动发生在某个特定的时刻,但实际上设计思维始于第一次会议。老派的模式是把展览脚本撰写好,然后交给设计师去制成实体。遗憾的是,这种缺乏合作和沟通的做法,导致展览成品实质上成为一堆看似松散的物件的集合,或者是挂在墙上的一本毫无吸引力的教科书。在当前的模式中,当所有五类倡导者都得到体现和尊重时,他们就形成了一个强大的团队,在该团队中可以涌现出很多形式的创新。

设计倡导者不仅对展览的最终设计负有责任——通过草图、绘制的平面图、制作的模型,而且还是团队意图和目标的实体阐释者。随着展览概念的明朗化,展览应该被转化成各种视觉形式。思维导图、概念图、泡泡图、草图、模型和比例图,所有这些都是设计师用来记录团队不断发展的想法的可视化工具,以便查看复杂信息的连接和组织(这些工具详见第8章)。

设计倡导者还必须提供图像、样本材料和颜色,以及他们工具箱内所拥有的任何东西,来支持团队在各个时刻产生的想法和愿景。设计倡导者还可以确保团体在相关空间设计上的意见一致,从而促使团队进一步做出明确决策,并减少之后不愉快的意外。

细节:空间的大小和范围

启动设计的第一步是界定展览空间的大小和范围。我们正在设计的实体空间,其现有条件是什么? 在某些情况下,展览设计师和建筑设计师会在一开始就确定空间,典型的情况是建造一座新的博物馆。但更多时候,博物馆的外观已被设定,展览必须在现有条件下进行。通常,展览空间从 100 到 5000 平方英尺(约 9.29～464.52 平方米)不等,尽管近些年15000 到 20000 平方英尺(约 1393.55～1858.06 平方米)的较大空间成为大型展览或"巨型展览"巡展的标配(典型的展览空间范围请参见图 6.14)。当展览面积超过 10000 平方英尺(约 929.03 平方米)时,观众往往会认为它们是博物馆内的小型博物馆,实际上观众在一天内只能参观其中的一个展览。

考虑预算和进度

从设计倡导者的角度来看,预算和进度安排必须与机构倡导者、项目和团队倡导者(项目经理)一起完成。整个预算和进度表在项目早期被制定后,随着项目的推进,展览形式设计的需求得以确定,成本就能更加准确地计算出来,预算就需要进行相应的完善。通常展览开幕的日期永远不会变动。

当能大致通过"建筑方案"和范围估算面积时,预算就能完成(参见第7章)。在明确规模、范围、预算和进度表之前,项目不应被开发得很深入。因为如果团队就一个项目探讨得太多,而该项目还没有明确的预算和进度参数,可能会浪费时间和金钱。

我们称早期评估为瞎猜(wild ass guess)。——杰夫·霍克(Jeff Hoke),蒙特雷湾水族馆(Monterey Bay Aquarium)

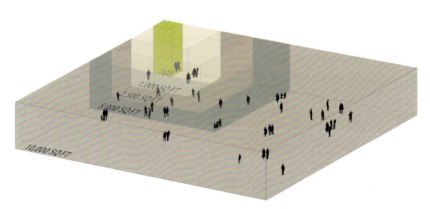

图6.14 典型的展览空间范围:100平方英尺(约9.29平方米),适用于10英尺(10英尺为3.048米)×10英尺的展台;1000平方英尺(约92.9平方米),适用于小型展厅(含画廊);2500平方英尺(约232.26平方米),适用于中小型博物馆的中型展厅(含画廊);5000平方英尺(约464.52平方米),是大多数大型博物馆的典型展览空间;10000~20000平方英尺(约929.03~1858.06平方米),这是大型展览或"巨型展览"巡展的标配。[图片由迈根·希克森(Meghann Hickson)提供]

和展览的开幕日期一样,预算一旦确定,很快就铁板钉钉,将"设计"变成"数字"。这一数字很少会增长,但可能会基于筹资情况被削减,因此要准备 B 计划。或者,一些博物馆的预算是根据年度补助来制定的,在这类博物馆中,任何特定的展览设计都可能面临预算受限的问题。

资金最好用于哪些展览要素,将是整个团队需要集思广益的重要问题。是否有更多的资金投入到媒体部分,或投入到一个震撼人心的标志物体验,还是平均分配到所有的展览要素?团队需要决定预算的最佳使用方法,以便对观众产生影响并推动使命的实现。预算多的展览并不总是等同于成功的展览;相反,有时太花里胡哨的东西反而会分散你对重要内容的注意力。聪明而又不需要花费很多钱的做法是激发观众的想象力,帮助他们参与到内容中来(图 6.15、6.16)。在做预算选择时,要把重点放在展览使命和展览信息上。

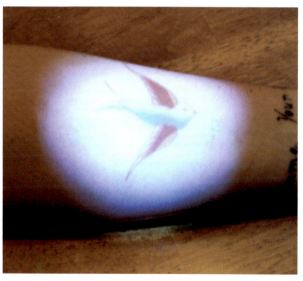

图 6.15、图 6.16　"试做文身"可以让观众在"文身"过程中,看到文身的景象和听到文身的声音。当观众靠近桌子时,他们看到了文身艺术家拿着针做好准备,他们可以选择按下一个按钮,并伸出他们的手臂准备上色。接着,针头传来尖锐的声音,第一条黑线出现(投影)在手臂上。随着一针针的推进,一分钟后他们的手臂被画上了一只栩栩如生的小鸟,瞧,整个过程没有痛苦和悔意。这个展览元素的构思、制作和安装成本为 10000 美元,属于多媒体互动中"高影响–低成本"的类型。该展览来自"皮肤与骨骼——美国海员生活中的文身"("Skin & Bones—Tattoos in the Life of the American Sailor"),它是由美国宾夕法尼亚州费城的独立海港博物馆(Independence Seaport Museum Philadelphia)开发的一场巡展,策展人是克雷格·布伦斯(Craig Bruns)。[照片承蒙波利·麦肯纳–克雷斯(Polly McKenna-Cress)提供]

进度表也将成为预算和决策的驱动因素。如果时间紧迫,进度表将从团队和制作的角度确定可以完成什么工作。一份历时更长的进度表似乎是一个梦想,但这一梦想实际上可能会阻碍你们及时做出决策,拖延流程,并耗尽预算。

视觉研究:界面外观

一旦确定了展览的范围和预算,设计工作就可以认真地展开了,因为展览内容正由团队中的其他倡导者共同开发。设计倡导者通过展览的视觉研究和有关"界面外观"的参考资料汇编来支持策展团队,旨在建立一些可能的体验方法。团队内为了展览观感的可能面貌而开展的头脑风暴,将对观感研究有所帮助。在绘制草图和建模前,文字和图像方面的头脑风暴将使团队聚焦于创意。观众是不是会感受到展览充满悬念、温暖或者趣味?展览是采用天然的岩石群以凸显自然主义,还是使用巧妙且高新的技术?展柜使用天然木材的颜色是否会太暗,使用白色是否过于耀眼或明亮?随着这项研究的推进,设计倡导者应该继续编制一系列场所、空间、饰面、照明、颜色、物件、图形样式、插图或图像的范例,以便团队继续发展和完善展览的样貌与氛围。准备一些展示展览界面外观方面的面板或者幻灯片(图6.17),这是展示这项研究的一种方法,它将有助于团队使展览从无形的口头概念、使命和目标,向有形的可视化飞跃。可供考虑的多种选择通常会受到团队的欢迎,因为这将有助于促进合作讨论。

图 6.17 一个典型的展示展览界面外观方面的面板或幻灯片是材料、物件、纹理、灯光、时段、样式等的图像集合,以便团队和利益相关者了解展览的预期氛围和美感设计。这些图像对于合作是非常宝贵的,为大家提供展可视化的参考。这是"我的荣幸:女童子军100周年"("On My Honor: 100 Years of Girl Scouting")展的面板和幻灯片,该展来自美国宾夕法尼亚州费城的国家宪法中心(National Constitution Center)。(照片承蒙 Alusiv 公司提供)

空间规划和观众流

　　框架一经设定,策展工作正式开始,展览需要被视作一种三维空间内的实体体验。

　　这里需要考虑两方面的初步规划,一是整体体验,二是观众如何在空间中移动,并且在整个策展过程中,对以上两方面都要进行测试和改进。这些设计决策为所有其他的展览元素奠定了基础。体验模式和细节通过直接或间接的传播方式被分层至空间。体验将如何通过情感、身体和认知目标来推进? 观众将如何回应你为他们规划的身体、感官和智力体验?

规模和景观

　　展览建筑空间和规模的运用可以大大改变观众的体验。展览空间或外壳的规模和体量被视为一个重要的考虑因素。该空间应该具有可被感知的效果,而不只是被视为一个装有家具的容器。仅仅是天花板的高度就有可能为观众带来一系列影响。高耸的室内空间会使观众产生一种敬畏的感觉,或者相反,一个大体量的空间给人一种无足轻重的感觉。较低的空间可以给人一种亲切感和专注感,但是观众也可能感到紧张或幽闭恐惧。所有这些空间印象都可以成功地对观众造成影响,并支持展览故事。

　　例如,在幽闭恐怖的空间里,紧张可能成为一种有效的技巧,帮助观众切身体会贩奴船的非人道性。对展览规模的考虑有多种形式;展墙内创建的建筑元素、展览结构和环境规模,也会支持这种体验。观众是否可以走进不同的建筑物,并在不同结构间走动、攀登

图 6.18　美国费城艺术博物馆(Philadelphia Museum of Art)"扎哈·哈迪德:运动中的形态"("Zaha Hadid: Form in Motion")展将空间、物件和图形之间的界限打破,使其转化为一个统一的背景。哈迪德女士设计这个环境是为了积极、动态地表达她所展示的设计产品。[照片承蒙波利·麦肯纳-克雷斯(Polly McKenna-Cress)提供]

图 6.19 美国新泽西州泽西城的自由科学中心（Liberty Science Center）的摩天大楼里，两层高的展览空间被规划和设计成永久性展览，旨在强调空间内的垂直构造，让观众的视野范围可大可小。[照片承蒙理查德·克雷斯（Richard Cress）提供]

图 6.20 美国自然历史博物馆的生物多样性展厅（American Museum of Natural History Hall of Biodiversity）通过精巧的设计展示了1500多个标本和模型，它们借助100英尺（约30米）长、发着光的分段灯箱被组织成不同的分类系统，灯箱让观众充分关注安置标本和模型的空间。[照片承蒙理查德·克雷斯（Richard Cress）提供]

或缓慢行进？展览结构如何通过空间以意想不到的方式表达（图6.18）？从一个低矮、紧凑的空间转变为一个宽敞的开放空间是否也可以用来强调故事情节的转折（图6.19）？空间的大小如何增强所展示的物件和被叙述的概念或故事（图6.20）？

作为设计倡导者，你还需要考虑这些空间环境中的景观和视线。景观应该如何被展示和构建？通过其规模大小来实现是一种方式，但是设置带有实际意图的视线，也能有助于支持观众的视觉参与。展览空间和景观的设计将如何引导观众，激发他们的兴趣，让他们了解自己的参观动线？如果你愿意，给观众提供一个直观的方向，但不使用指示标志，这其实也是一种定位方式。有一些重要的身体和视觉方面的因素需要考虑：展览是否提供了有趣的东西来吸引观众？当观众拐弯时，是否安排了某个景观会进一步引领他们进入展览的故事和内容？是否通过墙面构建了景观或部分景观，暗示观众前方是什么内容？悬念的感觉和自信的感觉是否达到平衡，让观众感到兴奋而非迷茫？展览规模和景观是否进行了规划，可以在满足观众需求的同时，吸引和激发他们？这些都是最重要的考虑因素。

> 所有建筑都是庇护所，所有伟大的建筑都是空间设计，能够容纳、拥抱、提升或激励身处其中的人。——菲利普·约翰逊（Philip Johnson）

参观动线和观众流

参观动线（visitor path），有时候被称为观众流（visitor flow）或观众位移的步调（Pacing），这是一条贯穿展览空间且经过规划的路线，能引领观众参与到展览故事中。它与建筑的平面图或空间规划是同步创建的。到目前为止，设计倡导者一直与团队密切合作，通过利用空间的物理属性来开发故事内容、创造社交体验。基本的叙事需求应该推动空间规划的设计和观众体验的实现。

设计师通常是让观众感到身体舒适和整体实现"观众体验"的倡导者，因此必须对自身工作进行相应规划。展览对观众体能是否太具有挑战性？他们是否能轻松地找到自己的动线？展览元素——物件、图形、媒体和互动装置——能让所有类型的人都易于使用吗？或者简单地说，是否有足够的长凳可供观众休息和思考？

许多展览设计的著作讨论过用来绘制观众流的不同规划。尽管有些展览平面图的设计有导向路径（为观众提供有限或单一的参观动线），但在大多数被设置成"自由选择"的环境中，由观众自己来决定他们的动线。约翰·福尔克（John Falk）和琳·迪尔金（Lynn Dierking）的开创性著作《博物馆体验》（*The Museum Experience*）一书中有一章经过深思熟虑，题为"环境背景：参观动线"（"Physical Context: Visitor Pathways"）[①]。他们在该章中指出，"视觉的变化和刺激在减少观众精神疲劳方面起着关键作用"[②]。福尔克和迪尔金对四种以特定方式引导观众流的平面图进行了概述：

> 强制行进或定向规划是这样一种设计，它给观众极为有限的选择，去理解展览内容。观众基本上是沿着一条线性动线行走的，如走廊，很少或没有偏离过这条动线。迪士尼就以其受控

[①] 译者注：为该书的第四章。
[②] Falk, John H. and Lynn D. Dierking, *The Museum Experience*, Washington, DC; Whalesback Books Howells House, 1992.

的体验方式而闻名（例如小世界或地球号宇宙飞船），实际上将观众置于推车或移动的通道上，以确保故事情节的线性顺序，并"蓄意"让观众按照这个顺序向前移动。另外一个例子是华盛顿特区的大屠杀博物馆（Holocaust Museum），观众被引导通过电梯直达顶楼，故事从这里开始，随后按照时间顺序通过战争、德国和集中营的恐怖这一叙事线索的推进逐步到达底层。

中央核心（放射状）的规划有一个中心区域，其他支持性的展示空间从这里发散出去。许多博物馆建筑都采用这种规划，将中心枢纽作为一个公共聚会场所和焦点。众所周知的例子是自然历史博物馆，包括芝加哥的菲尔德博物馆（Field Museum），其标志性的中央中庭——斯坦利·菲尔德大厅（Stanley Field Hall），以及华盛顿哥伦比亚特区的国立自然历史博物馆（National Museum of Natural History），它有中央圆形大厅和标志性的非洲雄象。在这两个博物馆中，与之相连的展厅围绕在中央核心区域的外围，观众在体验完展厅后可按照路径返回到中央核心区域。该类型的空间能够很好地为观众导向，因为进出核心附近区域很容

图6.21 自1959年开放以来，美国史密森国立自然历史博物馆（Smithsonian National Museum of Natural History）中矗立着非洲雄象的圆形大厅已经迎来了数百万观众。博物馆很大（估计超过150万平方英尺，约13.94万平方米；其中展区面积是35万平方英尺，约3.25万平方米），这个给人留下深刻印象的标志有助于引导中央大厅的观众。[照片承蒙理查德·克雷斯（Richard Cress）提供]

易。该规划很好地强调了具有众多关联的中心主题、物件或想法。观众可以在支持性的区域获得信息，并带着对中心主题而言是新的且可能有所拓展的想法返回（图6.21）。

弹球或随机规划允许、甚至期待观众在展览中选择一条明显的非线性路径，有意让观众去发现并感到惊喜。在此规划中，观众以交叉、回溯或重叠的方式观看展览内容。因此，故事的定位、动线和实体空间虽然相互关联，但这种关联并非依照顺序。富兰克林科学博物馆（Franklin Institute Science Museum）的"儿

童科学：元素岛"（"KidScience: The Island of the Elements"）规划了四个大型的主题区域，每个区域都创建有相应的展览环境，观众可以自由探索。标志性的灯塔（光）、帆船（空气）、水轮（水）和洞穴（土），每个空间都有相应的展品和互动设施，以供观众去发现（图6.22）。弹球规划的挑战在于，没有中心叙事的干线，博物馆或设计师很少去控制观众的定位。通常设计师会给观众一张导览图，或者在入口处有事先规划的平面图，以帮助观众了解可能的路径。有了这种帮助，观众还能根据展区数量和大小来判断他们想要在某个展区待多久。

有时候知道接下来会发生什么，会使展览变得无趣。弹球规划可能会故意制造混乱，困惑，增加空间内的神秘气氛和悬念。正如福尔克（Falk）和迪尔金（Dierking）所观察到的，变化和刺激能够帮助观众减少精神疲劳。

调查或开放式规划在空间内创建了开阔的视野，几乎所有的展览内容都能被看到，并允许观众完全自由地选择路径。观众能够很快地到达一个开放的空间，决定自己的动线，并估算他们想在每个区域待多久。旧金山的探索宫（Exploratorium），坐落于美术宫（Palace of Fine Arts）内，该美术宫是由建筑师伯纳德·R.梅贝克（Bernard R. Maybeck）为1915年巴拿马–太平洋国际博览会（Panama-Pacific International Exposition）设计的。该馆有一个巨大的车库式开放空间，起初弗兰克·奥本海默（Frank Oppenheimer）并不想建造一座传统意义上的科学博物馆，经过他的改造，这已成为科学博物馆的一种新模式。

这家博物馆与以往的科学博物馆不同，不是让观众在规定学科或独立的"主题"展区进行现象观察，而是让观众通过个人调查研究来实现体验，从而获得自己的关联和意义［探索宫于

图6.22 富兰克林科学博物馆（Franklin Institute Science Museum）的"儿童自然科学"（"KidScience"）展被规划成一个可以随机参观的地方，孩子及其家人可以在空间内决定自己的动线。［照片承蒙波利·麦肯纳–克雷斯（Polly McKenna-Cress）提供］

2013年春季搬迁至滨水码头（Waterfront Piers）15号和17号；这个新探索宫的展览空间是原来的三倍，而且仍然遵循开放式规划]。

开放式规划会带来"博物馆疲劳"的风险，因为开阔的视野很少能够制造惊喜，面积很大却没有多样化的视觉呈现，会使观众淹没在单调乏味之中，而且开放式空间通常也会很吵闹，因为没有阻挡声音的障碍物。这些物理上的局限性可以通过在不同规模和层次上设计出引人注目的视觉特征加以解决。

这些方法中的每一种都有优点。使用其中一种并不妨碍使用其他的一两种。许多成功的展览会在一个展览中同时采用几种不同的方法。例如，你可能拥有一个空间和主题，可以利用一条径直的路径作为进入展览的狭窄入口，到达一个大的开放式空间中，在这个空间中规划有不同的选择，而后再通过一条定向的路径达到展览的终点。

这些不同的动线和规划都基于博物馆或设计公司的理念，它们一会儿流行，一会儿过时。但最终，展览内容和最佳动线应推动平面布局，能让观众体验故事、物件并进行社交。

导向和终点

无论我们如何规划和构建参观动线，实际上观众总是拥有一个"自由选择"的环境；他们会按照自己认为适合的方式安排自己的动线。但是，每种参观动线都会有两样给定的东西：一个入口和一个出口；一个开头和一个结尾。而且这两个区域未必处于不同的位置，因为很多展览的入口和出口是同一扇门。观众也未必是第一次或最后一次体验展览。特别成功的展览，通常在入口处就会花一些时间告知观众进入后的参观方向。美国自然历史博物馆的巡展"佩特拉：消失的石城"（"Petra: Lost City of Stone"和"达尔文"（"Darwin"），都在展览的三分之一处安置了一部导向电影。体验的第一部分虽然介绍了该主题的基础知识，但是导向电影提供了更加详细的概述，并将复杂的主题关系编织在一起进行集中展示，展览的其余部分都被关联在了一起。

设计和观众倡导者都特别关注导向和结束区域,无论是概念上还是实体上,以便在观众进入或离开时会被深深吸引。关于导向的一些创意提供了从一开始就抓住观众兴趣的机会,而在结束时最终的反思时刻,可以让观众在离开展览后增强某种兴趣。

格式塔——形成整体的感知觉

你肯定听到过这样的说法,"整体大于各部分之和"。格式塔(Gestalt)就是代表这种观点的一个简单而奇特的词。这是一个完整事物的本质所在,就展览而言,格式塔就是它的个性,或者是展览体验反映出的整体面貌。观众通过他们的感官——他们所有的感官——感知一切,无论他们是否能意识到。展览的各个部分当然拥有很多各自的"局部特征",但对多个部分优势的感知或整体的感知,可以赋予展览以个性或格式塔,从而产生与观众之间特别的共鸣。

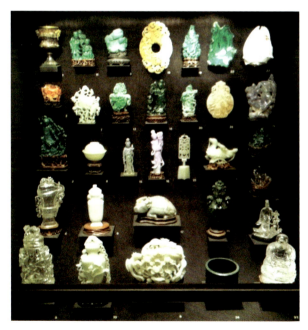

图6.23 美国自然历史博物馆的玉器展示。[照片承蒙理查德·克雷斯(Richard Cress)提供]

视觉感知

感知的主要形式是通过视觉,因此展览规划中的观众体验大多数也是通过这种感知来实现的。当然,它只是五感之一,我们将进一步讨论如何利用其他感官策划展览。我们在前面已经讨论过景观、规模和空间方面的考虑因素,这些对于观众而言都是有关视觉效果的。藏品是最重要的视觉元素之一,也是许多博物馆展览的基础(图6.23)。

即使物件有低光照保护的要求,也要确保观众能够看到并充分地观察到它们,这是采取照明策略时应兼顾的重要功能。

照明设计

照明可以成为一种将整个展览融为一体并创造体验的诗歌艺术。无论展览空间的构成有多么合理,如果物件摆放的位置、色彩的搭配缺少可靠、高水平的照明方案,那么展览就不会产生当照明和两者协调时一样的共鸣。

照明的影响
劳伦·赫尔(Lauren Helpern)、**翠西·克莱柏·波里曼尼**(Traci Klainer Polimeni),**纽约州纽约市鲁斯集团**(Luce Group)**合伙人**

照明对博物馆观众体验有很大影响。照明设计有必要从展览策划开始就与所有其他工作协调和配合。如今,整个设计团队之间的合作已经变得更加重要,因为随着技术的发展,博物馆越来越渴望去策划一个更加精致、复杂的展览,并保持观众的参与度。

——翠西·克莱柏·波里曼尼(Traci Klainer Polimeni)

你已经接到任务,要为一个展览设计照明系统——现在需要做什么呢? 作为照明设计师,你的工作是提升和补充展览设计,营造氛围并创造焦点。你的第一步是要和整个团队一起坐下来,确定展览开发的流程,并规定其中的参数(起限定作用的因素)。有关设计的所有构成要素(展品、照明、声音和媒体)必须配合得天衣无缝,才能获得最佳效果。

照明既可以独立起作用,也可以对其他要素进行响应。它可以提升空间的氛围或感觉,有助于将注意力集中于特定的物件或区域,影响颜色的色调和饱和度。相反,失败的照明可能会对展览或空间造成不利影响:它可能会刺眼或者具有侵犯性,分散观众对物件的注意力,在某些情况下,确实会损害藏品。

一旦拥有了基本设计,就要在实体和概念层面完成照明设计,以平衡光的不同特性、质量和色调。随着流程的推进,照明设计将不断得到完

图 6.24 现代艺术博物馆（Museum of Modern Art）里均匀的灯光和有意制造的阴影,不会遮挡家具,反而能让观众看到错综复杂的设计细节。[照片承蒙理查德·克雷斯（Richard Cress）提供]

图 6.25 美国自然历史博物馆（American Museum of Nature History）"发光的生物:自然界的生物发光现象"（"Creatures of Light: Nature's Bioluminescence"）展通过剧场式的照明、标题的投影、建筑构件和灯箱上亮起的彩灯,创造了一种戏剧性的进入体验。[照片承蒙波利·麦肯纳·克雷斯（Polly McKenna-Cress）提供]

善,变得更加具体,并始终对项目的需求做出回应。

早期的概念考虑因素或者观众如何体验博物馆空间:

● 光的质量如何? 光束的边缘是硬还是软的? 是顺滑的、漫射的,还是均匀发光的? 强光部分和阴影部分是否存在高对比度? 光线是否适合物件(图6.24)?

● 氛围是怎样的? 是暖光还是冷光? 它是特定颜色的吗? 物件将由多光线来照射吗?

● 是否有剧场效果或者是用光线来提示(图6.25)?

概念设计一旦确定,你需要解决实体设计上的问题:

● 空间如何建构? 天花板有多高? 是否有障碍物、梁、管道或者暖通空调系统?

● 采用什么样的饰面(质地)? 墙面的颜色是什么? 地板的颜色是什么? 天花板的颜色是什么?

● 天花板是什么样的? 吊顶的? 布满云朵的? 抹灰泥的? 不加装饰的?

● 灯具是什么类型的? 是壁龛式的、轨道式的、旧有的(特定场所的),还是荧光的?

● 有很多不同的灯泡可供选择吗? 白炽灯? 荧光灯? 卤素灯? LED灯? 光纤灯? 探照灯? 泛光灯? 窄光束泛光灯? 聚光灯? 窄光束聚光灯? 极窄光束聚光灯? 有滤光器吗? 是凝胶过滤吗?

● 灯具安装在哪里? 如何连接? 是嵌入式的吗?

● 建筑是否有足够的电力,能够满足设计要求吗?

● 是否需要一个控制系统? 打开及关闭灯光的方式和位置是怎样的? 它们需要远程控制吗?

● 展览项目的环保要求是怎样的?

● 照明水平是否考虑到物件和观众的安全?

● 是否有更新照明的维护计划?

● 你的设计方案是否在预算范围内?

声学和声音

博物馆曾经与图书馆差不多,因安静和沉思而闻名。而如今它却不再要求观众在寂静的大厅里安静地行走。声音已经完全改变了环境,并成为观众体验中被期待的部分。这一点在所有类型的博物馆——科学、艺术、历史博物馆,动物园和水族馆,都已成为现实。声音已成为设计倡导者可以使用的另一种工具。

博物馆越来越善于利用音频技术,从个人和群体意义上,为观众提供另一种获取和理解信息的方式。近年来,复杂的声音被分层至具有环绕立体声系统的大空间中,通过环境和背景的声音、音乐和其他听觉效果的组合来传递,创造出一曲完整而又大气恢宏的交响乐(图6.26)。

当展览中有许多声源时,它们可以"穿透"到相邻空间内,并在整个空间内制造杂音。在内含声音的博物馆空间里,可以通过在展览建筑内设计缓冲区、使用迷你定向扬声系统或音盘,以便观众更容易在特定地点听到特定声音,同时不会被相邻的声音所干扰。

设计倡导者可以使用定向扬声器、声棒、耳机或即插电台来策划个人的声音体验。如果观众擅长通过听觉来学习,那么在这样的展览中,观众借助这些先进的发声设备将会受益匪浅。新技术的发展使观众能够控制个人的音频体验,从简单的启动和停止声音,到定制特定展览背景中不同类型的声音、噪音,或音乐体验。一些博物馆还让观众创作和录制自己的声音,以作为展览的构成部分。迪士尼已将这种类型的产品推向了展览的文创商店,提供CD和这些录音的下载,以便观众进行购买。

如今,随着智能手机、平板电脑和激光定向声音的爆炸式增长,设计师似乎拥有无数种方法提供定制化的个人声音体验。使用什么样的方法只会受限于设计师的想象力。

图 6.26 "混乱的场面"("Pandemonium")是美国宾夕法尼亚州费城东部州立监狱里(Eastern State Penitentiary)的一个装置,由珍妮特·卡迪夫(Janet Cardiff)和乔治·比尔斯·米勒(George Bures Miller)设计。东部州立监狱为了让监狱变得更加人性化,除了照片、文本和语音导览外,还考虑了很多其他的方法。比如在这个以声音为基础的装置中,数百个小锤子轻敲金属床架、瓷盆或者其他人工制品,它们被留在"持续遭受破坏"的监狱牢房里。每间牢房都用线被连接到一个风琴上,允许艺术家谱写多首脱俗的乐曲,可以把不同寻常的回声带回到安静的牢房。这样产生的效果是牢房似乎挤满了人,好像犯人和看守都在窃窃私语以打发时间。在牢房的一端,特定的声音低沉响起,随着声音逐渐升高,又迅速移动到另一端,感觉好像声音真的正在穿过观众的身体。[照片承蒙理查德·克雷斯(Richard Cress)提供]

其他感官体验的机会——触觉、嗅觉和味觉

尽管展览设计主要依靠视觉媒介,紧接着是音频媒介,但仍存在大量机会去创造新的体验,这种体验可以通过有意地、精心地刺激其他感官来实现,包括触觉、嗅觉甚至味觉。

触觉

触觉的感官体验有助于观众非常有效地参与某些内容,从最低程度的触摸物件的表面纹理到最高程度的参与一些机械互动。这些体验包括近距离的、精细的运动感觉和全身活动。还有别的什么地方能让你感受到老虎舌头的模拟纹理,它粗糙到足以刮掉骨头上的肉? 或者在泰坦尼克号展览中感受到冰山的寒冷,以及触摸海星来了解动物的外骨骼(图6.27)? 还有什么比通过测量轻木和黑檀的重量更好的办法,来了解密度吗? 在新技术的更新换代中考虑触觉也是至关重要的。触摸屏的物理界面能够帮助或妨碍观众使用,所以应当持续地致力于多媒体设备的开发。所有年龄段的观众都了解电脑键盘、平板电脑、触摸屏、鼠标和触摸板等无处不在的界面。在21世纪初,通过触摸屏来进行互动仍然很有趣,因为该界面很直观。但随着技术发展,观众已经失去了对它的新鲜感,变得习以为常或者认为这不是"博物馆值得做的事"。相较于当下最新的技术,电脑键盘已经过时。

随着智能手机、平板电脑和其他类似设备的出现,触摸屏无处不在,但这种界面也可能很快就会过时。什么将会取代

图6.27 蒙特雷湾水族馆(Monterey Bay Aquarium)的触摸池可以让观众感受到海星的皮肤和其他外形怪异的海洋生物的皮肤。[照片承蒙理查德·克雷斯(Richard Cress)提供]

触摸屏呢？我们已经看到有观众的评论表示触摸屏在博物馆里太常见了，他们想要获得的是在工作单位、学校或者其他地方都无法经历的特殊体验。现在有了一些有趣的尝试，观众通过光学传感器进入手势互动的界面，该传感器可以追踪观众的动作并生成新的界面（图6.28）。

最后，展览的内部环境也可以提供触觉设计的机会，以传达更深层次的意义。温暖而潮湿的热带雨林场景模型，或华盛顿州与特拉华州交界区域寒冷的冬天，都可以为视觉叙事增添身体感受，从而使观众获得独特的体验。

嗅觉

研究表明，在我们的长期记忆中，声音和气味都会产生特别直接的共鸣。高中毕业舞会上的歌曲或者妈妈上楼梯时发出的吱吱声能让我们想起过去的特殊经历。同样，祖母阁楼上的气味，或者球场上热狗的香气能够使我们产生一种熟悉的感觉。

嗅觉是一个强大的工具，设计倡导者在展览中如果善加利用，将会获得一些有经济实惠和有意义的成功。许多展览会使用小范围的气味或个别的气味，这些气味可以通过观众自己控制的互动装置发出，或者作为特定区域内环境气味的一部分。在设计嗅觉元素时，谨慎地达成平衡也是需要考虑的，以免太多的好东西给观众带来沉重的负担。通常来说，就是刺激度，适可而止！

恶心是另一回事。巡展"恶心的科学：人体（不礼貌的）科学"（"Grossology: The

图 6.28　在英国伦敦科学博物馆（Science Museum）的展厅入口墙面，多位观众可以站在"我是谁"（"Who am I"）展项前，投影点会跟随观众的影子摆出各种姿势，这些点代表了构成我们个体的很多不同元素。在展览中，观众将更多地了解这些元素是如何定义了我们。[照片承蒙波利·麦肯纳–克雷斯（Polly McKenna-Cress）提供]

气味就像威力强大的地雷，埋藏在由往日岁月和经历构成的草丛中，在我们的回忆中被轻轻引爆。一旦我们触碰了气味的引爆线，各种记忆就会立刻全部爆发，一种错综复杂的景象就会从灌木丛的深处跃然而出。②——迪恩·阿克曼（Diane Ackerman），《感觉的自然史》（*A Natural History of the Senses*）

图6.29 在美国自然历史博物馆"我们的世界厨房：食物、自然、文化"（"Our Global Kitchen: Food, Nature, Culture"）展中，观众能够闻到新鲜生姜的味道，了解气味对我们品尝不同食物的方式的影响。[照片由波利·麦肯纳-克雷斯（Polly McKenna-Cress）提供]

[Impolite] Science of the Human Body"）的核心要素就是成功且良好地运用了恶心的气味。在"你的恶臭""（Yu stink）"互动站，观众被要求辨别人体常见的气味。图文板利用了观众的好奇心和标题"闻，闻！人体的恶臭"①所引发的强劲胃部涌动吸引观众前来。再幽默地附上一张照片，照片里一群身着实验室衣服的女人嗅到了一伙男人腋下的气味，这张照片是再完美不过了。在这个互动站里，四个瓶子被放置在四个不同的地方，观众被要求去挤压瓶子，闻闻并分辨其中散发出的气味。一个图文"翻转板"会揭晓相应的答案。每个地方的瓶子都会散发出不同的人体气味——脚、体味、呕吐物和……肛门。虽然没有一种气味是令人愉快的，但是许多观众仍然坚持去闻一闻，想要识别出所有的气味！

注意：有些观众对所有合成气味都会有过敏反应，因此控制好气味是很重要的。

味觉

味觉是一种在公共展览中还未被频繁使用的感官体验，可能是因为补给和保存食物需要成本，以及人们放进嘴里的东西可能会存在细菌，然而还是有一些成功的"味觉"展览。一个优秀的案例是美国国立美洲印第安人博物馆（National Museum of the American Indian）的米奇塔姆印第安人特色餐厅，它也成功推动了博物馆使命的实现。虽然它本身并非展厅，但自助餐厅的特色食品来自美洲各地，或者博物馆使命所涉及的文化。有北部林地供应的加拿大育空的土豆鳕鱼饼，还有南美洲巴西供应的虾和咸猪肉。当然，还有大平原提供的辣牛肉。这份菜单为观众提供了更多与博物馆所展出的文化有关的味道，这是任何书面叙述所无法传达的。

另一个案例是路易斯维尔科学中心（Louisville Science Center）关于感官知觉的"我们内在的世界"（"World Within Us"）展，该展将嗅觉和味觉与展览内容直接关联起来。图文板描绘了嗅觉及其工作原理；另一块面板

---

① http://www.grossology.org/museumtour/June 10, 2012.

② Ackerman, Diane. *A Natural History of the Senses*. Vintage Books-Random House, New York, NY, 1990.

则给出了我们舌头可以感知的五种不同味道的示意图——甜、酸、苦、咸和鲜。根据指南，观众可以按要求按一下按钮，会有绿色的软心豆粒糖出来，观众被告知先捏住鼻子，然后把软糖吃掉。他们通过自己的味觉虽然能够感觉到甜味，但直到放开鼻子，才能闻到软糖的"菠菜"气味。这种变化可能是戏剧性的，具体的感受则取决于观众及其嗅觉。亲身体验这样的变化会对观众产生一定影响，但对许多人来说，看着观众的表情由愉快变成不那么愉快，也是一种深刻而难忘的体验。

危险：感官超负荷

当然，对于任何巧妙的展览设计来说，设计倡导者都需要认识到感官可能会超负荷，并对感官体验的使用有所控制，这一点很重要。展览空间内太多特定的感官输入可能会带来各种不和谐，引起观众的不适。例如，如果许多不同的气味以奇怪的方式结合在一起，或者单一气味太过强烈——我们都曾有在电梯里闻到有人喷了太多古龙香水的体验——观众将会快速朝着出口走去。当打算使用观众的感官功能时，在整个展览体验中小心谨慎地使用感官刺激是至关重要的。

设计倡导者还需要注意来自外部普通环境（与展览无关）的感官输入，这些输入可能与所规划的体验相冲突。我们在上文提到了一个展区的声音如何能渗透到其他展区，但我们也要考虑其他来源的噪音的潜在干扰，比如一个发出响亮的嗡嗡声的暖通空调设备，正处于观众头顶的位置，或者靠近人员拥挤的走廊。其他感官体验也是如此：过热或过冷的空间，或者未经规划、意想不到的气味，也会让观众感到沮丧或破坏他们的博物馆体验。对所有细节保持警觉是你应对可预见的挑战，以及为不可预见的挑战做好准备的主要方法，确保观众体验舒适，使他们能够参与展览，而非中途离开。

媒介即信息：展示的方式

博物馆通常使用几种常见的方式来展示实物、信息和虚拟内容，但选择何种方式只受限于设计倡导者的想象力，当然还有预算。一般而言，基本展示媒介包括很多展示方式,通常分为以下几类:展柜展示、环境图形设计展示、互动展示、多媒体展示、剧场(舞台)展示、沉浸式体验和标志物体验。这些基本类别并不能涵盖所有可能性;你可以鼓励团队去发现一些特例。

无论你最终想要在展览中使用哪种方式,该方式都必须符合展览的故事、使命、结局和个性。即使这种方式看起来有点陈旧,在完整的展览体验中选择它应该存在一种潜在的逻辑。使用每种展示方式都有特定的工具、方法和特殊的注意事项。弄明白这些工具、方法和注意事项的过程就已收获了多半的乐趣。图6.30、图6.31都是明智的决策方式。

展柜

展柜包括为展品制造的各种独立式和挂壁式(嵌入式和突出式)的玻璃柜、橱柜。经过设计的展柜显示了物件内蕴的价值也赋予它语境(图6.32、图6.33)。一个做工非常细致精巧或专门定制的展柜可能更能够表明该物件的价值。当某个物件被单独置于有内部光源的展柜中时,则表明了该物件的重要性和(或)它在展览所述故事中所发挥的作用。当一个展柜中有多个物件时,可能表明它们中没有一个是影响深远的范例,而是存在很多变体,并体现了这些物件在数量上的意义(图6.34)。

展柜在空间中的位置,也是博物馆对展出物件关注程度的力证。比如,如果一个内含物件的展柜被置于近入口的中心靠前位置,那么对讲述故事者来说,它就处于突出的核心位置。在展柜中放什么也能传达其重要性。如果展柜中放的是单个物件,那么传达的就是其唯一性,如果是塞满了物件,那么更倾向于为了博物馆或展览故事,传达物件价值的共性(这也能表明策展人策展工作的难度很大)。

安装和标签也可以蕴含微妙的线索,以帮助观众在阅读文本前,理解物件试图说明的内容。照明技术,尤其是展柜内的灯光,也能够提供有关价值的线索。引人注目的聚光灯传达的是该展示对象唯一焦点或具备较高价值,而一片环境光则体现出它的价值是均衡的或者普通的。

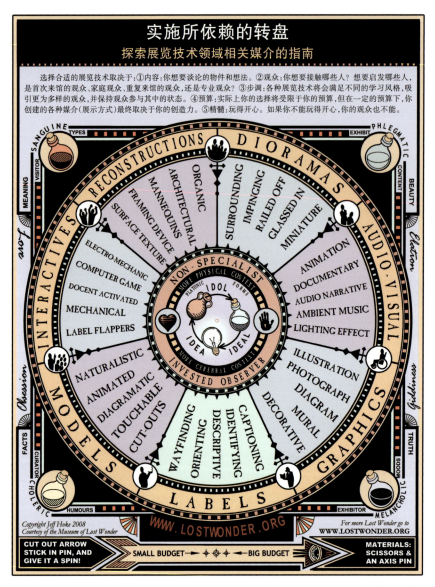

图6.30 来自消逝的奇事之博物馆（Museum of Lost Wonder）的"实施所依赖的转盘"①（Wheel of Dependent Implementation）。[照片承蒙杰夫·霍克（Jeff Hoke）提供]

---

① 译者注：经与本书的作者 Polly McKenna-Cress 沟通获知，这幅图动插图"是由 Jeff Hoke 在 2008 年创建的，对于设计团队或开发团队来说它是一种有趣的决策方式，在设计观众的参与方式时，这幅图可以为他们提供可能的不同选项或"展示方式"。依赖项是指开发人员或设计人员根据该图标题下列出的五个重要标准来做出决策：内容、观众、步调、预算、精髓。

实施所依赖的转盘之指南

实景模型 　　这可能是最昂贵的展示方式,但是有了实景模型,你就可以为博物馆全部物件还原它所在世界的背景。	环绕的实景模型	接触性的实景模型	栅栏围起来的实景模型	嵌在玻璃里的实景模型	微缩模型
重建 　　把这些看作是缺乏背景且细节已消逝的可触摸实景模型。它们可以按照所有的结构和大小,创造一种环境,将你的观众带到不同的世界。	有机重建	建筑重建	人体模型	框架手段	表面结构
视听 　　许多人将此作为一种方法,将大量信息压缩成一部引人入胜的纪录片,但是一点点情绪的点燃和音乐,为你的展览内容添加真实的戏剧效果和气氛。	视频动画	纪录片	音频叙述	环境音乐	照明效果
互动 　　互动可以将被动体验变成具有个人意义的体验。但想一想当你创造一个互动装置时——观众是发现自己的意义,还是发现策展人的意义?	电机互动	电脑游戏	讲解员启动	机械互动	标签拍击器
模型 　　模型有助于提供你真实感受的情境,但也是微小模型。由于尺度缩减而缺少的,可通过更具吸引力的元素来填补——观众的想象力。	自然的模型	动画的模型	图解的模型	触摸的模型	图样的模型
图像 　　当你不能用三维展示,你通常可以用二维展示。图像可以提供大量可及时获得的信息,而不必费心阅读。	插图	照片	示意图	壁画	装饰的图
标签 　　当用其他方式都失败了,只需要告诉观众你想说的。在任何展览的主干部分,标签会告诉观众,他们正在看的是什么,以及作为策展人,你认为它意味着什么。	寻路标签	导向标签	描述性标签	识别性标签	说明牌

图6.31　来自消逝的奇事之博物馆的"有关实施所依赖的转盘之指南"(Wheel of Dependent Implementation Companion)。[照片承蒙杰夫·霍克(Jeff Hoke)提供]

图 6.33 泰瑞格里夫斯(Teri Greeves)[基奥瓦人(Kiowa)①]制作的装饰有精美串珠的红色匡威(Converse)运动鞋,象征着当地传统文化的现代化。[照片承蒙理查德·克雷斯(Richard Cress)提供]

图 6.32 国立美洲印第安人博物馆(National Museum of the American Indian)为了让社区中的每个人都知道谁是家中"最受宠的孩子",就给他们穿上这些黄色的鹿皮鞋。图文背景的设计和内部嵌灯的展柜告诉我们该物件的重要价值和它们所讲述的故事。[照片承蒙波利·麦肯纳–克雷斯(Polly McKenna - Cress)提供]

图 6.34 美国纽约现代艺术博物馆(Museum of Modern Art)的展柜中展示着大量用陶轮制作的罐类容器,策展人不会围绕其中任何一件进行讲述,而是想要说明这位陶瓷艺术家的高产。[照片承蒙理查德·克雷斯(Richard Cress)提供]

---

① 译者注:北美印第安人众多种族的一种。

图 6.35 英国卫而康博物馆(Wellcome Collection)①的临时展览"污垢:日常生活的肮脏现实"("Dirt: The Filthy Reality of Everyday Life")这一标题的图形表达。图形不应仅限于二维呈现。[照片承蒙波利·麦肯纳-克雷斯(Polly McKenna-Cress)提供]

---

① 译者注:卫而康博物馆(Wellcome Collection)是为了满足观众好奇心而创建的,包含免费的博物馆和图书馆(https://wellcomecollection.org/)。

环境图形设计:文字和图像

理查德·克雷斯(Richard Cress),美国宾夕法尼亚州Alusiv公司

图形设计用于视觉传播,它是文字和图像的综合,通常借助观众近距离接触的媒介(书、小册子、iPad)来传达。对展览而言,环境图形设计是非常专业的分支学科。你必须考虑这些创造和展示的文字和图像,它们不仅在近距离的私人空间中传播,而且在更大的规模和空间(户外标志、电视墙和展览)中传播。在这些空间中,可读性和感知条件(如距离、运动、照明和其他元素)会发生变化,由此给视觉传播带来影响(图6.35)。

环境图形设计师的重要技能是提出具有视觉吸引力和有意义的综合的图形解决方案,并洞见尺寸、空间、节奏和位置的需求。在展览中,"综合"不仅意味着图形适合展览信息(在视觉上的设计吸引人并且有意义,能去支持展览故事),而且还要考虑到观众的体验情况,以便在观众需要阐释的时候和地方进行阐释,同时无论在节奏还是尺寸方面,都能让观众获得舒适的可读性。"综合"也意味着环境图形既不能主导体验(除非这是一种有目的的策略),也不能变得过于黯淡无光以至于迷失在整个背景之中。环境图形的构思应该考虑到它们如何在服务中为物件、故事,当然还有观众,增添和传达价值(图6.36)。

图 6.36 自由科学中心(Liberty Science Center)的"喷嚏"(The Ah-Choo!)图形设计综合了文字和图像,形式设计上利用了面板、物理空间及纹理的投影。[照片承蒙理查德·克雷斯(Richard Cress)提供]

环境图形设计师必须认识到展览应保持物件和环境的真实性,并确保他(她)的工作能为这种真实性提供支持。图形是传达"真实声音"的重要媒介——谁在述说,从哪个角度述说,大多数情况下是通过文字来阐释的(尽管有些展览展品本身很重要,只要展示而不需要阐释)。对于设计师而言,为了解何时何地需要阐释以及传达真实声音的最佳方式,他们需要与展览开发人员及评估人员密切合作。原型设计是至关重要的,这主要是由于其与以下三个方面高度相关:一是展览内容;二是展览方式;最重要的是,从原型与其他展览元素的关系来考虑相关背景的阐释应该出现在什么位置。如何就阐释需求进行有效的测试?可以通过初步的观众研究,获知观众针对某主题最常见的问题,然后利用这些发现,将特定的问题准确地纳入相应的物件或体验中。这是在观众需要的时候,将他们的思维方式与清晰、恰当的答案相结合的一种方法。当观众能在阐释和被观察的物件或者现象之间建立直接联系时,那么他们就能构建强大的新意义(图6.37)。

对观众而言,介绍物件或体验的说明性信息是一种直接的阐释方式。有时,直接的图形交流就足以说明什么是真实的有价值的和值得在展览中讨论的内容。问题是图形太多和图形太少之间的平衡应如何达到。无论采取哪种方式,环境图形设计师必须设计出与观众交流的最佳方式。通常,博物馆会使用各种"对话"技术来吸引观众反馈,以便对观众反馈的内容进行可视化的呈现。这些也是开展动态化设计的机会(图6.38、图6.39)。同许多艺术博物馆一样,当物件或者艺术品没有大量的阐释性文字时,通常是因为博物馆和策展人最看重的是物件与观众之间的互动。这里有一个前提,即阐释性文字会减少观众对

图6.37 动物园的理念同美术馆的理念很像,认为展览阐释应该支持观众观看和体验,而不应该影响观众对观看动物的直观体验。在美国洛杉矶动物园(Los Angeles Zoo)的"雨林红猿"("Red Apes of the Rainforest")展中,与动物观赏区相邻的阐释性图形展示了一张照片,照片上一只红毛猩猩在用石块工作,这是观众可能会在动物园亲眼看到的一种活动。该面板介绍了猩猩在野外用石块来建造的自然行为,而该行为可帮助猩猩保持警觉和精神活跃。[照片承蒙波利·麦肯纳-克雷斯(Polly McKenna-Cress)提供]

图 6.38、图 6.39 经典的"对话"墙［珍妮特·A. 卡曼（Janet A. Kamien）是率先引入这种方式实现观众与博物馆对话的人之一］是来自美国加州科学博物馆（California Academy of Sciences）"分享你的想法"（"Share Your Ideas"）展的一个展项，使观众能围绕如何应对气候变化提供他们的想法："……今天的异想天开可能是明天的绝妙解决方案。"与大多数展览采取纸质便利贴的做法不同，这次观众是在椴木薄片上留言，这些薄片可以回收利用。这意味着观众要认真对待他们所写的信息，因为博物馆也会如此。［照片承蒙理查德·克雷斯（Richard Cress）提供］

艺术品的关注，并在某些情况下分散他们的注意力。一个极端的例子是我们都经历过的文字过多的展览：你会感觉到每次转身都会被大量的信息所压垮——等于是在参观一本"写在墙上的书"。

展览是一种立体的、空间的体验，观众从展览中穿过的位移过程也是体验的一部分。当长时间站立、阅读冗长的文本时，观众会感到身心疲惫。

策展人和开发人员的工作是保持内容简短、明快，但环境图形设计师的工作是在清晰易读的层次上组织和定位好阐释性信息（图6.40）。

大多数观众都会喜欢某种形式的阐释，因为这些阐释可以帮助他们从体验中了解更多信息，为他们看到的东西及其内蕴价值提供语境，从而对博物馆藏品产生深刻的记忆，并最终感受到他们的博物馆之旅——以及为参观博物馆支付的费用——都是值得的。策展人要向观众展示物品，告诉他们为什么这些物品值得被展示，并向观众证实为什么应该关注它们。

图 6.40 如果你想要观众注意到一些东西，那么就将它们放在地板上！就这么做！这是每个人都能看到的地方。如果乙烯基制成的图形剥落了，把它撕掉更换新的就好。［照片承蒙理查德·克雷斯（Richard Cress）提供］

互动

互动体验是为了一种教育目的或构建一种概念联系，而提供的与特定的展览元素进行身心互动的机会。就像我们首先质疑展览主题是否是展览的最佳表达一样，设计倡导者在开始互动设计之前必须要问的问题是，这个特定区域是否、如何以及为什么会受益于机械或电子的互动装置。互动设计可能成本昂贵，需要经常维护，因此在规划和原型设计时，团队应确保这些互动为观众带来的体验是值得他们去付出努力和成本的。没有必要的互动可能会给观众带来麻烦，也会给机构带来长期的维护问题。

一旦设计倡导者确定为观众设计这种互动是必不可少的，那么他们在规划互动时应考虑四个功能参数：动作、人体工程学、互动界面和连接。什么类型的互动能最好地推动想法落地——一个机械方面的奇思妙想，还是一项新技术？什么样的心理活动能帮助观众用手、身体和他们的思想来理解展览？互动界面是什么样的——观众如何触摸、操作和理解它？机械和物理装置并不是互动设计一定要具备的。仅仅因为你可以按一个按钮来启动某个互动装置，这不是一个真正的互动！该设备必须与预期的目的建立联系，并且能够传达、反映或强化特定的展览信息。

有时，一个简单的设备足以取代太过复杂的互动方式。例如，吸引观众身心的二维图形就是一种非常成功的互动方式。当观众参与回答问题、解决难题或者用他们的大脑去思考而非只是被动阅读时，即使没有复杂的身体参与，这种精神活动也可以刺激观众。除非观众进行的操作与展览的概念相关，否则不采用

图 6.41　一位年轻的观众在转动空气"吹风机"，意识到不同方向气流的平衡才能使球保持悬浮状态，并开始通过这种身体的互动来理解空气流体动力学的伯努利原理。[照片承蒙理查德·克雷斯（Richard Cress）提供]

互动可能会更节约和更有效。

应当明智而审慎地运用互动设备。目前在博物馆里有许多身体活动，只是精心设计的按钮——"踩这辆自行车，然后开始播放视频"，坦率地讲这是浪费了观众互动体验。很简单，我们不能让观众投入很多，却获得很少回报。

一辆需要踩踏的自行车可能会用来点亮灯泡，这涉及有关能量利用和功效的阐释性信息。这会让观众在付出努力的同时获得令人满意的回报，并且与主题相关。在家里，当观众打开电灯开关时，他们可能会反复思考，点亮灯泡需要多少能量，并在思考后去关掉开关。这是一种有意义且会产生持久影响的体验，值得观众去"互动"，并为之付出时间和精力。

将多媒体融入展览

理查德·刘易斯（Richard Lewis），**美国理查德·刘易斯传媒集团有限公司**（Richard Lewis Media Group, Inc,RLMG）

在过去的十年中，多媒体已成为博物馆体验的核心要素。早期的多媒体项目往往是简单的菜单驱动式的内容集成，它是策展人作为内容嵌入的有效工具，因为这些内容过于冗长或详细，所以无法融入至图形面板中。但是如今，多媒体包含有令人眼花缭乱且不断拓展的工具和技术，从而创造出全新的观众体验。事实上，如今多媒体已经完全融入观众体验的每种展览要素，以至于我们想问这样的一个问题，"多媒体展品"是否仍然是一个有意义的术语？

最近发生的第二个重大转变是：今天最成功的项目从一开始就会考虑多媒体策略，以便将多媒体体验的创建规划完全纳入整个展览设计的过程中。多媒体制作人不再只是一名技术人员，直到项目后期才去落实其他人的想法。现在，最好的多媒体制作人必须同时是战略家、技术专家、视觉艺术家和内容专家，从而将多媒体技能和其他技能整合到展览和体验开发的每个阶段。

有关多媒体当代使用方法的例子:丹佛的科罗拉多历史中心

在博物馆大厅,观众可以聚集在一起,在用水磨石制成的科罗拉多州4000平方英尺(约371.61平方米)的地图上驾驶巨型的"时间机器"。"时间机器"的灵感源自H.G.威尔斯。当观众驾驶该机器时,有关科罗拉多州特定区域历史的简短媒体节目就会播放。在博物馆其他地方,观众还能体验虚拟跳台滑雪,体重的微妙变化会导致成功或失败,结果都显示在他们面前大型的视频投影上。这些体验看似复杂或费劲。但是简单并不比复杂更好或更糟,两者没有好坏之别。不那么"沉浸式"的体验让观众有机会赢得属于自己的形象,并将其纳入到1919年的高中年鉴,或者在蒙哥马利·沃德(Montgomery Ward)目录中购买同一时代的商品。

所有这些例子都是通过理查德·刘易斯传媒集团有限公司(RLMG)、展览设计师安德鲁·莫瑞(Andrew Merriell)、他的助手们以及科罗拉多历史中心的项目团队在一次次合作中开发的。RLMG从倾听开始,试图了解项目主要的传播目的及其观众概况。然后开始开发一系列的设计创意,用越来越详细的细节不断去充实最初的草图,并根据项目合作伙伴的意见逐步完善概念,始终致力于创造出多样化的媒体体验。有时候(就像虚拟跳台滑雪一样),我们规划了一种身体的和运动的体验;在其他时候,体验更具有认知意义;还有其他媒体项目能够提供丰富的混合体验。在任何情况下,成功的媒体产品都是项目设计团队所有成员有效合作的结果。

如今,RLMG的很多项目都包含了另一种有用的合作工具(后端应用程序)。由RLMG创建多媒体展览,之后让博物馆去管理其多媒体内容,这一点现在已经能实现了。当前,RLMG的多媒体展览已包含了简单而又强大的后端应用程序,允许非技术人员轻松地更换文本、图像和剪辑过的视频。

此外,在撰写本文时,从最近RLMG的项目中还能看到多媒体制作人为一整套的传播媒介去创建内容。RLMG近来为美国史密森国立自然历史博物馆(Smithsonian National Museum of Natural History)的人类起源大厅（Hall of Human Origins）设计的项目,包含有制作展厅内的媒体、相关的开源①网站、开发iPhone和安卓智能手机的app。

这让博物馆与其观众之间有了各种新互动:观众可以在特定的博物馆内使用智能手机,作为他们博物馆体验的一部分;来自世界各地的新观众可以通过智能手机和网站上的新组件来体验博物馆的方方面面。

总而言之,我们最强烈的感受是不再有任何"多媒体展品"之类的东西,这样的描述实在过于局限,让人联想到20世纪90年代糟糕的独立信息亭。现在,多媒体资料必须至少被密切地运用到:建筑、实体展览和照明中;基于网络的数据点和数据集,实时对情况进行传达;观众的想法和参与的动作以及智能手机中。挑战和机遇既令人生畏,又令人兴奋。多媒体制作人不断受紧迫感驱使,来设想目前尚不存在的界面、展示和体验。因此,多媒体综合展览能够提供的可能性显然是没有止境的。

戏剧、错觉和惊喜

早在查尔斯·威尔逊·皮尔（Charles Wilson Peale）和巴纳姆（P. T. Barnum）创办的第一批博物馆中,戏剧、错觉和惊喜的运用就已经成为展览设计的主要元素。烟雾、佩珀尔幻象的镜像错觉和麻布上的投影增加了一定程度的惊喜和惊奇,这种意想不到的感觉数十年来一直吸引着观众（图6.42）。许多人说这些设计需要与展览和教育活动相适应,因为博物馆对公众负有责任。虽然这是事实,但并不排除观众在学习中获得快乐的体验。舞台设置可以为故事中的物件和要素提供独一无二的背景。戏剧、投影和特殊照明可以提升效果,原本展览这些可能不会被加以利用。

图6.42 美国加利福尼亚州洛杉矶的加州科学中心（California Science Center）在著名魔术师潘恩（Penn）和泰勒（Teller）的帮助下,策划巡展"魔术:错觉的科学"（"Magic: the Science of Illusion"）。这个"无头男孩"是错觉科学的展项之一。从展品正面看,你朋友的脑袋是悬浮在半空中的,从后面看,镜子与反射背后的科学奥秘被揭示出来。[照片承蒙加州科学中心基金会（California Science Center Foundation）提供]

———————————

① 开源（open source）全称为开放源代码。市场上开源软件层出不穷,很多人可能认为开源软件最明显的特点是免费,但实际上并不是这样的,开源软件最大的特点应该是开放,也就是任何人都可以得到软件的源代码,加以修改学习,甚至重新发放,当然需要在版权限制范围之内。

展览中的魔法和错觉

戴安娜·佩尔洛夫（Diane Perlov），美国加州科学中心（California Science Center）展览高级副总裁

魔术师经常将科学、技术创新和表演艺术结合起来，有很多东西也可以传授给展览设计师，尤其是在表演艺术方面。魔术师使用威严的声音，编出可信的故事，帮助观众拓展他们的想象力，并进入魔术师的世界。魔术师能够讲述与观众的文化信仰相关的故事，这是吸引观众至关重要的一点。魔术师让你寻找他想要让你看到的东西，如果他成功地创造出了与你期待相似的东西，那么你的大脑就会留下深刻印象。如果想要策划一场令人难忘的表演，那么创造出让人惊喜的效果至关重要。

这里有一个很好的例子，是一位魔法师告诉我的，讲的是有关故事、文化共鸣和惊喜的重要性。如果魔术师让一匹马消失，大城市的观众会感到愕然和吃惊。同样的错觉在农村里的表现效果可能不会那么好，因为人人都知道马可以被训练用来做任何事情。为了让农村的观众出现消失的错觉，在情感上产生印象深刻和难以忘怀的共鸣，聪明的魔术师会选择让驴子消失。因为有经验的人都知道，要让驴子做事情几乎是不可能的！

沉浸式环境

沉浸式环境让观众身处一定的背景中，好像自己正置身于特定的地方。动物园可以为动物展带来沉浸式的主题和自然的氛围。奇妙的小动物园，如带有活体动物的室内热带雨林，将鲨鱼置于贮水池的漫步隧道，都会对观众产生强大的吸引力。迪士尼的幻想者们通过设计深度体验的环境，创造了一个全新的产业。在20世纪90年代后期和21世纪初，戏剧体验越来越受欢迎，主要应归功于剧院设计、放映和声音处理方面的技术进步。IMAX剧院和电影制作技术增强了观众观看时的现场感。

随着激光、3D放映和4D影院效果的提升，能在适当的时候摇动椅子或向观众喷水，这些都大大增强了对观众的吸引力。但是如果故事没有

在更深的层次上进行整合,那么这些戏剧产生的情感影响力将会稍纵即逝。

沉浸式想象:"电影《大白鲨》采用的三个浮筒的技巧"

想象力是一个强大而具有创造力的东西。仅需轻轻一推,就能将其激发。电影《大白鲨》的粉丝都会回想起那三个黄色的浮筒,它们成为鲨鱼——这种杀手出现时令人紧张的征兆。在没有看到鲨鱼的情况下,水面上浮筒的出现激发了人们的想象力和对将要发生的事情的可怕预期。事实上由于机械故障,电影制作人偶然地采用了"三个浮筒的技巧"但带来了意外的收获。恐惧和悬念并非表达情绪的唯一方式。这些技巧不应使观众产生较为肤浅的情绪,当我们的想象力被赋予一些不确定的空间,需要我们去拼凑、填补空白并得出结论时,它唤醒了大脑的其他突触,从而产生更为强大和持久的效果。现在,博物馆不应该都去采用"鬼屋技巧"。但是利用观众的情绪反应去增强博物馆的体验效果,经证实是有效的(图6.43)。

展览中的剧场

在展览中,剧场以多种方式被运用,包括各种形状、规模、播放时间和传播方式。无论是放映正式电影、小型纪录片、裁剪的幻灯片["肯·伯恩斯风格"(Ken Burns-style),即给静止的图片添加微妙的运动]、多媒体,展示物件或人工制品,进行现场表演,还是采取以上的任意组合,

图6.43 巡展"鸡皮疙瘩!:恐惧的科学"("Goose Bumps!:The Science of Fear")充分利用了观众的情绪,设置了四个"恐惧站点"(对动物的恐惧、对电击的恐惧、对噪声的恐惧和对摔倒的恐惧),让观众有机会在发现我们最原始情感背后的科学原理之前,有机会先感受一下恐惧。美国加州科学中心(California Science Center)和明尼苏达科学博物馆(Science Museum of Minnesota)合作开发并设计了此展。[照片承蒙加州科学中心基金会(California Science Center Foundation)提供]

剧场、表演或者演示都能提供一种特别聚焦的内容传达。

剧场中最受欢迎的是导览剧场，它是剧场作用得到最有效发挥的实现方式之一，为观众提供展览的一般概况。

作为一种集中的入座体验（20～30位观众持续10～15分钟），此类剧场能够促使观众坐下来接收更为复杂或冗长的概述，这些概述可能很难用别的方式展示。其他的剧场形式还包括：针对特定主题的小型剧院（可容纳10～20位观众，持续3～7分钟）；限定3～4位观众或者没有座位的介入式剧场，这种现场表演的主角有故事讲述者、演员或阐释者，配合某些教育活动、小推车演示、工作坊和实验区（电力、爆炸、蒸汽或烟雾实验在科学博物馆总是很受欢迎）使用。

博物馆里的剧场和沉浸式环境

唐娜·劳伦斯（Donna Lawrence），**美国唐娜·劳伦斯产品公司**（Donna Lawrence Productions，DLP）**创意总监兼总裁**

在展览设计时选择哪种形式的媒介首先应考虑的是：哪种媒介最符合整个展览或博物馆中作品的目标。例如：有些展览的目标是通过深层介入内容的互动媒体，实现最有效的沟通；另一些展览的目标则是通过无声的视频投影、音频环境、视频亭或者私人的小型影院来促使人们进行反思。

那么，何时才能运用大型的沉浸式媒体和影响力大的剧场作品呢？答案是：当你的目标是传达一个核心思想或者几个关键概念，以改变观众接受更大型的展览或博物馆故事的方式，或是在离开博物馆很久后，他们将如何思考某一主题。

组织项目

博物馆中的剧场作品——罗塞塔石碑——的制作就很成功，它是在一个专用的剧场或者一种沉浸式的步行环境中，其成功在于项目的组织。在整个讨论过程中，我们提到的"剧场"，是指在博物馆环境中创造戏剧体验最具挑战性的工作内容。

在过去,剧场、主题公园和博物馆通常是截然不同的,并且可以在技术和预期方面明确地加以区分,以至于在上述各个不同的场所,你会获得不同的体验。随着技术在不同领域的开放,博物馆开始看到其他形式的娱乐活动正在争夺其观众,越来越多的博物馆开始将"沉浸式"、"剧场式"、"最先进"、"环境式"或"目标式"的体验融入其设施中。

剧场作品

在一个专用的剧场空间里,设计师、电影制作人可以带领观众在故事里来一场令人难忘的"驰骋"。剧场和电影——及其无数的混合形式——都是基于时间的艺术形式。在精心设计的剧场中,观众可以按照预期感受到故事的顺序和结构、充满活力的图像、清澈的声音和特殊的效果,不会受到环境光线、相邻展品声音的影响,也不会被分散注意力,难以聚焦到作品的关键点上。在一个专门设计的剧场中,导演在戏剧组织、视觉和声音传达、感官冲击和情感回馈上所采用的工具,可以为整个博物馆或展览的相关故事或关键概念带来重大影响。一个故事可以被巧妙地、有目的地、有力地展现给观众,在他们的心灵和头脑中产生重大而持久的影响。如果这是你的目标,那么你就需要投入更多的时间和预算到这些作品中,它们将会在未来几年内获得回报。

沉浸式剧场环境

沉浸式环境,通常鼓励观众按照自己的节奏体验,并且相邻空间彼此开放,通过身临其境的感受、发现和反思的力量,让观众与故事建立连接,而不是通过一个故事的时间逻辑,到最后让观众获得某种特定的情感回馈,将其与故事关联起来。

在沉浸式的剧场环境中,观众的体验可以被认为是他们穿行于一个正在上演的戏剧或歌剧的场景,当他们按照自己的节奏经过时,这些场景就会逐步上演。他们可以自由地使用一种独特而具备创意的组合,其要素可包括视频、戏剧放映、照明设计、环境声效、不断变化的配乐、声音或重要的文本元素,使自己与某个历史时刻、遥远的地方或文化、某种概念或想法发生内心和情感上的关联,有力地弥补其他展品更直白地讲述故事的不足。

流程

无论是沉浸式环境,还是专用剧场,最为成功的项目都是由以下人员所带领的展览团队制作的:一位制作人或导演,负责与展览团队项目经理或设计师或博物馆的委托人合作制定和实施愿景;一位制作经理,负责管理和整合照明、景观、视音频和媒体,促使它们形成有效的剧场体验;一位技术总监,负责对协调各种技术,并在现场对技术进行最后的安装、编程,以及顺利交接给承接剧场的工作人员。根据展览设计的需要,专业的角色包括:剧场照明设计师、装配工程师、剧场景观设计师、视听系统工程师和其他专家,以及这些不同系统的现场安装人员。

随着时间的推移,在无数剧场类型的演变中,一些久经考验的角色会使展览团队避免出现没有主心骨的情况,否则会给剧场制作带来异常和不必要的困难,并产生技术、进度、预算和创意方面的问题。一个剧场团队的构成,是能够聚集将机构的核心信息带入故事之中的能人,而他们通常是创造体验的关键,这些体验能够为机构的发展注入活力。

物件剧场

保罗·马丁(Paul Martin),美国明尼苏达科学博物馆(Science Museum of Minnesota)科学学习高级副总裁

"物件剧场"(object theater)这个词是由三宅泰三(Taizo Miyake)创造的,他是加拿大安大略科学中心(Ontario Science Centre)早期的创意人员,是包括我在内许多人多年的指导者。

那么,什么是物件剧场呢? 这个问题我已问过自己,也被问了三十年。它并没有一个简单的答案。物件剧场通常是黑盒子类型的剧场空间,该空间可以最大限度地减少外部干扰并使观众能够集中注意力。

这是一个能够讲故事,创造并置,提供另类观点,激发、挑战并引领观众去往不同时空的环境。物件剧场会使用物件、图像、环境、声音和照明,从身体、情感和智能上吸引观众。在最好的情况下,最具影响力的图像是在观众的头脑中被创造出来的。在这个方面,它更像广播剧而非电影。

物件剧场的早期灵感来自埃及雄伟金字塔的大型声光秀。在夜晚,大型的物件——金字塔——变成一个讲故事的媒介,音乐、声音和灯光重新对金字塔进行了一次激动人心的阐释,而这在白天是不可能实现的。

另一个早期的案例来自加拿大不列颠哥伦比亚的省会维多利亚市的英属哥伦比亚皇家博物馆(Royal British Columbia Museum)。你进入一个凹室,有一个巨大的壁柜,里面装满了来自西北海岸的面具,灯光暗淡。当你坐在长凳上面对着这个壁柜时,在特定的面具上灯光亮起。此时,第一人称的画外音响起,简单为你描述面具代表了什么,以及它们对于创造和使用它们的人来说意味着什么。"这是掠夺,骗子……",这种简单的技术让这些面具的形象在我的记忆中刻下烙印。

物件剧场非常善于使用传统的展览技术,帮助观众参与和理解。其擅长做的事情是以新的方式展示事物之间的关系:

● 制造出易于理解的,像宇宙一样巨型的或者像原子一样小型的东西;

● 通过时间和空间创造出拼接而成的故事,在个人和情感层面上吸引观众;

● 模拟自己在某个地方的感受,并亲身体验一些东西,例如在龙卷风期间待在地下室里,或者在一位东京青少年的房间里待上一天;

● 用通俗易懂且引人入胜的方式来呈现重要但不那么有趣的内容,例如将黑色(侦探)电影通过建筑物系统(该系统就是一个物件剧场)加以呈现,展示一氧化碳所带来的致命后果,其中,一氧化碳探测器是一个有魅力的小胡子侦探的形象,它解开了一个谜题,即是什么东西导致"无声但致命"的情况发生(图6.44);

● 将展示的焦点转向观众,通过创作魔术表演来挑战观众的视觉和听觉感知,利用科学中心的许多独立感知物件,让观众更深入地参与自己

的"大脑魔术表演";

● 解决诸如应对生活变化、死亡和损失等难题。

物件剧场还有更多的案例和可能性,但在我看来,它受到推崇是因为它具备沉浸和参与的力量,情感上吸引着每位观众用自己的记忆和体验,去创造新的记忆、理解和个人意义。它是一个很好的工具,因为为了在工作中能获得上述成果,我们都在不断地努力。

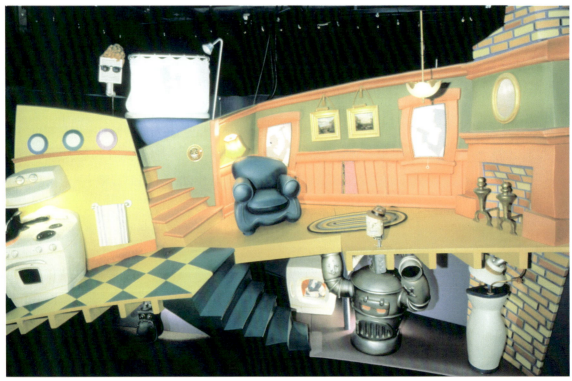

图 6.44 美国明尼苏达科学博物馆"掀翻屋顶"("Raise the Roof")巡展中的物件剧场"会说话的房子"("Talking House")呈现了 20 世纪 50 年代《天罗地网》这一广播剧风格的故事之现场,一个迷人的小胡子侦探形象的一氧化碳探测器解开了一个谜题,即是什么东西导致"无声但致命"的情况发生。[照片承蒙明尼苏达科学博物馆(Science Museum of Minnesota)提供]

标志物体验

如果博物馆有一个标志性物件或体验,它与展览内容的焦点直接相关或者代表更宽泛的展览内容时,对于观众而言,它可能是一种最难忘的体验。这种做法部分地源自世博会传统,即具有一个核心的视觉特征,例如芝加哥1893年哥伦比亚博览会(Columbian Exposition)的首个摩天轮,博物馆已经采用了这种做法。这种"标志物体验"的传播有一个口碑方面的因素——观众将和他们的朋友们分享,而且它往往是观众一开始决定来参观展览的原因。通常情况下,标志物体验涉及的是一个特殊的物件:蒙娜丽莎、自由钟、希望之星、一具古代的木乃伊、鲨鱼或者霸王龙的骨骼。体验的对象也可以是一个经过设计的有特点的物件——一个专为展览构建的元素或结构,规模庞大,由有趣的材料制成,由艺术家创作,或者三者兼而有之。美国史密森博物院(Smithsonian Institution)的国立自然历史博物馆(Smithsonian National Museum of Natural History)为1992年"变化的种子"("Seeds of Change")展所创建的玉米门,是通往一个500年古老故事的建筑入口;"生命之树"猴面包树是1998年迪士尼"动物王国"("Animal Kingdom")中心位置上引人瞩目的标志;请触摸博物馆(Please Touch Museum)的主中庭内有自由女神像手臂和火炬的复制品,高达40英尺(约12.19米),完全是由回收材料建成的(图6.45)。

另一种标志物体验就是那样……体验式的物件。至今仍然给观众留下深刻印象的早期案例,包括:1933年芝加哥科学和工业博物馆(Chicago's Museum of Science and Industry)举办的煤矿开采展览(coal mining exhibition),在那里你会体验到矿井的封闭性;1953年富兰克林科学博物馆(Franklin Institute)巨大的"穿越心脏",观众像红细胞一样在"心脏"中移动,2004年该区域进行了翻新,成了富兰克林科学博物馆生物科学展厅的中心。2009年,密苏里州圣路易斯市的城市博物馆(City Museum),采用真实的1940年的费里斯大转轮(摩天轮的学名)创造了一种标志物体验;这既是一个标志性的物件,又是一种体验式的物件。这是一件来自城市的大型艺术品,因为它被安装在离地面11层高的屋顶上,所以感觉更大。实际上,整个博物馆都可以被视为圣路易斯市的一种标志物体验,与著名的圣路易斯拱门相得益彰。

图6.45 2008年,自由女神像手臂和火炬出现在美国请触摸博物馆的主中庭里,它是一个高40英尺(约12.19米)的复制品,完全由回收的材料和物件建造而成。此标志性物件参考的是1876年在宾夕法尼亚州费城举行的百年博览会期间,观众首次看到的真正的"自由女神像手臂和火炬"。[照片承蒙理查德·克雷斯(Richard Cress)提供]

标志物体验成为观众评判博物馆展陈重要的标准,应该进行精心的规划(图6.46、图6.47)。如同前面的案例一样,标志物必须与有意义且明确的目标联系在一起,否则它们很容易落入俗套,变得太过夸张或太过肤浅。多年来,迪士尼一直因其肤浅的"利润至上"的目标备受指责,但是一些博物馆也落入了这个陷阱。标志物的真实性及其提供的学习体验应该是博物馆与迪士尼最大的不同之处,尤其是当标志物处于博物馆环境中时,观众首先将博物馆视为一种教育资源,因此不能过度商业化,这一点很重要。

无障碍和通用设计

无障碍不仅仅是一种选择,它还是一种法律规定。美国国会1990年颁布的美国残疾人法案(ADA)(并于2008年修订)指导我们在建筑的通

图6.46、图6.47 911悲剧发生之后遗留的双子塔工字梁,宽18英寸(约46厘米),现为自由科学中心(Liberty Science Center)摩天大楼展览中的一个标志性物件,该展品无须借助标签来解释是怎样一种毁灭性的力度和热量,将这根曾经无比坚固的工字梁变成一个看起来像曲别针一样弯曲的物件。[照片承蒙理查德·克雷斯(Richard Cress)提供]

道和空间规划上如何进行必要的考虑,例如残疾人通道的正确斜坡角度或展柜从墙面突出多少距离才不会给视觉障碍者带来不便。

这些都是重要的基本步骤,但是在设计展览时,它们只触及了众多可能变量的表层。当涉及智能或情感方面的挑战时,美国残疾人法案(ADA)并不那么奏效。例如,对自闭症患者来说,展览在无障碍方面可以构建一个新的标准。博物馆对这些问题的评估和设计有很多创造性的做法,但最重要的方法是感知、研究和测试。通常情况下,设计师需要就不同群体如何获得这些体验做出明智而富有同理心的决定。当设计师们深思熟虑地来处理这一问题时,他们可以为那些曾被遗忘的人打开一个全新的世界。

无障碍设计
拉斯·卡尔森(Lath Carlson),**美国加州圣何塞科技创新博物馆**(Tech Museum of Innovation)**展览副主任**

如作者所述,为了让博物馆展览获得成功,它的设计应该是对几乎所有观众来说,都是一次非凡体验。博物馆是公共场所,应该欢迎各种各样的人。而这些受众如同随处可见的人一样,应该被认识到他们彼此拥有不同的能力。个体在感官的利用程度上差别很大,如视觉:观众可能是色盲(其中有很多类型,程度又各有不同),有远视者或者近视者,视力有限者(其中有很多类型,程度又各有不同),盲人,视力超群者(视力优于自然情况,能看到20英尺①之外,或通过激光手术后能看到),甚至可以利用自适应光学技术在不使用眼睛的情况下拥有视力。在其余四种感官中均能够发现,这些在能力方面存在广泛差异的例子同时在认知领域也能够发现。展览设计师如何才能最好地为那些拥有不同能力的观众,创造出相同水平的体验?

---

① 译者注,原文采用"better than 20/20 naturally",直译为"自然情况下,视力范围是20/20",意思是"自然情况下,正常视力在20英尺(约6米)之外就看不清"。

最佳的做法是采取一种以观众为中心的、共情的方法。当你在开发一个新的展览，想要吸引具备不同能力的观众或虚拟观众时，这种方法会很有帮助。员工或志愿者可以扮演这些不同的观众，想象他们在参观你的展览。这种模拟练习最好是扮演成不同角色，参观你的或其他的博物馆现有的展览，这种模拟练习可谓是最好的方法。因为这一过程可以迅速暴露出为所有观众创造非凡体验的障碍，并开始为即将参观你的展览的不同人群建立同理心。另一种方法是广泛邀请真实的观众对展览进行测试，但是这种方法可能无法有效地在设计团队内部建立同理心。

采用上述方法可以极为有效地减少在感官方面（例如在行动和视觉方面）拥有不同能力的观众之障碍。同时，美国残疾人法案（ADA）等标准和法律也为解决这些障碍提供了良好的基础性起点。在美国，遵循ADA是强制性的要求，但其通常是关注身体位移和导向，而非内容的传达。只有通过展览内容的有效传达，才能实现广泛意义上的无障碍，但是这种改变更为困难。

针对美国残疾人法案进行设计，与设计出内容丰富的体验，两者之间的差别类似于路牌和小说。展览通常是拥有特色建筑、展柜、文物、图形、文本、音频、视频、互动装置、立体模型及众多其他要素的深度分层的环境。当设计者试图使每一要素变得更易于使用时，很快发现自己陷入了一个难题。在展览中使用特定的要素，通常有其目的，这个目的可能使要素变得更易使用的努力遭到破坏。以一张示意图为例，该图显示出历史人物之间的相互关系。设计师通常会选择用一张泡泡图来说明它们之间的复杂关系，而观众则可以使用非线性的方式探究这些关系。现在想象一下，尝试让视力受限或盲人观众来使用该示意图，可能就非常困难。然而，该示意图的特殊要素和复杂性又告诉我们，如果不采用现在这种传播方式，而去创建一个听力方面的替代品，几乎是不可能的。

本文的标题是"无障碍设计"——另一个需要注意的障碍是语言。因为有数据显示，五分之一的美国人在家里使用的是英语以外的其他语言，按理说，服务于公众的博物馆需要将这一点增加到无障碍问题之中。根据人口普查的记录,在美国使用的非英语语言中,排名第一的西班牙语的使用者,相较于后一名语言的使用者,多出三分之一。根据地域和潜在观众,博物馆和倡导者不仅需要考虑第二种语言,还需要考虑第三种或第四种[可能是印欧语系和(或)亚洲及太平洋岛国语言]。这对图文和(或)音频的构成要素提出了一个有趣的设计挑战,应该在设计流程的早期就列入计划并予以解决。

所幸还有一条前进的道路,就是对展览环境中观众的差异性和内容的丰富性善加利用。在进行角色练习时,根据你自身的博物馆体验,你可能会发现,虽然每位观众参观的是同一个展览,但是他们在展览中的体验却各不相同。每种体验都是基于观众的兴趣、时间、社群、文化背景、认知因素、知识、身体能力以及许多其他因素而产生的。精心设计的展览能够有效利用不同层次的内容和多样化的传播工具来吸引所有的观众。没有一位观众能够体验展览的方方面面。他们中的每一位都会创造自己的体验,设计师面临的挑战就是让每位观众都获得非凡的体验。

通过将内容分为多个层次,并使用各种传播工具,来吸引观众所有的感官,这样的话设计师可以最大限度地确保展览实现广泛的无障碍。并不是每位观众都会以同样的方式体验所有的展览要素,这本身就不可能发生。你的设计在达到展览目标方面的效果,可以通过对不同角色观众的测试来进行评估。这种方法通常会带来整个展览中对至少四种感官更广泛的利用,并通过变化来吸收不同学习风格和认知能力的观众。因此,对所有观众来说,展览将变得更加吸引人,并真正地实现通用设计的承诺。

环保实践

尽管在博物馆展览中出现了许多"可持续设计"或"环保设计"的最佳实践,但截至本书撰写时,还没有真正的标准或认证。由于许多展览的内容聚焦或涉及保护措施——特别是在动物园、水族馆和自然历史博物馆,因此,博物馆必须按照它们所宣扬的内容去实践(图6.48)。

许多特殊的利益集团正在定义和规范可持续的博物馆实践。一个关键的问题是,博物馆展览的定制化性质意味着我们很少会做出两次同样的设计,尽管人们已经知道,采用绿色、可回收、无毒或无污染的材料进行经济化设计是一种标准做法。同时从长远来看,对于能源效率和再利用的规划,也是今天和未来要面临的一个重要问题。

图 6.48 草图绘制了一株枯树,它被用作开花的凤梨的花盆,从而构建了一个地下通道。[图片承蒙CLR设计有限公司(CLR Design, Inc.)的乔恩·科(Jon Coe)提供]

在环保的良好实践方面,展览设计师最起码要去寻找最新的资源和信息。重要的信息每天都在更新,对于倡导环保的设计师而言,确保展览遵循最新的做法是其道德责任所在。设计师应事先向总承包商和展览制作商详细说明这些必须遵循的做法。它们通常有标价,因此这些打算从一开始就应被纳入预算的考虑中。

目前正在发生的另一个转变是展览的设计方式。我们的选择不应局限于改变材料的主要指标,还应扩展到展览设计业务的实践、过程和方法。例如,将图形面板的具体材料指标从刨花板改为新的"环保"材料是好的,但是如果按照这种方式,则需要完全重新考虑该面板的用途和使用情况。它是否需要使用固体材料,还是可以暂时性地被安装在纸张或纸板产品上? 如果这样的话,它的使用寿命较短,但却可回收。一旦展览内容过时或博物馆决定翻新,这将有助于更新内容,并且在几年后不会制造出装满无法生物降解的层压板的垃圾站。

绿色设计相关的资源

美国博物馆联盟绿色网络专业委员会(American Alliance of Museums Professional Interest Committee for Green practice network,AAM-PIC Green)是我们可以使用的最佳资源之一。"可持续发展的技能对于所有的博物馆工作者而言,都至关重要。你需要借助它来做出环境控制的决策、处理垃圾、选择和管理你的公共设施、设计和选择展览与特殊活动的资源,当然如果你正在修复、扩建或建造一座博物馆,那么你也需要了解它。"[1]

---

[1] http://sustainablemuseums.blogspot.com/.

展览设计的环保指南[①]

- 减少材料用量
- 避免使用有毒物质
- 采取可重复使用的设计
- 使用可回收的材料
- 使用回收的材料
- 采取节能设计
- 利用展览设计进行教育

可持续的展览

拉斯·卡尔森(Lath Carlson)**，美国创新科技博物馆**(Tech Museum of Innovation)**展览副总裁**

可持续性可以被定义为满足当前的目标，而又不会对下一代去从事同样的事情造成负面影响。在建筑中使用环保材料只是策划可持续展览的一个方面。选择使用对环境和健康影响较小的天然材料，是设计师可以采用的较为明显的手段之一，但它应该与更宏观的可持续策略相关联。为了使展览真正具有可持续性，应该考虑采取"全生命周期"的方法。从决定创建实体展览开始，就应考虑展览所涉及的全部事项：展览的持续时间、用途、施工、布展、维护、拆卸、回收或处理。一个充分的"可持续评估"应该从系列问题开始。正如其他章节所讨论的那样，最重要的问题是为什么展览是传达这一内容的最佳方式？一旦确定展览确实是提供内容、达成目标的最佳方式，那么下一步就是从观众的视角来考虑问题。

通过了解哪些因素可能产生的影响最大，你的投入和后续的环保效应问题就可以集中到这些领域。如果一个大型的立体模型不能很好地实

---

① McLean, Kathleen; *ASTC Dimensions*, Nov/Dec 2003. This list is adapted from an appendix in her 1993 book, *Planning for People in Museum Exhibitions*, published by ASTC, 1994.

现你的目标,那么无论采用什么"环保"材料制作,都不如使用一幅大型平面壁画更具可持续性。

另一个需要问的重要问题是,这个展览的展期有多久,之后将如何打算?展览的展期是展览设计和材料选择的关键考虑因素。如果展览是短期的,想一想哪些现有要素可以使用,物品能否租用,是否可被重新设计和再次利用,或者展览是否可用易于回收的材料制作。如果你所在的博物馆打算策划一系列临时展览,那么可考虑投资一个模块化的展示系统,该系统可使用最少的新材料进行重新改陈。对于展期较长的展览,应当考虑其他因素。使用能更好地保持初始环保效应的材料,这样可能更具可持续性,可以避免在展览后期去更换它们。同样地,在某些情况下,允许使用合成材料,如制作耐用的互动装置。还应注意使用能用无毒清洁剂进行清洁的材料,以及可以根据需要进行修补而非更换的材料。对于更长期的常设展览,还必须要考虑最终的拆卸、回收或者处理。为了帮助完成这一工作,尽量使用最少量的黏合剂和涂料来设计构件,否则会使拆卸和回收变得较为困难。模块化结构最好采用通用的机械固定物和较少的复合材料。

展览如何为观众所使用?是否需要更新?风格会很快过时吗?没有互动装置的展览通常比能动手体验的展览更少被损坏。具备动手装置的展览对于想要实现可持续的设计师而言,构成了重大的挑战。为了使这些装置持续使用一段时间,使机构方便管理和实现成本效益,通常需要使用合成材料和可能有毒的材料。另一方面,因为这些展品是要被触摸的,通常被孩子们触摸,但让他们接触这些材料并不合适。应该在平衡各种需求时做出判断,尽量减少这些材料的使用,并尽可能避免它们与观众直接接触。作为展览生命周期中需要加以分析的内容,策展人应特别注意确定展览期间需要更新的内容。一些从古至今通用的展览要素,如延续到现在的时间表,必须设计成便于更新的方式。如果科学或历史的共识发生改变,还应注意有些内容可能需要修改。例如,老的恐龙支架是直立焊接的,后来科学共识发生改变,需要将其转变成一个更趋于水平的姿势。铰接式(用铰链把两个物体连接起来的一种形式)支架可以更好地解决这一转变过程中的可持续问题。设计师也应该谨慎地使用有时间限制的设计风格。对于展期长的展览，最好使用已经用过并得到认同的颜色、排版和样式，而非当前的流行趋势。例如，与20世纪80年代流行的龟壳和粉色塑料层压板相比，20世纪中叶现代风格的外观则更能经受得起时间的考验。

只有在考虑了所有这些问题后，设计师才应开始考虑材料和施工方法。为了获得最佳的可持续性，应该选择加工最少的天然资源或者可回收材料。其中，不施用化肥或除草剂就能够快速更新的资源，以及不用长途运输的资源是最好的。材料经过的加工程序越多，其矿物能源消耗就越多，那么得到良好处理的可能性就越小。虽然像铝这样的材料很容易回收利用，但它们需要消耗大量的能源来进行生产，应该谨慎使用。材料的饰面应选择不会"排放"有毒烟雾的材料，并允许进行表面修补而非更换。同时，展览的建设应在当地完成，尽可能采用当地采购的材料，以减少货物运输因布展和维修需要进行船运与空运时所带来的燃油消耗。在设计要素时，应注意有效使用材料以减少浪费。鼓励使用可以循环使用的模块化元素。考虑设计可供其他机构重复使用的组件，如：办公家具或是升级改造后能进入礼品店的物品；当将完成的展品运送到博物馆时，使用可重复利用的包装毯和可回收的包装材料。在布展过程中，需要为最终的拆卸做好规划，并避免使用有毒胶水。

展览中的电子设备、照明和多媒体需要多加考虑。电子产品的能源使用、效能和处理应当提前规划。照明和电子产品应选择节能并且能在不使用时自动断电的；"能源之星"①的评级是一个非常好的参考指标。我

---

① 译者注："能源之星"（"Energy Star"）是一项由美国政府主导，主要针对消费性电子产品的能源节约计划，于1992年由美国环保署（EPA）和美国能源部（DOE）启动，目的是降低能源消耗及减少温室气体排放。该计划后来又被澳大利亚、加拿大、日本、新西兰及欧盟采纳。该计划为自愿性质，其标准通常比美国联邦标准节能20%～30%。最早配合此计划的产品主要是电脑等资讯电器，之后逐渐延伸到电机、办公室设备、照明、家电等。后来还扩展到了建筑，EPA于1996年起积极推动能源之星建筑物计划，由EPA协助自愿参与业者评估其建筑物能源使用状况（包括照明、空调、办公室设备等）、规划该建筑物之能源效率改善行动计划以及后续追踪作业，所以有些导入环保新概念的住家或工商大楼中也能发现"能源之星"的标志（https://www.energystar.gov/about）。

们可以考虑使用自动控制系统和传感器来管理开关。对于拥有很多由计算机驱动展品的博物馆,使用虚拟服务器和瘦客户端基础设施(thin client infrastructure)可能是有好处的。电子垃圾已越来越成为一个全球性问题,尽量选择专门为拆卸和回收而设计的电子产品,并尽可能投资更为耐用的高品质元件。在展览周期结束时,将其返还给制造商或者信誉良好的电子废物回收商。

在本书出版的时候,可持续的展览建造或"环保"材料仍没有统一的标准。一些博物馆发现美国绿色建筑委员会(U.S. Green Building Council, USGBC)基于项目的能源和环保设计评级系统[1](Leadership in Energy and Environmental Design, LEED ®)中的要点很有用,虽然它们主要是为了新建筑和商业空间的室内设计而开发的。森林管理委员会(Forest Stewardship Council , FSC)的认证在识别更能可持续利用的木制品方面非常有用。

结论

本章介绍了在规划和设计一个展览时可能需要考虑的一系列因素。团队如何来考虑和处理这些选项?他们是否愿意在大大小小的诸多方面超越他们之前举办的展览?应当将这些考虑因素引入合作过程,并对其进行评审,以便应用到手头的展览项目中。设计倡导者在合作过程中给整个项目以支持,使概念"可视化",并帮助将内容制作成对观众和团队有益的体验(图 6.49)。

---

① 译者注:能源和环保设计评级系统(Leadership in Energy and Environmental Design, LEED ®)是世界上使用最广泛的建筑评级系统,每天有 185 万平方英尺(约 17.2 万平方米)的建筑空间获得认证。LEED 认证可以对建筑物或社区的环保特征进行独立验证,从而实现资源节约、高性能、健康、经济、高效建筑的设计、建造、运营和维护(http://leed.usgbc.org/leed.html)。

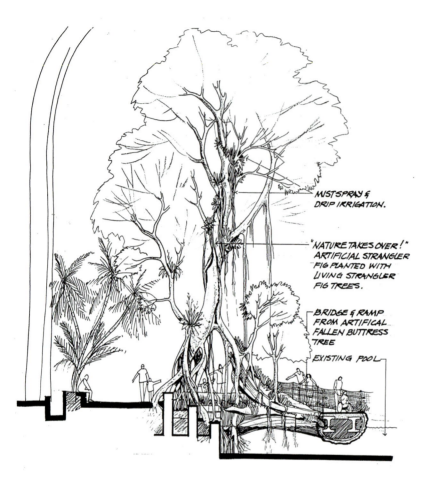

Figure labels within sketch:

MIST SPRAY & DRIP IRRIGATION.

"NATURE TAKES OVER!" ARTIFICIAL STRANGLER FIG PLANTED WITH LIVING STRANGLER FIG TREES.

BRIDGE & RAMP FROM ARTIFICIAL FALLEN BUTTRESS TREE

EXISTING POOL

图6.49 雨林布展的草图。[承蒙CLR设计有限公司（CLR Design, Inc.）的乔恩·科（Jon Coe）提供]

延伸阅读

Bitgood, Stephen. *Social Design in Museums: The Psychology of Visitor Studies.* Edinburgh: Museums Etc, 2010.

Brown, Tim. *Change by Design: How Design Thinking Transforms Organizations and Inspires Innovation.* New York, NY: Harper Business HarperCollins Publishers, 2009.

Dean, David. *Museum Exhibition: Theory and Practice.* New York: Routledge, 1994.

Din, Herminia, and Phyllis Hecht（eds.）, *The Digital Museum A Think Guide.* Washington, DC: American Association of Museums, 2007.

Hughes, Philip. *Exhibition Design.* Portfolio Series, London: Laurence King Publishing Ltd., 2010.

McLean, Kathleen. *Planning for People in Museum Exhibitions.* Washington, DC: Association of Science —Technology Centers, 1993.

Simon, Nina. *The Participatory Museum.* Santa Cruz, CA: Museums 2.0, 2010.

Vlarde, Giles. *Designing Exhibitions: Museums, Heritage, Trade and World Fairs,* Second Edition. Aldershot, England: Ashgate, 2001.

除了出版物之外,还有重要的在线资源,如:妮娜·西蒙(Nina Simon)的博物馆2.0(Museums 2.0),作为一家当代博物馆,维护着一个专注于展览的博客;保罗工作坊(Paul Oreselli Workshop)(www.orselli.net)是一个网站资源,可以提供互动装置、巧妙的解决方案、提示(技巧),以及大多数自然科学展品的制作;展览档案(www.exhibitfiles.com)是一个由科技中心协会(ASTC)资助的会员网站,通过图像、案例研究和评论来记录博物馆的展览。

第7章 项目和团队倡导者

试图在没有项目管理的情况下去管理项目,就像试图在没有球队比赛计划的情况下去进行足球比赛。

——凯伦·泰特(Karen Tate),项目管理研究所(Project Management Institute)

管理项目和团队

项目经理负责运行项目,确保团队能在流程一开始设定的时间和预算范围内,根据需要生产出可能的最佳产品。这种倡导者会拥有一种权力,但这种权力是服务于团队,而非个人的。项目经理不是拥有绝对否决权的最终领导,而是一位指导者、促进者和唠叨者。项目和团队的倡导者需主要关注项目的三个方面:工作预算的创建和管理、工作进度表的创建和管理、团队的健康状况以及成员的工作方式。

图片:美国瑞典历史博物馆(American Swedish Historical Museum)的"走进新世界:林奈和美国"("Come Into a New World: Linnaeus & America")展。[承蒙理查德·克雷斯(Richard Cress)提供]

三个关键问题

- 如何创建最优工作预算和进度表？
- 如何最佳地管理工作预算和进度表？
- 如何让过程的倡导者成为创意团队的一分子，却又在团队产生重大分歧时能保持距离？

方法与理念

我们相信，项目和团队倡导者是一个超出我们许多人想象的、更有能力和更为重要的角色。良好的项目管理对于创建一个友好的合作环境是十分必要的。我们也相信，无论是在技术方面，还是在人际方面，这种倡导有时候需要更多的技能才能得以实现。在本章中，我们将对这些技能进行概述，并就如何处理某些基本任务给出一些建议（图7.1）。

我们还相信，这可能是一个从整体来看很难承担的角色，因为优秀的项目和过程倡导者创建和维护了所有团队成员开展创造性工作的环境，但并不能决定创造性工作的结果。鉴于该角色拥有如此强大的影响力，如果不让其参与到工作中，那么此项目很难顺利开展。

无论好坏，几乎没有一家博物馆会让馆内工作人员来完成所有的开发、设计和制作工作，所以这些职能中的一些或者全部可能会被外包。即使是"临时"工作人员参与某些工作，你仍然需要采用这样一种方法，即与不一定具有博物馆经验或合作经验的人一起，创建进度表和团队。哪怕面对的是主题专家，也需要这么做。即使是拥有策展人员的博物馆也可能会发现，对于一个特定项目而言，员工中可能没有具备权威专业知识的人，必须从外部聘用。或者是我们可能正在寻找多样化的观点，为了获得这些多样化的观点，我们需要把目光放到博物馆的高墙之外。无论如何，对于项目和过程倡导者而言，这通常意味着他们要兼顾外部承包商的合同和进度表，以帮忙弥合所有这些群体之间在工作方式上的差异。

图7.1 项目和团队倡导者在保持团队正常运转的同时，平衡好预算和遵照进度表。[插图来自迈根·希克森（Meghann Hickson）]

制定一份进度表

与我们论及的大多数工作成果一样,预算和进度表的制定也需要从研究阶段开始,并在研究、组织、可视化、文档化和结果呈现的过程中经历一系列"接近近似值"的情况。如果你很幸运,你将获得博物馆以往展览项目的一些经验(甚至文档)。如果没有,你将不得不从头开始制定你的进度表。也许还有其他需要考虑的事:展览需要为某种庆祝活动或周年庆做好准备,或者可能是一个新展区或全新的建筑将要开放。如果是这样,那么展览完工的日期基本已经确定。即使没有确定,"倒数"的训练通常也是围绕进度安排展开对话,以及制定粗略大纲的好方法(图7.2)。

博物馆展览
制定初步的日程表

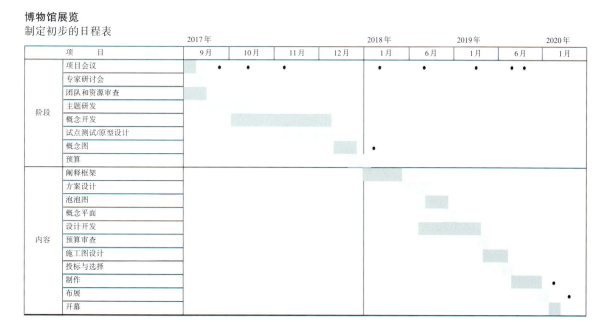

		2017年				2018年		2019年		2020年
	项目	9月	10月	11月	12月	1月	6月	1月	6月	1月
阶段	项目会议	•	•	•	•	•	•	•	•	••
	专家研讨会									
	团队和资源审查									
	主题研发									
	概念开发									
	试点测试/原型设计									
	概念图					•				
	预算									
内容	阐释框架									
	方案设计									
	泡泡图									
	概念平面									
	设计开发									
	预算审查									
	施工图设计									
	投标与选择									
	制作									•
	布展									•
	开幕									

图7.2 "粗略"绘制的进度表大纲。[承蒙波利·麦肯纳-克雷斯(Polly McKenna-Cress)提供]

制定粗略的进度表

首选的开幕时间是:2020年1月

问:制作和布展需要几个月? 为了对此做出有依据的推测,我们需要知道展览的规模,以及展览相对的复杂程度。举例来说,让我们想象一下展厅面积是 2000 平方英尺(约 185.81 平方米),将由一家外部公司来建造。

大概估计:6 个月。

因此,制作的时间应开始于:2019 年 7 月。

问:制造商进行设计和记录需要几个月?为了对此做出有依据的推测,我们需要了解我们将要举办哪种类型的展览:会使用互动吗?会应用媒体吗?我们内部是否拥有设计能力,还是必须去寻找外部公司,并与公司签约?举例来说,让我们想象一下,预期只有一些互动、一两个视频,我们将会在内部自行设计(换句话说,这是一个不太复杂的案例,对一些要素的原型设计进行形成性评估的时间很短)。

大概估计:12 个月。

因此,设计开发阶段应开始于:2018 年 7 月。

问:创建概念并进行测试需要几个月,以便开始深化设计?为了对此做出有依据的推测,我们需要分析,在策展意向被批准前,该想法已经实现到什么程度?举例来说,让我们想象一下:我们已经和一群顾问合作了一段时间,完成了概念文件,进行了早期的观众研究,与主题相关的藏品资料也为员工所熟知;而且,虽然还没有组建团队,也还没有特定观众的参与,但已经有一位或多位员工一直在思考和预判这方面的工作。

大概估计:最少 10 个月。

因此,概念开发应开始于:2017 年 9 月。

哎呀!目前是 2017 年 12 月,所以我们做出了以下决定:要么展览的开幕时间不能是 2020 年 1 月,要么我们必须找到一种方法来减少我们刚刚估算的月份数。团队可以讨论如何进行选择,但是不能讨论得太久,因为当我们收集了更多有关工作的详细信息时,会发现有更多的潜在障碍需要去考虑。因此,如果可能的话,让我们给自己留点空间,在 2020 年 6 月开幕,而不是 1 月。请记住,一旦我们确定了开幕时间,将很难改变,因此明智的做法是,确定我们能够按期完成。

细节是魔鬼

一旦制定了像刚才展示的那样一份粗略的进度表,就要马上着手处理细节,虽然处理细节比较难,但却至关重要。事实上,组建团队和安排细节都需要一些时间,因此在进行概念开发之前,新的进度安排的第一个月就是要着手处理这些事,要明确一些主要的事(图7.3)。

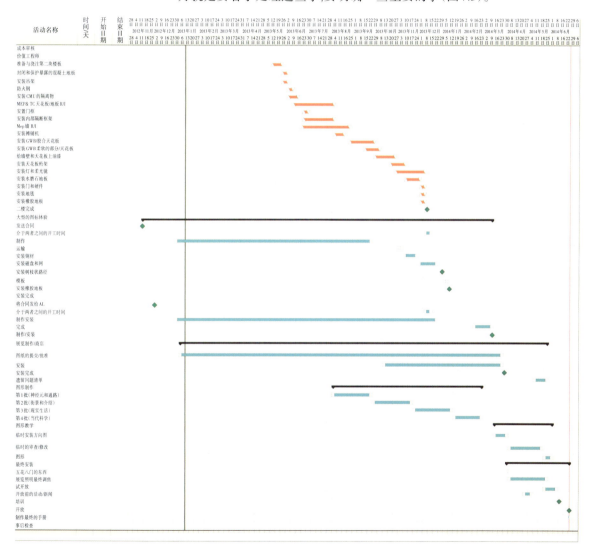

图7.3 详细的进度表。[承蒙富兰克林科学博物馆(Franklin Institute)的珍妮·麦尔(Jeanne Maier)提供]

- 对重要阶段进行阶段性审查的日期(这决定了支持这些重要阶段的文件和其他工作成果的最后期限);

- 各类观众研究开展的日期(包括前置性研究、各种元素的实体实验和原型设计);

- 特殊产品(需要很长时间才能创造出的东西,比如大型模型、动物标本、标志物体验、精心制作的媒体或者复杂的互动装置)得以批准和开始生产的日期;

- 主要团队成员休假或其他缺勤的时间(需要包括重大节假日或者博物馆旺季,此时员工可能会从项目中被抽调出去);

- 其他烦琐的、多阶段的工作及其拟完工的日期(如标签编写和最终平面设计的完成,含租赁协议、藏品保存和安装说明的最终藏品清单之确定,或者虑及版权购买的最终图像、媒体清单之明确)。

这个阶段可能非常耗时,因为进度表的各方面,都需要得到相应团队成员的理解和认同,相关安排未来需要他们去落实。即使是高度合作的团队,每个人也可能会在严格定义的工作角色之外,被混合和分配其他的一些任务,这可能会使计划变得更加复杂。

哎呀！不要忘记

我们还必须永远记住本书前面的引文,"便宜、快、好:只能三选二"(图7.4)。围绕这句格言进行的权衡取舍,可能会被描述成"哎呀时刻"。

- **哎呀,我们落后了**:如果想解决进度问题,几乎总是可以通过向项目投钱来实现。但是加快进度可能会导致一系列后果——我们太快做出了决策,后来却发现对此并不感到特别满意。

- **哎呀,我们忘记做观众研究了**:如果没有人提前预见到观众研究的必要性,那么就会将它视为事后考虑之事。而事实上,当我们感受到进度安排的压力时,往往第一件要做的事就是观众研究。另外,如果你忘记安排某人去做这件事,当你需要进行观众研究时,会导致更长时间的延误。

- **哎呀,我们承诺的质量正在下滑**:当一些工作出现质量下滑,那么其他的最佳实践也会随之消失,比如开始时的社区投入,资深学者或者社

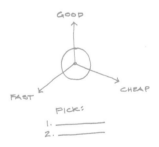

图7.4 "便宜、快、好:只能三选二"[图片承蒙波利·麦肯纳-克雷斯(Polly McKenna-Cress)提供]

区对最终标签副本的审查,在媒体和互动装置安装期间的"调试",甚至是在最终重要阶段的审批——因为如果审批有问题,你无论如何都将没有时间来解决。

以上每一条都很糟糕,但只有在进度表制定不当或者执行不力时,这些事情才会发生。

尽管听起来很让人吃惊,但我们也可能会空出很多时间。当事情从一个阶段进展得不顺利,至少有一点紧迫感的时候,团队成员就可以开始自我反省,改变他们对细节甚至是大局的看法,比如展览的基本标准。如果任凭事情这样发展下去,这种留下了充裕时间的情况可能会导致出现较为混乱的展览,因为在很多次的犹豫不决和重新决策中,展览失去了它的特色。

创建进度表过程中的最大问题通常是团队成员实际上并不知道他们需要花多少时间来完成某项特定的任务,因此他们对时间的预估会非常糟糕。而时间真的就是金钱。在理想情况下,我们拥有以前展览项目的文档可用来查看,这意味着我们将得到诸如时间表和以前项目的进度表等材料。人们很少准确记得这些事情,尤其是当这些事情是他们很多年以前完成的,当时还伴随着被其他任务甚至是其他项目打断的情况。有些人会过分地高估所需时间,有些人则会低估。当不存在可参考的文档时,向其他机构的同仁咨询可能是明智的。虽然个别博物馆的独特方式可能会使你的研究受阻,因为你无法直接借鉴它的经验,但它可以为你提供一个起点。在编制预算时,遇到的问题和处理的方法也与上述情况类似。

管理进度表

有很多软件可以帮助你来录入最后的进度表,以便你对它进行跟踪,并提供给所有的团队成员。我们不会试着在这里列出软件的名称,因为可使用的新版本正在频繁地出现。然而经验告诉我们,软件可以自动做太多事情(比如当截止日期更改时,一系列工作成果的截止日期会相应改变)——一开始这可能看起来是一个好主意,但后来可能证明这是一件糟糕的事。你选择的系统应该具备可塑性，以供你使用，你应该能够自己决定改变哪些细节，而非让它们关联度如此之高，且是自动化的，以至于让你感到程序难以控制。

对于非常大型的项目，为了特定的受众，将一部分工作从整个进度表中独立分离出来也是一种有用的办法。例如，图形设计师和标签编写者可能有一个小型的、独立的进度表，该表只关注他们在创建文字面板时必须注意的步骤，而非涉及所有复杂的事情。

所有人都需要截止日期。——华特·迪士尼（Walt Disney）

遵照进度表

制定进度表实际上很容易！困难的是让团队成员遵照进度表，而该进度表理论上是团队成员帮着创建并达成共识的。定期召开短会可能是管理进度表最简单的方法，这样的会议可以对当前各项进度安排进行检查，在这些会议中发现的任何问题都应当立即处理。高度合作的团队在解决这种问题上会表现得更好，因为他们习惯于工作角色的边界模糊，但即使这类团队最终也会对一贯不按时完工的成员失去耐心。由于展览的大多数工作存在极高的相互依赖性，当一个人未完成他或她的目标时，往往会给其他人带来众多连锁的问题，并且很快又会出现新问题。

这是一个需要由项目和团队倡导者来解决的问题。如果每周的会议上，在同仁面前将失败公之于众，没有给当事者带来预期的压力，那么你可以在一个更为私人的谈话中，认真地去寻找导致问题产生的其他原因。是工作量太大了吗？这个人是否还遇到其他使他（她）耗尽了时间和精力的问题？他（她）是否缺乏完成这项工作所需的技能，或缺乏信心？或只是他（她）个人"不感兴趣"？虽然解决这些问题可能不在你的权力范围内，但是你能够尽可能地以最小的代价来发现问题，如果这些问题在团队中无法得到解决，那么就将它们提交给机构内另一个拥有适当权限的人去解决。如果一位重要的参与者根本无法完成这项工作，那么为了让这个项目顺利地进行下去，你还有一项艰巨的任务就是建议一位替代者。请记住，总是处于失败的境地，永远不会符合个人的最大利益。但是，总的来说，如果你只是没有成功怎么办？如果你远远落后，很明显该

200   博物馆策展：在创新体验的规划、开发与设计中的合作

项目永远没法在截止日期前完成,那该怎么办?

首先显然要去尝试的事是延长期限。人们通常无法理解为何要采取这一步骤,因为无论我们谈论的是延长内部员工的时间,还是外部顾问的时间,这都将花更多的钱。另一个更可怕的策略是削减项目的某些内容,以便将所有可用的时间,都花在为了展览开幕必须去做的事情上。还有一个策略是增加员工——当然,这也将花更多的钱。再说一次,便宜、快、好,只能三选二。

编制预算

"它要花多少钱?"
"那么,你有多少钱?"

这种交流是对编制预算时一个长期存在的问题的简单表达。客户想要知道他或她需要多少钱才能完成该项目(并且想要了解这个数字是怎么来的)。而工作团队只想知道有多少钱是他们可以用的——然后他们会告诉你,用这些钱可以做什么。当客户只是告诉工作团队,他们并没有那么多钱可以用时,团队成员为什么还要费尽心思来编写一个全面的预

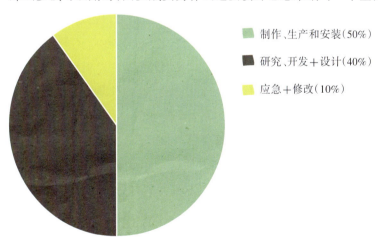

制作、生产和安装(50%)

研究、开发+设计(40%)

应急+修改(10%)

图7.5 着手进行大致估算的方法:将总成本的大约50%视为制造、生产和安装成本,10%视为应急和修改成本,剩下的40%视为研究、开发和设计成本。[图片承蒙波利·麦肯纳−克雷斯(Polly McKenna-Cress)提供]

算?!有时我们确实知道有多少钱可以用,但是通常情况下我们不知道,所有我们必须采用一些估算的策略。

最常见的做法是将每平方英尺单价与面积简单地相乘。每平方英尺单价的估算由设计和开发的成本,材料、制作和安装的成本以及其他一些成本构成,其他成本如针对所接收空间的外壳进行的准备工作、应急、线路修改以及照明的成本等。但是这样的数字从哪里来?

参考先前项目的预算

以往项目的文档可以提供一个很好的起点。然而,这种方法存在潜在的缺陷,特别是在试图估算劳动力成本时。

● 你所在的博物馆开展的项目中员工时间是否"收费",这一点在运营预算中是否已经被考虑到?在许多组织中,员工的时间是被视作"免费"的,没人记录或知道它的价值。但是由于劳动力成本在任何展览预算中占有的比重最大,团队中的任何角色可能因为新的工作而被借调出去,所以不记录或不知道其价值是一种不好的做法。现在开始,找到一种方法去记录员工在项目上花费的时间(包括管理、维护等),这样的话你就可以开始构建一个文档库,以便在规划新项目时能够查看。

● 你的财务办公室是否提供了一种"基于项目"的记账方法?这意味着一个展览项目的所有财务方面(包括工资)都会显示在月度报表中。这将对以下三件事有所帮助:①项目管理者可以轻松地跟踪项目预算;②项目留下完整的记录,以供编写其他预算时参考;③为资助者,特别是使其了解实物所需的资金,创建了更好的报表数据。

这很有用。因此,如果你没有基于项目的报表系统,请与你的财务人员合作,尝试开发一个。但是预算总是要"极为小心谨慎"——确保你能了解报表中的所有内容。换句话说,项目经理和财务办公室都必须跟踪分配和支出,以最大限度地减少报表中的疏忽、错误或时间上的拖延,这些都可能会带来灾难性的后果。"哦,由于感恩节放假,11月底的账簿还没有核对?我们以为我们赚了5000美元。"有一个人应该始终了解预算的收支细节,那就是项目经理。

行业标准

如果内部没有以往的文档，也就是没有每平方英尺估算的参考，那么你可以尝试求助于其他类似机构的同仁，看看他们的估算工具是怎样的。还有一种策略是使用所谓的"行业标准"里的数字。但实际的成本因地区不同而有所差异，因此这些数字并不那么可靠。此外，许多地方会重复使用一些技术，但这些技术在最初开发时可能需要花费相当大的成本。他们也可能重复使用材料，或者非常擅长从社区获取材料甚至是专业技术。他们对展览"完成程度"的期待，可能比你的机构高得多或低得多。这些变量中的一些或全部，都可能使你所在机构的预算与另一机构的迥异。无论如何，在别无他法的情况下，行业标准确实代表了一个起始位置，可能有助于团队成员实现他们的预期。图7.6—7.9给出了每平方英尺的基本概况。

图7.6 "低端"意味着使用现成的媒体、机械互动装置，甚至是"蹭"材料和重复使用材料：50～200美元每平方英尺（4.65～18.59美元每平方米，如以汇率6.7计算，即31.16～124.55元每平方米）。〔插图由迈根·希克森（Meghann Hickson）提供〕

图7.7 "中端"意味着使用少量媒体或互动体验，以及普通材料，重复使用一些家具和材料：大约200～500美元每平方英尺（18.59～46.45美元每平方米，如以汇率6.7计算，即124.55～311.23元每平方米）。〔插图由迈根·希克森（Meghann Hickson）提供〕

图7.8 "高端"意味着使用一些附加的东西、高端的材料:约500~1000美元每平方英尺(46.45~92.90美元每平方米,如以汇率6.7计算,即311.23~622.45元每平方米)及以上。[插图由迈根·希克森(Meghann Hickson)提供]

图7.9 "迪士尼"意味着使用了动用所有技术的和(或)互动成分的附加东西,以及高端的、防弹的材料:约1500~2000美元每平方英尺(139.35~185.81美元每平方米,如以汇率6.7计算,即933.68~1244.90元每平方米)及以上。[插图由迈根·希克森(Meghann Hickson)提供]

预算清单

预算编制策略中另一个有用的工具是一份简单的清单。同样,对以往展览中文档的归档和机构所犯错误的记录也会对预算编制有所帮助的。但是如果你在开始时,毫无准备,那么下面是你需要考虑的各种费用的概述。

劳动力:每项任务可能需要多少时间? 由谁(内部或外部)来完成?他们的小时工资和津贴成本,即劳动力的费用是多少(图7.10)?

劳动力和员工:开发、展览(3D)设计和图形设计、主题方面的专业知识、档案或藏品研究、对物件的评估和可能的保护、观众研究(研究和评估)、照片或电影研究或版权获取、撰写工作、照明设计、媒体设计和制作。

顾问：如果上述员工和劳动力清单上的内容都是需要的，但是团队中没有，则需要分配一些给顾问的费用，以便填补该角色的空缺。

常规结构建造：建筑外壳，包括暖通空调、建筑隔断(墙壁)、地板、坡道、电气及数据布线、水、照明、应急照明及出口、墙面装饰等。

展览制作和布展：景观，包含物件托架的展柜、照明、多媒体装置、互动装置(电子的和机械的)等。

平面的图文制作：图文(展览和印刷材料)、寻路、展厅指南、谢词、市场营销材料(如小册子、横幅和公交车广告)。

修改(建议占项目总成本的5%)：这是很关键的比例分配，直到项目的最后才会涉及，需要就基于观众评估无法避免的问题进行修改。

应急(建议占项目总成本的5%)：这笔钱不能被挪用，必须被原封不动地保留到最后。其将被用来解决发现石棉(含铅)涂料，或者遭遇洪水或其他天灾等问题，或者其他类似的问题，这些问题本身是不可预见的，但都会增加成本。

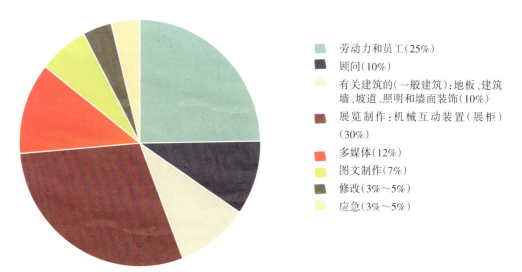

图7.10　了解预算项目类别是一个有用的入门指南，此图显示了一种典型的预算分解方法。预算应当反映项目的范围和支出的重点，例如：是否有高端的互动装置？是否有舞台来营造沉浸式环境的风景作品？[图片承蒙波利·麦肯纳–克雷斯(Polly McKenna-Cress)提供]

材料、供给物和其他成本（更为详细的分解）

- 空间外壳成本，包括电气升级、油漆、地毯和隔音成本等

- 空间筹划成本，包括墙、门和固定装置等

- 空间特制品，如管道

- 照片、媒体的授权成本

- 媒体制作成本，如运送、设备租赁和字幕成本等

- 媒体设备成本

- 顾问费用，如差旅费、酬金和会议餐饮等

- 员工为了开展研究、参加小型和大型会议而出差的成本

- 购买图书和其他出版物

- 双语翻译的成本

- 活动的材料成本，包括手推车、消耗品等

- 制作的材料成本，如木材、石膏板、亚克力、紧固件和涂料等

- 制作的特制品成本，如动物标本、物件复制品和骨架

- 道具成本，如服装、装饰品

- 办公成本，包括电话费、邮资费、复印费、日用品费等

- 新增员工的成本，包括家具、电脑等

即使你对这些项目成本的第一次估算不正确，你也拥有了一个开始。通过这种方式编制的预算，与来自平方英尺相乘得出的预算，与你所在机构或其他机构以往展览的预算相比较，可以帮助你确认或改进你的初步估算。

管理预算

如前文所述，你在财务办公室的合作伙伴可以通过创建报表，帮助你了解已经花了多少钱，还有哪些负担（承诺要花掉的），以及在某一特定的时间还剩多少钱。无论是否存在可能，你都不得不创造出自己的方法来跟踪预算或者承担超支的风险。为了做到这一点，你必须创建一个系统。在这个系统中，所有预定的时间、服务合同和采购订单都能被你看到

并记录在案:这是一项耗时且重复性强的任务,但在大多数机构中是必需的。根据你所在机构"会计科目表"的用途,可能还需要创建一个标有类别编号的分科表,以便考虑到如木材或电子产品的成本等科目,而不仅仅是考虑到邮资和办公用品费用。

对于大中型项目来说,真正的危险是在开始的时候(无论是否提前计划好)花费很多,为后续留下的资源很少。解决该问题的方法是为每个展区创建单独的"信封"或者"账户"。一开始,在完全了解某个展区的所有细节之前,可以通过简单的划分来完成[我有75万美元用于3000平方英尺(约278.71平方米)的展览,概念上要把它分成三部分;每1000平方英尺(约92.90平方米),我将留出12.5万美元用于制作]。而后,随着展览推进,团队可以同意将资金(可能还有空间)转移到那些更重要的地方,或者转移到需要一两种更加昂贵的处理方法来传达信息的地方。

此时,应当安排的重要任务之一就是编写一份更为准确的预算。如果这些估算开始看起来偏离轨道了(因为它们几乎总是这样),明智的做法是,试着按照你的想法去控制它们,而不是任由团队直到最后一刻都还相信他们能负担得起超出实际承受能力的展览费用。事实证明,这种严谨性有助于你去评估获得更多资金甚至实物捐助的可能性。如果某个特定的要素已经被描述、评估,然后被削减,那么仍然有时间通过筹资活动挽救它,或者由更高层人士或理事会成员决定该要素是否值得去挽救。

预算只是使你不得安宁的一种东西,在你花钱之前和之后,都是如此。——无名氏

价值工程①（或削尖铅笔）

这个短语描述了从一个项目中削减要素的过程，或构思以更低的成本完成同样工作的方法，例如，使用比原计划更便宜的材料。这通常是一个痛苦的过程。运用价值工程最有效的时间点是在施工图设计阶段，因为为了投标，设计规范已经得以明确。然而此方法通常是在投标后再运用，因为成本受到哪些因素影响及其影响结果变得清晰。许多经验丰富的专业人士能够识别出必要时可以被削减的要素，并确保故事的呈现与前面保持连贯。

预算对于每个人而言都是非常重要的。因此它需要对团队所有成员尽可能保持透明。如下的一些情况比价容易招致反感：不知道谁在花钱以及钱花在哪里，或者更糟糕，忽视预算的限制，以及不知道资金如何通过预算被分配到不同领域。

管理团队

项目经理的许多工作都是在幕后进行的。虽然这些倡导者需要知道如何召集、运作和记录一场会议，但在会议开始前，很多工作实际已经展开，例如：精心制订议程；与被邀请出席会议者进行沟通；让顽固不化的团队成员承诺会充分参与；或者让每个人做好做艰难抉择的准备。会议之后也会同样忙碌：会议记录必须被传达，任何进展不顺或未能得到解决的事都必须经过深思熟虑，并付诸行动。

项目倡导者通常无法拥有赋予谁在团队中居于首位的权力，尽管他们往往在寻找和聘用各种承包商和顾问方面发挥着重要作用。因此，无论团队实际如何组建，他们是否喜欢彼此，项目倡导者都需要准备好与几

我们不得不"伸长脖子"来识别出这些要素。——展览开发商迈克尔·莱佛德（Michael Levad）

一个好的项目经理必须充分了解每个人的工作，以便让他们参与到各自的领域中去。我经常说，一次好的会议是我只说我认为需要解决和已经解决的问题，除此之外什么也不说，因为在会议之前，我已经做了足够多的工作，以确保所有事情尽善尽美。——马克·戴奥拉杰（Mark Dahlager），美国明尼苏达科学博物馆（Science Museum of Minnesota）

---

①译者注：价值工程（value engineering）是一种新兴的科学管理技术，是降低成本、提高经济效益的一种有效手段。价值工程起源于20世纪40年代的美国，美国通用公司工程师麦尔斯（L.D. Miles）是价值工程的创始人（何元斌、杜永林主编：《工程经济学》，成都：西南交通大学出版社，2016：241。）

乎所有的员工一起工作,并且准备好帮助其他人一起开展工作。

团队的组织

团队可以通过多种方式进行组织。可以从一开始就指定总负责人,或者赋予某个人在工作的特定方面或特定阶段的决策权。团队成员可能期望他们一直都是平等的,并且所有决定都是大家同意的,或者可能出现"同侪之首"——基于技能、机构内部的影响力,或者单纯的人格魅力。无论机构的组织结构如何,团队其他成员都会服从于这个人。每种组织结构的安排都有优点和缺点。重要的是,要存在一个决策的过程,每个人都能参与其中,使项目随着大家一点点的善意而推进(有关团队组织策略,请参阅第3章)。

项目审查流程

有一个明确的审查流程也是很重要的。理想情况下,在每个审查阶段都需要某个人(机构倡导者或者"客户")进行权威性和具有洞察力的发言,以批准工作进入下一阶段。即使不止一个审查者在场,客户仍然需要提供一套关于在本阶段审查通过前,必须进行的某些更改的说明(图7.11)。

事实上,这些决策过程中的任何一种都可能借由多种方式误入歧途,其方式多种多样,以至于这里无法一一提及。理解和采取行动的重要一点是观念,即所有可能的分歧通常都围绕着某种权力的失衡,或者某些人不愿意把权力让给那些被指定拥有权力的人。这类难以解决的问题通常有三种可能的处理办法:召集更具权威的人来做最后决定;用观众研究来澄清问题,并将最终用户的愿望和情感带入这个过程中;团队中某个人(比如你)能够调动起每个人更高自我的实现,冷静地审视问题并邀请团队成员为了项目的利益达成共识,而不会让任何一个人被迫"失去面子"。

永远不应该允许发生的事是,为了让团队成员融洽相处并对他们自己和他们所提出的意见感觉良好,而淡化了项目及其既定的认知、情感和体验目标。我们不是为我们自己和我们的自尊心来做这个项目,而是为

图 7.11 某阶段结束时的审查。[照片承蒙波利·麦肯纳-克雷斯(Polly McKenna-Cress)提供]

了观众。如果我们只是呈现那些没有以任何方式惹恼过一个团队成员的东西,项目的各个方面就会受到削弱,那么我们就可能会创造出一些相当平庸甚至是无聊的展览。

延伸阅读

Elton, Chester, and Adrian Gostick. *The Orange Revolution: How One Great Team Can Transform an Entire Organization.* New York, NY: Free Press/Simon & Schuster, Inc., 2010.

Frame, J. Davidson. *The New Project Management.* San Francisco, CA: Jossey-Bass, 1994.

Verzuh, Eric. *The Fast Forward MBA in Project Management.* Hoboken, NJ: John Wiley & Sons, 2004.

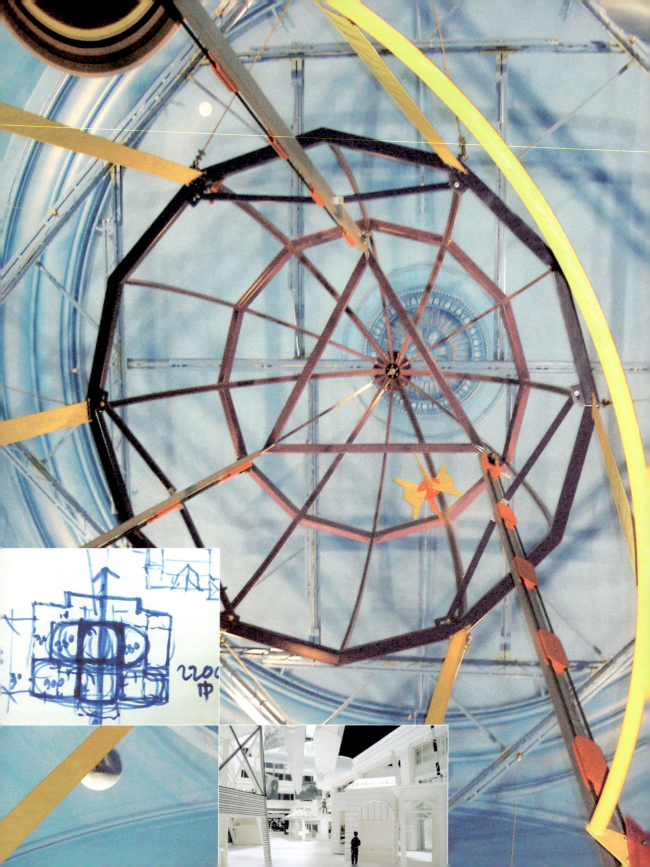

第8章　方法和技巧

最困难的事是决定开始行动,剩下的只是坚持而已。恐惧是纸老虎。你可以做你决定做的任何事。你可以用行动改变和掌控你的人生;而步骤和过程本身就是奖励。

——阿梅莉亚·埃尔哈特(Amelia Earhart)

发挥流程的最大功效

重要的是,如果你拥有一个流程,你会从中获得最大收益。一个具有挑衅性的话题或一种前沿的技术可能会推动创造力的发展,但是设计出新的工作方法,并使用其中已经过实践检验的,才能为团队提供了解新思维、促进团队发展和策划创新性展览的方式。

在本章中,我们将介绍一些方法和技巧,它们可以帮助团队完成整个展览的策划过程。尽管其中有许多方法可能对一些读者来说是标准化的操作,但我们希望能够为团队如何采用新的方式使用它们,以拓展团队的思维和做法提供一些新的启发。在你自己的工作流程中,你可以将它们当作跳板,或根据你的特殊需要对其进行修改。当你了解了一种以团队方式策划展览的行动方案时,你将更有可能获得最后的成功(图8.1)。

大照片:美国请触摸博物馆(Please Touch Museum)。[照片承蒙理查德·克雷斯(Richard Cress)提供]

插图1:平面示意图。[照片承蒙波利·麦肯纳-克雷斯(Polly McKenna-Cress)提供]

插图2:美国国立邮政博物馆(National Postal Museum)模型。[照片承蒙波利·麦肯纳-克雷斯(Polly McKenna-Cress)提供]

三个关键问题

- 团队如何充分地利用流程?
- 特定的方法如何以及何时被应用于特定的项目或观众?
- 你如何在团队的标准化操作中,增加新方法、调整旧方法或摒弃一些方法,以便更好地实现目标?

流程的记录

在整个展览策划流程中,记录是必不可少的。仅仅在召开会议时完成记录并把它放回办公桌是不够的。在概念开发和空间设计时,团队必须要有远见卓识,并有记录整个流程的方法。

流程的记录看起来是团队可能不想采取的"额外步骤",但在审查事情的进展情况以及某些阶段实际花费的时间时,它非常有用。流程记录在短期和长期内都很重要,如果需要的话,可以用于展览的更新,也可以让博物馆有效地为下一个项目做好规划。事后的评估最有效;让一个忙碌的团队抬起头来,在事情进行到一半的时候对事情的进展进行批判性评估是很困难的。这有点像"鱼试图去描述水"!

本章讨论了几种方法和技巧,将对展览工作的各个阶段有所帮助,并最后生成工作文档或最终文档。这是一种方法,用来保持决策清晰,项目推进顺利,让每个人参与其中,并最终创建已经完成的工作及其如何完成的完整记录。在项目实施的过程中,通过文档记录进行跟进意味着

图8.1 无论团队选择遵循什么流程,重要的是要激发大家对项目的灵感,了解项目的计划,知道他们需要如何推进项目,并确定关键的路径。[插图承蒙迈根·希克森(Meghann Hickson)提供]

项目结束时,相关工作的负担将会减少。

产生和形成想法的方法

你的展览团队需要提出想法。也许你们需要考虑一场展览主题,或者对你们已经拥有的主题进行探索。推进这一流程必须涉及几个关键点上的团队合作,这样才能产生想法,然后形成创新的解决方案。专家研讨会和头脑风暴是两种基于团队的工作方法,可以积累大量的想法,以充分有效地探索主题表达的各种可能性。

专家研讨会

我们使用术语"专家研讨会"(charrette)来形容持续数天的一场高强度的小组工作会议,参加会议的人员通常包括拥有各种技能、持有各类观点的专家。该小组高度专注的目标是为项目或问题提出丰富的想法和可能的解决方案。当进展顺利时,专家研讨会将会使人疲惫不堪,但却极富成效并使大家思维活跃。由于专家研讨会还需要相当多的资金和提前规划好时间,所以该方法应当有选择地加以使用,其通常用于项目一开始决定展览可能的方向,或者确保围绕已选定的主题能够想到多种方法。专家研讨会还可以用来为机构变革开创新的方向,或者对当前提供的内容进行更新(图8.2)。

图 8.2 专家研讨会正在创造初始概念。关于使命、目标和可能的展览概念的想法被勾勒出来并加以明确以供小组讨论。此种来自较大规模群体的投入有助于调整和巩固想法,并提供发展方向。[照片承蒙波利·麦肯纳–克雷斯(Polly McKenna-Cress)提供]

专家研讨会

"专家研讨会"这一术语,来自法语单词"车"。在19世纪的巴黎高等美术学院(Ecole des Beaux Arts),监考人员推着小推车四处走动,收集学生学徒的画作,以供大师评论。学生们跟随小推车快速地移动,同时还在疯狂地完善他们的画作。随后,该词变成设计领域内与高强度的创意时光有关的术语。

典型的专家研讨会

● 要求澄清需要审查的问题以及要实现的结果

● 假定它是一个开放式流程,对解决方案没有预先的设想

● 要求事前收集有关问题的初步研究、数据和分析,以及立即访问相关资源以快速查找其他数据

● 为较大的团队提供很多会面时间,从而产生有价值的反馈意见

● 促成团队开发、分析和呈现多个解决方案

● 大致概述拟议解决方案的后续步骤

专家研讨会的参与者应该经过谨慎挑选,他们应该明白需要代表的是多种观点和专业知识。参与者可以包括设计师、开发人员、内容专家或学者、社区代表、能对小组探讨的想法进行概括的人,以及能在这些想法产生时记录它们并随后帮助创建汇报材料的人。专家研讨会可以被组织成"竞争"关系的团队,即将参与者分成两三个较小的小组来促使各小组独立地产生各自的想法。

理想情况下,任命一位会议主持人来引导这个专家团队(或者"团队"),以完成专家研讨会的流程。一个好的主持人将会促成一场富有成效的流畅对话,并在脱离或偏离议程方向时进行干预。如果议程清晰、结构明确,那么专家研讨会应该最多只花一两天时间——超过这个时间,参与者可能会失去创造力。

头脑风暴

头脑风暴,也称"小组创新"(group innovating),它是让拥有各种专业技能和不同知识基础的人分享想法,并建立在小组成员参与基础上的一种方法。听起来很像一个专家研讨会,但实际上更像是该方法的一个子集。不同的是,头脑风暴的时间更短,需要做的计划更少,而且通常不会像专家研讨会一样涉及那么多人。头脑风暴肯定会在专家研讨会期间使用几次——但它也是一种在整个展览过程中用于避开绊脚石,或填补显而易见的漏洞的方法。例如,你可以与一位评估人员、一位教育人员以及两位原型设计师一起召开一场快速的头脑风暴会议,以解决一个有关互动设备概念的特定问题。

经过头脑风暴的想法碰撞,团队可以快速地创建概念,利用这些想法来解决问题,而这些想法又是单一思维无法形成的。每个人通过提供想法、倾听他人想法、讨论想法之间的关联并提出新想法,从而参与到头脑风暴当中。虽然这个术语由于经常被使用,似乎已经过时,但该方法包含着重要的原则,而这些原则对任何创造性过程都有用,甚至有时候还是至关重要的。

头脑风暴也可以成为团队建设的基本要素。团队通常不会在重复性的会议中被凝聚;重复性的会议可能会让人耗尽精力,变得乏味,或者最糟糕的是,它们似乎会变成只是依照团队长幼强弱次序发表想法的论坛。另一方面,头脑风暴将邀请所有成员参与进来以做出贡献,因此它可以振奋和鼓舞人心。考虑到不同性格类型的人参与头脑风暴的方式不同,所以我们可以打造一个更加开放和包容的环境,在这个环境中任何人都可以提出好的想法。

为确保每个人都做出贡献,头脑风暴会议通常由两个标准部分构成:快速的集思广益,以及反思和编辑。

快速的集思广益

快速的集思广益就是对可能的想法进行快速的讨论。一些批评者担心,这对性格外向的人有利——只有房间内声音最响亮或者最具权威的人,他或她的想法才能被听到,从而使得打造一个包容环境的目标失败。而事实上,因为性格内向的人一直在用心聆听,可能会贡献出最好的想法,所以主持人要确保会议不被某些人垄断,这一点很重要。

收集整个小组的意见还有很多其他的方法,如通过书面回复、反思和编辑。对于所有参与者来说,在头脑风暴会议后,花几分钟时间来澄清和记录他们的想法,回顾他们听到的内容,并添加他们现在可能正在考虑的其他想法,也是很有用的(图8.3)。

快速的集思广益的指导原则可以事先与小组成员一起审查,以便为其实践定下基调。快速的集思广益是集体协议的一种形式,以确保构建一个值得信任的环境,在这一环境中思想可以自由流通。

快速的集思广益的指导原则

● 不要审查你自己。任何发生在你身上的事情都是合理的,即使它在当时没有意义。

● 不要合乎逻辑。跟随你的直觉。

● 不要尝试去解决问题。这只会束缚你。

● 好玩。放松,如果答案还没有出现也别担心。

● 倾听每个人的意见。当别人在说话时,不要在头脑中"排练"你的回答。

● 写下并大致描述你的想法。如果你不这样做,你将会忘记这些想法。

● 避免使用以下语句。这些语句在没有任何证据或支持的情况下会终止你的想法:"这已经完成了","我不能用别人的想法","这是过时、陈腐的,或者是陈词滥调","这是一个糟糕的想法","太贵了","有些人(观众、馆长、资助者、理事会成员)不

图8.3 漏斗顶部:一开始,快速的集思广益的过程应该产生了一系列可能的想法,然后根据每个项目的价值和用途(鼓舞人心的、好的、平庸的、不相干的)进行编辑和分类。你想要的是鼓舞人心的想法。如果团队只产生一些平庸的想法,那么漏斗缩小的过程当然会产生比原先只拥有一两个平庸想法还不如的结果。[插图来自迈根·希克森(Meghann Hickson)]

会喜欢","这与问题无关"。

反思和编辑

反思和编辑是快速的集思广益这种自由风格的对立面,它会引发更深层的思考,进一步澄清和构建想法。参与者被要求对看似相似的想法进行分组,按照他们认为重要的顺序进行先后排列,选择他们认为最有效的前三四个想法,或淘汰他们认为最无效的三四个想法,并阐明大的主题。这项工作通常由个人独立完成,但也可以在小组中完成。头脑风暴中最为突出的几点是什么? 这些看似不同的想法如何结合起来以推进项目? 这部分工作可能不像快速的集思广益那么有趣或富有创意,但是将关键的决定应用到已经生成的内容上是必要的。主持人现在可以开始阐述会议的结果。每个参与者都会看到这是如何完成的,以及为什么有一两个想法能够凸显出来。现在可以进一步去开发这些想法,并在一个更大的公共群体中对其进行测试。

策划一场头脑风暴

最后,策划一场头脑风暴时,要考虑到以下几点:

● 不要有太多的人——12个人是使用这种方法的上限。

● 不要在任何一个主题上花费超过15或20分钟的时间,这会使每个人及其头脑感到疲惫。

● 就头脑风暴的指导原则进行审查、讨论并达成一致——如果参与者没有全身心投入该过程,会议可能就不会有成效。

● 理想情况下,参与者应该拥有不同的专业知识,以便每个人都有机会为头脑风暴贡献新的东西。

● 每个人都必须以某种方式做出贡献——如果不是以口头形式,那么就是以书面的文字或草图形式。

● 每个人都应该试着集中精力建立彼此的关联,通过听取别人的意见来构思一些想法,而不要仅仅依靠自己的想法——以便创造出新的东西(图8.4)。

概念的组织和可视化的记录

　　为展览所创建的概念需要经过清晰地组织,并将过程记录下来,以便团队能直观而切实地去参考策展中想法的产生、变化和决策的过程。从专家研讨会和头脑风暴会议中获取想法,将其精简,并打造成一些好的想

图8.4　便利贴是快速记录想法的好办法——无论是单个词语、参考文献,还是完整的想法,并且可以轻松地分组重建新的关联,以便构建更复杂的概念。[图片承蒙波利·麦肯纳-克雷斯(Polly McKenna-Cress)提供]

25年来，帮助全球商业领袖开发创意的经历，教会我三件事：

第一，如果想发现新想法，那么没有比画一张简图更有效的方法了；

第二，如果想开发和测试新想法，那么没有比画一张图更快的方法了；

第三，如果想和他人分享想法，那么没有比画一张简图更有效的方法了。

——丹·罗姆（Dan Roam）[1]关于餐巾纸草图的言论

① 译者注：丹·罗姆是 DigitalRoam 公司的创办者，依靠低科技含量的设备——一支笔、一张餐巾纸和一块白板等，培训科技行业、政府机构、金融行业、娱乐业等行业运用视觉化思考的工具，来解决商业问题。丹·罗姆的代表作品是"餐巾纸系列"：《餐巾纸的背面》、《打开餐巾纸》、《BLAHBLAHBLAH：不讲废话，画图解决》。其中，《餐巾纸的背面》被美国《高成长公司》杂志评为"年度最佳商业图书"，被《商业周刊》评为"年度创新设计图书"。

法，这一过程将借助很多不同的组织和记录方法，包括草图、思维导图、概念图、泡泡图的绘制，以及展览框架和纲要文件的创建。这些方法对于获得团队和利益相关者的初步反馈和批准，以及让团队将好想法变成卓越想法，具有不可估量的价值。

草图

团队中的每个人都需要绘制草图——不仅仅是设计师需要绘制草图。草图是一种连贯的表达，它可以不断地重新绘制，既能发展出各种迭代，也能轻易地被废弃。草图是头脑风暴的视觉表达，它是一种反映粗略想法的文档，可以作为一种灵感和反思的源泉。由于草图粗制的属性，绘制起来非常自由，从而使得团队和外部利益相关者感到他们可以提出建议。同时，草图能让其他人参与视觉对话，并帮助我们更为开放和创造性地思考，即使我们觉得自己"画不出这样的草图"。

早期草图的目的是表达可能性，并快速探索不同选择、想法和示意动作的可视化。通过草图来促成可视化想法的迭代，就像起草一份书面文本，先从字面上给瞬息的想法赋予一种有形的形式，以便日后改进（图8.5）。草图应该是粗糙的，因为太多的细节往往会引发过于详尽的回

图8.5 漫游水族馆概念的餐巾纸草图。［图片承蒙乔恩·科（Jon Coe）提供］

应。设计师可以帮助整个团队形成展览愿景,并通过在策展早期提供视觉效果及其图像,使得团队做出更有意义的决策。

作为团队可视化工具的草图或"一张图胜过千言万语……"

多蒂·迈尔斯-亨巴（Dottie Miles-Hemba）

绘制草图是一种基础的绘画技术,它可以让你们的团队和利益相关者参与规划你们正在开发的视觉、身体、智能和情感体验。草图是一种媒介,通过它可以想象和表达你们的想法,解决问题并达成共识。

概念草图（concept sketch）、图表（diagram）和插图（illustration）是表达意义的最佳途径,在策展过程中它们几乎没有什么不同。草图是解决视觉问题的最基本方法,一幅简单的草图可以更有效地达成共识。毕竟,当我们能够将概念可视化时,我们中的很多人能够最大限度地理解概念,而一幅草图可以帮助我们将概念可视化。

草图应该成为团队中每位成员的工具——并非所有形式都需要艺术家或设计师的全套技能。对于那些有绘画经验的人来说,绘制草图可能是表达想法的一种自然方式;对于那些没有绘画经验的人来说,迈出第一步时,可能会有些犹豫不决。

以下几点建议可以给你带来启发:

● 将事情简单化。虽然细节很有帮助,但是草图的目的是要快速地完成。餐巾纸草图就是因此目的而出名的,它非正式地记录了一个基础的设计概念,或者一个更大创意的源起。

● 草图是会话的发起者,提供的是一种视觉传达,能够激发或增加进一步开发创意的动力。草图可以由一个或者多个参与者在一本笔记本的角落完成,也可以在绘图板上通过大比例制作来完成。实际上,参与的过程你连笔都不需要拿,只需要投入到这个过程中,并为进一步开发创意提供灵感或者动力。

● 草图不是最终的。草图应该随着时间推移而不断完善,以分享更多细节,或者如果你发现一个更好的解决方案时,原来的草图就会作废。

> 绘画并非一种艺术形式,而是观看世界的一种方式。——德加（Degas）

在项目进行的过程中,通过草图多次迭代的绘制来改进想法,这并不少见。

● 你应该把捕捉到你想法的草图钉在能看得见的地方并予以保存。草图是思维过程的一种可视化记录,当你逐步完成流程中的各个阶段时,它们会一次又一次地发挥作用。这些草图可以帮助你记住并阐明想法的演变过程。

一旦你在纸上可以看到你的想法,你应该自信地去分享它们,并且在做报告时或非正式的场合中经常引用它们。你会发现使用较少线条和细节的草图,它们是"未完成稿",所以当你继续完善你的规划时,请准备好进一步绘制更多的细节来完善这些草图。这些草图中的想法后来将成为施工图、图文设计和更正式文档的基础(图8.6)。

作为一名展览的策划者,看到你们的集体想法成形并发展成为一种有形的体验,没有什么能比这让你感到收获更多了。你会发现每个项目都需要用自己的方法来使用基本的工具,以获得最佳的沟通和想法的开发,而草图绘制是该过程中重要的组成部分。

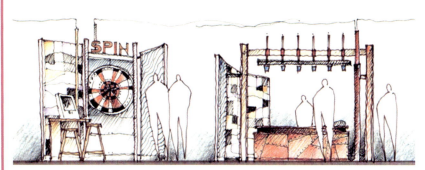

以命相赌　　　　　　　　　　　处境极其艰难

图8.6　巡展"冒险!"("Risk!")的立面草图,该展由沃斯堡科学历史博物馆(Fort Worth of Science and History)开发,由"动手做!"设计公司(Hands On! Design Firm)设计。[图片承蒙"动手做!"设计公司(Hands On! Inc)提供]

思维导图

早期阶段有关项目的想法可能是多样的、抽象的、彼此之间没有明显的关联。那么团队应该如何着手理顺这些想法呢？可以有不同的方法来完成这项任务。最好的合作方式之一就是宏观而形象地把所有东西都摆出来让大家看。

思维导图是概念及其相互关联的松散的视觉组合。它应该反映更多的研究发现和细节，藏品、人物、目标观众、环境、冲突、事实、日期、重大事

线性思维是有关序列的，而思维导图则是有关联系的。[1]——蒂姆·布朗（Tim Brown），IDEO公司（斯坦福大学毕业生创建的一家知名设计公司）

图 8.7　这是一幅思维导图，展示的是仍未成型的鲨鱼展之相关概念及其彼此关联。[图片承蒙波利·麦肯纳-克雷斯（Polly McKenna-Cress）提供]

① Brown, Tim. *Change by Design: How Design Thinking Transforms Organizations and Inspires Innovation.* New York: Harper Business Harper Collins, 2009.

件、关键术语、物件、重要引言、色彩、感受和情绪等这些展览的可能要素。思维导图是一种将不同细目从视觉上进行有效组织的技术(图8.7)。

思维导图可以由整个团队、一小部分人,或者由展览开发者来创建,并且提交给团队进行输入和反馈。最好的情况是将思维导图放在一个地方,在那里团队成员可以单独或一起去研究它,增添想法,移动和重组便利贴,或者删除细目。这些活动可以借助中央通道,实时且透明地开展。如果团队成员不处于同一个物理空间,那么他们就可以使用在线工具、触摸板或者其他数字媒体等电子手段来记录思维导图(有关其他工具,请参阅第5章的"矩阵板")。

阐释框架(或展览大纲)

到目前为止,借助一些方法不断地进行展览开发,一个新的复杂层次应该正在形成,更为复杂的想法也应运而生。在概念开发阶段,团队正在形成一个有组织的整体,该整体应被视作大于各部分之和。

从最初的讨论到头脑风暴,再到思维导图中想法的集中和关联,这种逐步完善想法的方法,将会明确展览的整体组织原则,并提供更丰富、更真实的展览体验。

对你的规划概念进行完善的文档被称为阐释框架(或展览大纲),它包含展览的已知参数,如指导进一步开发的标准,包括:展览使命草案;"传播目的"陈述;观众在认知、情感和体验方面长短期目标的声明;关于内容处理方法的意见;藏品;物件和概念可能如何并置;可能采用的叙事线索;展的规模和举办地点。

正如我们此前所讨论的那样,在展览体验方面,团队必须保持警惕,机构要开发的空间和体验很可能是没有受控的顺序的。这种视觉组织与过程记录的形式与图书、电影和其他复杂的叙事媒介所开发的、大体为线性顺序的不同。虽然展览体验有一个重要的内在组织逻辑——通常有开始(入口)、中间(内容)和结束(出口),但是在这种"自由选择"的学习环境中,观众的参观多属于随机参观的性质。展览比起其他叙事媒介,更像是网站和多媒体的分支。

我们所构建的阐释框架既需要书面文档(此工作由开发人员承担)，也需要视觉表达(此工作由设计师承担)。它将通过研讨会、一般会议、团队成员和外部顾问的审查，被多次改进。

混乱和进展

虽然我们正在讨论的是视觉化和组织化的方法，但是通过这些方法创建出来的任何东西，都不应看起来太过完善或者给人一种"已被完成"的感觉，注意到这一点很重要。想法正在不断融合，通常研究的推进和其他的投入都必须被考虑。看起来太完善的图表也会使人产生一种心理上的暗示——所以，许多团队成员和(或)利益相关者可能不会质疑或者想要改变什么，因为它们看起来很漂亮也很完美。

概念图

概念图(图8.8)是一种组织技术，旨在进一步地完善最初思维导图的工作。从开始的阐释框架到最终的展览大纲，概念图与这些内容的开发保持一致。它对思维导图中更为广泛的概念和关联进行了提炼，并且给予更详细地绘制和标记，以建立起想法的"概念集群"，使合作开展的工作具备意义。例如，如果多个"集群"彼此关联，则绕着它们画一个更大的图形，并为这个更大的组群命名。评估概念和确定概念集群的技巧有一个经典的策略："谁？什么？在哪里？何时？为什么？怎么样？"这些问题触及主题的核心，有助于团队确认如何将各个想法关联起来。概念图将被用于创建最终的泡泡图。

泡泡图

泡泡图(bubble diagram, BD)是一种最终确定概念图中所开发出的相互关联的视觉概念，以反映展览大纲的技术。它是在设计师处理概念平面图之前，最后使用的一种方法。有些设计师会跳过泡泡图，直接进入平

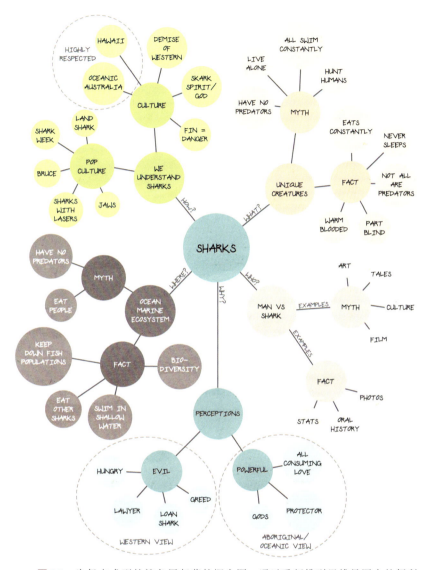

图 **8.8** 为仍未成型的鲨鱼展起草的概念图。通过重新排列思维导图中的便利贴,一个更有条理的系统得以形成,每个想法之间具备逻辑线索和关联。为此前不同想法之间的相关性进行命名,是一种澄清组织关系的重要方法。[图片承蒙波利·麦肯纳–克雷斯(Polly McKenna-Cress)提供]

面图。泡泡图的优势在于确保概念的整体性和缜密性,使得展览开发者和设计师能够有效地从展览大纲转化到平面图,从而保持内容的一致性。

泡泡图是对主题如何组织的描绘,它既能绘制出一个概念区域到另一个概念区域的过渡图,也会对集群中的项目进行分组和排序,考虑到概念之间的逻辑关系。它确实是展览体验的最终路线图,帮助团队了解概念、故事线,以及物质文化如何与表达它们的体验元素相结合(图8.9)。

泡泡图可以包括,但不仅限于以下内容:

● 总体概念:是否拥有一个观众需要理解的传播目的?

● 导介区:向观众介绍"展览是怎么样的"以及"在何处",并引导观众参观展览。

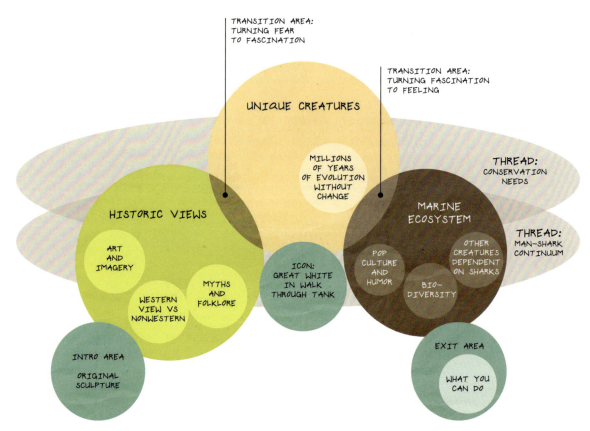

图8.9 为仍未成型的鲨鱼展绘制的泡泡图。[图片承蒙波利·麦肯纳-克雷斯(Polly McKenna-Cress)提供]

● 主题区:经过组织的展览,其主题是什么? 如果想要观众记住它们,那么最多是3～5个主题。

● 次主题区:是否有更小的主题来补充主题区?

● 标志物体验:展览中最难忘的体验和物件是什么?(有关此主题的更多信息,请参阅第6章)

● 主题线索:贯穿整个展览所有主题的是什么?

● 过渡区:观众如何从一个主题区转移到另一个主题区?

● 出口区:观众离开时带走的最终体验和启发是什么?

尽管被叫作泡泡图,但是其形状不一定是圆的。在实施过程中,我们应该设计一些视觉形式,促使它们的主题、子集和连接被有效地包含和分组,这些元素的大小大致与内容的重要性和内容的体量有关。较大的"泡泡"可能代表一个主要的主题概念,可以包含几个可能的子主题。泡泡的大小或形状,也应该代表对这个想法或领域应该投入多少时间和空间。物件、重要事实、可能的活动和故事的其他细节应该在泡泡图中强调出来,以赋予这些概念有形的实体。当泡泡所代表的概念相关联时,它们应该有所接触或重叠。连接两个更大概念的过渡概念是什么? 与维恩图(Venn diagram)[①]类似,泡泡图通常包含与其他泡泡相交的泡泡,这些泡泡与其他泡泡之间存在一定的比例关系;交叉部分应该是一个被命名的过渡区,有着自身的内容。一些泡泡可能作为次主题存在于其他泡泡内,并根据彼此的关系来定位。如果它们代表独立的概念,则不必相互关联。许多展览都有贯穿整个体验的线索或概念,因此可使用贯穿或连接所有想法的泡泡。

团队在创制平面图前,应该绘制出泡泡图。虽然它与平面图有关,并且是在了解展览空间的情况下绘制的,但你的泡泡图不应该像平面图一样布局! 为什么? 因为展室、展区的实体空间具有特定的尺寸和比例,所以你不希望你在考虑如何传达创意时受到限制。你不是简单地把内容放入一个四四方方的空间。在平面规划中的实体和空间问题(柱子、斜坡和

---

① 译者注:维恩图是英国逻辑学家维恩制定的一种类逻辑图。

面积)被考虑进来之前,规划这些创意如何运作是很重要的。

最后的泡泡图是构建平面图的基础。这些可视化的文件应该附有展览大纲,展览大纲通常由观众体验倡导者或展览开发者负责。

概念平面图

一旦泡泡图得到认可,并获得批准,这些概念就会被转化到实体规划中。概念平面图是一种工作方法,用于确定泡泡图中所表示的、与体验相关的实体空间中观众流动的顺序。如果你正在使用既有空间,一些相关联的内容可能需要移位;如果你正在使用一个全新空间,那么泡泡图应该为你如何设计出最佳空间提供一些指导。

基本上,大多数展览在开始的时候就会对展览的构思进行介绍并对观众予以引导;在观众参观过程中借助物件、互动装置和用来看、读、动手做的要素来详细地阐述这个故事;最后为观众提供反思机会或一个高潮体验。正如古老的营销谚语所言:"告诉他们会看到什么,告诉他们正在看什么,告诉他们已经看到什么。"这并非是构思平面图的一种绝对方法,但是观众研究人员已经证明,这样做能很好地传达概念,使得观众在参观展览后还能记住这些概念(图8.10)。

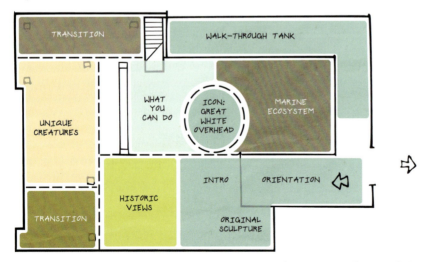

图8.10 鲨鱼展泡泡图适用于既有空间,有助于创建概念平面图。[图片承蒙波利·麦肯纳–克雷斯(Polly McKenna-Cress)提供]

图 8.11 一旦收集了想法,就应当根据其用途对想法进行分类和组织,以形成有说服力的故事和可行的项目目标。许多看似发散的想法进入"团队处理漏斗"的顶部,团队成员通过漏斗对这些个人想法进行分类、关联和编辑,以形成更丰富、更复杂的概念。请记住,观众也是漏斗里的关键团队成员。[插图由迈根·希克森(Meghann Hickson)提供]

观众踏查

观众踏查(visitor walkthrough)是一种从观众亲身体验的角度来描述展览的书面叙述。通过观众踏查所获得的观点,对确保故事和体验具备连续性,且不过于客体化是很重要的。通常,观众踏查由展览开发者撰写,其他关键的团队成员共同参与。它旨在帮助团队考虑展览短时的因素或情感因素,如气味、声音、灯光和情绪。观众踏查是一个重要的开发和设计工具,可以帮助团队将整个体验可视化,更清楚地了解概念如何与空间的实体体验相关联。

从展览留给观众的第一印象开始叙述。我们时常忘记,观众在实际走进博物馆大门前已经"参观"了很久。考虑一下,哪些形式的营销传播可能已经被他们看到或听到,或他们可能已经浏览过网站,这些都为观众设定了某些期待。他们为何决定来这座博物馆?当他们来到博物馆时,他们的期待是什么?其实际体验是否能使那些期待获得满足?观众踏查的叙述应该为每一展区提供描述,从标志物体验到个别细节、互动设备以及结束语的功能。

发散思维和求同思维

这些不同的概念组织方法与可视化记录,为团队就想法和决策进行批判性评估提供了机会,但更重要的一点可能在于,团队通过这些方法可以分享对所有决策和新体验的看法,以及让我们彼此明白这些看法是从何而来的。对于一个成功的项目来说,团队必须保持他们所采用的方法的灵活性,以明确何时采用发散方式来思考(扩展),以及何时采用求同方式思考(建立联系)(图8.11)。

到目前为止所讨论的方法是为了促进基于团队的任务完成,以便在项目的前两个阶段(概念开发和方案设计)中,规划和创建概念方向。从整个进程来看,已经到了将基于团队的任务转移到基于个体倡导者的任务之时刻。在这种"合作的转变"中,个体倡导者可能会分开工作,但是仍然必须向团队报告具体的可交付的成果。然而,团队合作需要通过定期的对话、报告,以及对彼此承担工作的审查和评论,来确保所有的一切都符合项目标准。在本章的后半部分,我们将讨论与个体倡导工作相关的方法,以及有效的会议和展示的方法将如何继续推动合作。

过程的前后参照

如果你想继续查看整个流程中设计开发之后的那个程序,请参阅第9章,以了解你的团队可能会决定在流程中的哪个环节进行合作的转变(如果有的话)。

做出决定并进行评估

团队可以使用多种方法和技术来开展更有效的"日常"活动,如开会、展示和评估。聚在一起讨论似乎很容易,但是当你在会后听到这样的疑问时,你有多少次会感到恼火:"我们上次谈了什么?""我们是怎么决定的?""为什么这个没有解决?"你怎么才能有效地避免这些反应呢?

你有没有看到过观众盯着一墙面的文字挠头,或者更糟糕的是,在一台昂贵的互动电脑旁走来走去,却没有与之互动?观众评估和原型设计是评估时常用的方法,用来检测团队工作的可行性。通过将团队前期工作的各个方面展现在潜在用户面前,记录和分析用户使用它们的反馈和反应,团队便可以获得有价值的见解,以改进展览的内容和概念。

好的、清晰的展示更可能获得好的、清晰的反馈。把收集到和分析过的资料整理成简洁易懂的形式,是这一过程中的重要步骤。

展示的方法通常会与审查或评论的方法协同工作——如果你展示某些东西,有些人必然会告诉你一些事情。对于团队而言,重要的是听取关于展示的关键反馈意见,以便评估哪些内容是有用的,并做出恰当的回应。

召开有效的会议

如果你不得不用一个词来确定人类未能实现，并且永远不会实现其最大潜力的原因，那这个词最有可能是"会议"。——戴夫·巴里（Dave Barry）

"这看起来似乎很容易……每个人都知道如何开会，是不是？"好吧，不是每个人都知道如何召开有效的会议，虽然看起来没什么重要的，但有效的会议是项目最终成功的关键，因为它创设了一个支持决策的合作环境，在这一环境中决策被做出，参会者之间的沟通得以加强。会议可以成为整个过程中的关键，让团队保持正常运转或一起偏离整个过程。你拥有一份议程，该议程经过彻底讨论，每个人都会知道需要什么。如果会议没有很好地被规划和实施，那么项目即使是充满活力也会遭遇威胁。以下是促使每次会议获得最大收益的一些有效方法。

明确每个成员应倡导的工作和角色。这是整个项目向前推进的第一步，一旦确定，就没有必要在每次会议上重复。然而，如果团队成员的构成或者职责发生了转移或有新的团队成员加入，那么在过程中不同阶段进行审查时，重申一下可能会有所帮助。这可以保持沟通的开放性和直接性，并明确职责。

指定一位会议主持人。最好的主持人通常是最好的倾听者。项目经理通常可以承担这一角色，但是随着项目的推进和职责的转移，它可能会发生变化。主持人负责召集会议、起草议程、确保所有重要成员参加，并使讨论聚焦至议程所涉及的问题上。会议主持人不太可能提出意见或成为讨论的焦点，因为他或她的角色是听取参与者的意见并推动过程中的讨论，以便会议发挥最大功效。

在每次会议之前制定目标和议程。会议主持人应该负责制定和分发这些信息。议程应该是灵活的，并且对其他团队成员的建议持开放态度，但会议不应过于宽泛，也不应太过冗长。

指定一位会议记录者。一场无用的会议通常以问题来结束，"我们刚刚谈了什么？"记录和传达会议的讨论内容需要准确的笔记。但是这并不是秘书的职责。记录者不需要详细记录每一句话。相反，他或她会记录会议讨论的要点，哪些问题仍未解决，哪些决策已经做出，以及整个团队的行动步骤。

记录者应在一两天内完成记录并将其对外发出，以便团队成员进行回应、澄清或者质疑——每个人都应该对记录的内容及其准确性负责。回应也将会被纳入记录中，并在下次会议上审查最终版本（图8.12）。

撰写会议记录需要包含以下事项：会议议程、日期、时间和地点，出席或缺席人员；审查和批准上次的会议记录，并就其中的问题做出澄清；审查行动步骤、截止日期和可交付的成果，以及哪些已达到要求而哪些仍未达到；讨论议程中的事项；审查这些讨论中的要点和决定，对尚未解决的问题如何处理，或者需要进一步讨论的问题以及可能需要参与的人员进行规划；审查实施步骤，即每个事项由谁负责以及完成的最后期限。

使团队的文档可以被轻松获取。 透明度、有效性和灵活性都极为重要，所有的文档都应该可以被团队成员轻松地获取和审查。无论是通过共享的电子文档、笔记本，还是普通的纸质文件，它们都应当被保存、明确信息来源并得以有序设置。最佳的做法是指定一个项目工作室（project

图8.12 面对面的会议和小组讨论有时对头脑风暴和特定决策而言，是必不可少的。[照片承蒙波利·麦肯纳–克雷斯（Polly McKenna-Cress）提供]

room），该工作室可以是所有草图、图纸、图像、模型和参考资料复印件的中心储存库。这有助于会议的顺利进行，因为团队在会议中可接上之前会议中断的话题，同时也为个别的工作会议提供便利，方便了那些需要在正式会议时间之外审查和回应材料的人。

做出决定

在任何合作过程中，通常会有几个参与者极其依赖于清晰而及时的决定。如果其他团队成员没有按时完成工作，那么对于工作量主要集中于流程末期的人来说，可能会遭受残酷的打击，如制造商或标签编写者，因为他们需要在有限的时间内快速处理大量的工作。团队应当对项目期间各个关键时刻采用的决策类型有所了解并达成共识，以确保最后期限之前能够完工。如果想要实现这一目标，不仅要知道何时应该做出决定，还要知道如何做出决定。

以下是团队通常会采用的不同类型的决策

命令式：团队成员会同意遵循他们选出的或者组织高层任命的领导的决定。这也意味着领导将对这些决定的后果负责。虽然这种模式是高效的和有效的，但如果领导不能或不愿把一些权力授予出去，而坚持各个层面的全面参与，那么该模式的高效性和有效性反而会降低。

协商式：决定由一个人做出，但是需要与其他人协商。大多数领导即使掌握了他们所需要的所有信息，也会与其他人协商以确保他们理解了有关决定的所有内涵。存在的一个陷阱可能是过分依赖持续的反馈，导致迟迟无法做出决定，或者助长了优柔寡断之风。

委托式：团队将做出特定类型决定的责任交予团队中的不同个人或小团体。这种方法可以加快流程，为团队成员创造出一种归属感。但是，如果被委托者没有注意让其他成员也了解情况，或者各方决定的时间不符合总体的时间表，也会造成摩擦。

民主式或多数表决式：决策是通过对各选项进行讨论，并借助投票来推动的，直到50%以上的成员同意为止。虽然这会让团队感到决定是公平地做出的，但是他们仍然会感到不满意，因为其焦点很容易变成"赢"，而非创造出最好的产品。

共识式或联合式：通过有效和公平的沟通流程来做出决定——所有团队成员提供的意见都得到认可、考虑和重视。虽然每个人无法"按照他或她的方式"，但是团队成员同意让步，以达成一个所有人都能积极支持的解决方案。决策所有权属于团队，可以带来更高水准的认同。然而，这可能是一个耗时的过程，团队成员必须具备足够的技能，并致力于实现更大的项目目标。

观众评估

随着概念的完善和决定的做出，我们不能忘记最重要的声音——观众的声音。那么该如何从公众那里收集我们想要获取的信息呢？以下方法为团队提供了一些所需的指导，并提供了评估的具体方式。

评估：基本原理、方法和协商过程
杰夫·海沃德（Jeff Hayward）**人、场所与设计研究公司**（People, Places & Design Research）

你想获得展览评估方面的技能吗？我很高兴，因为拥有一些评估的知识和技能将帮助你意识到，该项技能与你的创造性思维以及获得成功的其他技能一样不可或缺。

与我合作工作过的大多数展览策划者给我的一个伟大启示是，评估不应该像看牙医或者会见审计员那样，让人觉得害怕。一个很大的区别是——作为一个团队或者有时作为个人，你是可以指导评估过程的（你敢向你的审计员这样说吗？）。我的意思是，一个好的评估过程应该是：为满足你的需求而设计（你知道你的需求是什么吗？）；与你的决定和流程的时间安排相适应（你是否像其他一切重要活动一样已将评估纳入你的进度表？）；帮助你达成你想要的结果（这意味着你需要清楚你想要的结果）。

起步阶段应拥有的技能：

技能1：能够理清你的希望、目标、顾虑和优先事项，以确定你需要评估的关键问题。

技能2：了解评估要在何处、何时开展，以及为什么评估适用于你的流程（客观看待关键问题）。

技能3：与专家讨论评估，能够坚持至"谈话结束"。

技能4：能够参与评估，与你的观众互动。

技能5：做一个好的评估"客户"，包括你有责任去了解你正在做的，以及为你而做的评估的质量。

技能1：确定关键问题

如果你正在倡导你的职责范围，并考虑观众的最终体验，那么应该问自己一些棘手的问题：人们对这个主题有多熟悉？他们为什么喜欢它，这对观众的期待有何影响？我们的主要受众是谁，有没有一类我们想要吸引，但又不会自然而然被吸引的观众？我们的"主要信息"是否会引起观众的共鸣？或者能否被他们理解，还是信息太复杂或者有些不可思议？我们是否会在意观众获取了什么？我们对于受众的想法有多大信心，又是如何知道的？

头脑风暴的问题很有用；整理你的优先事项也很有用；围绕关键问题（你可能称之为担忧的问题）来组织你的想法，可以指导整个规划流程。蒙特雷湾水族馆（Monterey Bay Aquarium）第一次举办的水母展，就是一个围绕关键问题予以组织的很好的例子：

> 我们担心人们认为水母就是一团毫无价值的黏液，希望观众去发现这是否属实。如果他们认为属实，那么我们可以做些什么让观众转变想法呢？

另一个例子来自新墨西哥州圣达菲国际民俗艺术博物馆（Museum of International Folk Art Santa Fe）：

> 我们担心人们不知道或者不关心哇扬库利特（Wayang

Kulit)（来自印度尼西亚的皮影戏,图8.13),而且传统的展览做法过于复杂和奇怪——人们将如何找到介入该主题的方法?［通过观众研究,我们知道观众确实弄明白了,因此"跳舞的影子,史诗般的故事"("Dancing Shadows, Epic Stories")展获得美国博物馆联盟颁发的展览卓越奖］。

你如何弄清楚你的关键问题是什么? 我的回答是:去解决你的烦恼吧。在明确评估流程的范围和目标方面,团队的集体直觉至关重要。首先提出棘手的问题,把它当成你最关心的问题,所有团队成员应该就关键问题达成一致,而关键问题可能由多个部分构成(这是机构倡导者应承担的工作)。无须抛弃你的其他顾虑、问题和担忧,但是通过明确关键问题,你会更好地专注于评估将如何帮助你规划流程。

技巧2:了解评估如何适用于你的流程

在开始阅读本书之前,你可能已经知道前置性评估、形成性评估和总结性评估——但是你是否知道这些概念之所以成为标准做法,是因为它们很好地吻合了规划流程中有效使用观众信息的时机。换句话说,它们在规划和设计过程中是作为一种合作方式出现的! 所以你和你的整个团队应该问:我们什么时候需要信息? 什么类型的信息会有用? 我们试图告知观众什么决定? 为了评估而评估,即仅仅是因为"它被要求",会使组织的有用信息边缘化,并可能会失去许多你可能已经投入其中的价值。

图8.13 哇扬库利特(来自印度尼西亚的皮影戏)。［照片承蒙理查德·克雷斯(Richard Cress)提供］

对于一个真实合作的过程，我们认为展览评估的"三个阶段"，可根据决策时间和相关性大致描述如下：①在规划流程的早期阶段；②在设计决策的过程中；③在展览向公众开放后。

每个阶段的基本原理可能完全不同，并可能受不同的倡导者领导，如下表所示。

阶段	谁来领导	目的	典型问题（需求）
在流程的早期阶段（"前置性"研究）	机构倡导者和（或）展览开发人员	为规划流程提供广泛的基础，找出观众对于你的主题的一些看法，包括你所知道的和不知道的	观众对此感兴趣吗？他们会期待什么？他们已经知道了什么？他们能理解关键概念吗？什么类型的人会成为你的主要受众，为什么？谁不太可能被吸引，为什么？
在设计决策的过程中（故事线测试、形成性评估）	展览开发人员和设计师，可能是项目经理	对如下内容做出尽早的回应：你提出的建议；总体体验；对目标、风险或成本而言至关重要的特定要素	人们的期待如何影响他们对你的想法的反应？人们可能会明白你提供的主要信息吗？他们能轻松地使用或理解互动装置吗？媒体是否会帮助传达一些信息？
在展览向公众开放后（补救和总结性评估）	展览开发人员和（或）项目经理，以及所有团队成员的投入	找出你所取得的成就；如果这是一种实验或者冒险，其结果如何？该结果可以激发你的下一个项目	你的展览对你的观众有什么价值？是否有些人比其他人获益更多（更快乐、更能理解，或是重复到访）？那些观众是你的目标观众吗？展览的亮点是什么，缺点又是什么？

技能3：了解评估方法的基本知识

最好的评估是根据团队的需要量身定制的，包括展览项目的特点和你所要表达的关键问题。为了量身定制适合团队的评估方法，你需要与具有不同研究方法使用经验的人合作。以下是一些最常见的评估方法，我们也简要介绍从这些方法中你能得到的或不能得到的信息。

定性方法

焦点小组：一个小组的讨论，每组约10人，他们彼此不认识，但是代表特定的目标受众,并由一名主持人来引导。该方法主要用于前置性研究。看到陌生人在谈论你的主题几乎总是令人兴奋的,但是精心策划焦点小组可能花费很高,所以要确保它是满足你需要的正确方法(或者正确的方法之一)的。这种方法的优点是:获得人们的第一印象、开展深入研究、评估情感反应、探索相关性、找到能与公众产生共鸣的主题,以及调查拥有不同知识背景的观众的不同看法。焦点小组典型的缺点是:不擅长测试个人的知识、生成百分比或提供衡量比较的标准,以及调查可能不为社会所接受的观点(例如:偏见、对学习或科学或艺术的抗拒)。

留言簿或对话板(图8.14):观众的评论通常没有条理,可能是受你提出的问题所激发的。这种方法通常技术含量低、价格便宜,但能很好地把握观众的意见,可能涉及一些有争议的问题,而你可能不愿意将这些问题纳入到展览的正式文本中,同时观众也喜欢阅读其他人的评论。但是,这些评论通常不是来自具有代表性的观众样本,它需要一些处理,如果没有系统地分析人们写下的评论,它们就会失去一些价值。

开放式的、非结构式的访谈(想象一下口述史的形式):这些通常是针对某个主题的深入对话(例如15个员工分别与其3位朋友进行"给你的朋友买杯啤酒"的访谈)。这种开放式的访谈好处是:找到有关某个主题的有意义的内容,去问一些在更系统的研究中可能用到的问题。非结构式访谈的缺点是:这些访谈很容易偏离主题,你的"数据"可能让人觉得像苹果、橘子、猕猴桃一样,讲的不是同一个主题;如果没有一些参数来引出和分析人们的言论,每位访谈人员的调查结果可能只是反映他或她自己的意见,这意味着你不会获得任何东西,只是在自己组织的会面中闲坐。

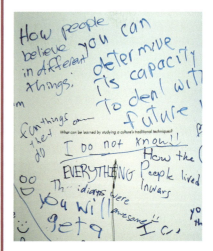

图8.14 美国宾夕法尼亚大学考古和人类学博物馆(Penn Museum)"想象非洲"("Imagine Africa")展的"对话"墙,博物馆在对话墙上提出具有启发性的问题,以了解观众可能希望在一个有关非洲物件的展览中看到什么。[照片承蒙波利·麦肯纳-克雷斯(Polly McKenna-Cress)提供]

定量方法

拦截式访谈：一位代表博物馆的人接近观众或潜在观众，并提出一系列问题；对样本中的每个人都提出同样的问题。这种方法适用于任何类型的调查，但通常被用于前置性研究和总结性评估，然而有时也会用在形成性评估中（例如"对不起，我想问问你对刚才看的那个展品模型的看法"）。拦截式访谈善于通过随机抽取获得人们的观点、知识和理解关键概念的能力（不能忘记访谈员需要经过培训，以免产生偏见）。此外，调查数据可能更容易被制成表格，不过这些表格多较为基础。局限性在于你得到的主要是"人们第一时间首先想到"的答案，如果有必要的话，还要花费许多时间和精力去积累大量样本。

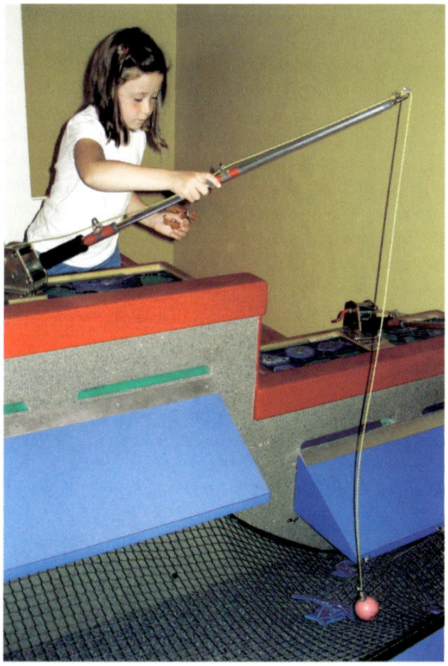

观察：这包括观察观众行为，可能包括计数、计时、跟踪，或者注意人们如何接近和使用某些东西，如互动装置（图8.15）。观察可以和访谈结合使用（观察某人做某事，然后向他们提问）；他们可以被"提示"（他们受邀成为我们的观察对象）或采用"自然主义"方法（人们自己在做某事，不知道他们正在被观察）。观察能够很好地发现人们在做什么，这是对他们所想内容的有益补充。然而，如果你最感兴趣的是意义和获取的信息，那么仅靠观察是无法告诉你很多你想要的信息的。

在线调查：这是纸质调查问卷的新版——给人们一组问题，让他们自己解答。它的优势在于减少劳动力，并且还能联系到待在家里的人。这些人远离博物馆（这种方法有利于研究有关对主题的认识、知识，参观的决定和参观的后续行动）。它的局限在于在线调查的回复率比大多数访谈方法都低得多，这意味着其代表性可疑，同时没有来自访谈人员的"质量控制"（例如在获得开放式问题的答案时，去跟进无法理

图 8.15　美国康涅狄格州布里奇波特市的探索博物馆和天文馆（Correcticut Discovery Museum and Planetarium）中一位观众与展览要素的互动。[照片承蒙理查德·克雷斯（Richard Cress）提供]

解的答案）。

所有这些方法都是工具；它们是获取信息以影响决定和激发团队思考的手段。我个人最喜欢的有关研究方法选择的一句话，是来自美国国立卫生研究院（National Institutes of Health）的建议指南：再完善成熟的方法也无法使一个枯燥乏味的想法焕发生机。哇，你说对了！让我们以团队最具吸引力的想法作为动力，利用研究和评估为观众的成功体验铺平道路。

技能4：参与评估，与你的观众互动

如果你支持开展展览评估，也就是说从观众那里获得和使用信息，从而对你的项目产生启发和影响，那么你应该要进行一些聆听及提问。例如，在"前置性"研究中，重点是要找出潜在观众的"起点"，如果你真的听到人们在谈论他们的知识储备、期待、兴趣和动机，那么你的直觉会更具活力。

只要你意识到以下几点，你就可以开始非正式地开展评估，并摸着石头过河：真正地去倾听观众并理解他们的观点（不要为了你想要他们说的内容去暗示他们），尝试用不同的措辞提问，来看看你是否会得到不同的答案（选择一个能够产生一连串好答案的问题），接触不同类型的观众（老年人、陪伴学龄儿童的家庭观众、年轻的单身人士等），简要解释一下你在做什么以及为什么你会对他们的意见感兴趣（因为对于观众来说，写写字板和接受调查可能并不是很有趣），不能从少数几次访谈中得出大的结论（因为观众拥有超乎你想象的多样化的观点）。

技能5：成为优秀的评估"客户"

我希望你能发展自己在评估方面的技能，以激发你去开展创造性的团队合作或扮演好管理角色。但只是拥有少量经验并不会使你成为专家，所以接下来，最好是成为一位优秀的评估"客户"。通过与观众的互动（使用先前提到的技能）来参与评估过程，实际上将有助于你成为一名评

估的好用户,因为你获得的信息对你来说将更加具体、更有意义。

与非核心团队成员的其他人员(如营销人员、制造商、筹款人)类似,你将从专家的专业知识中受益,从而完成可靠的评估工作。专家可以是内部专家,还可以是独立顾问。在与那些专家合作时,以下两组问题可以帮助你成为更优秀的"客户":

A. 在对观众研究或评估进行规划时,你应当向研究人员提出的问题:

● 在我们的预算范围内,针对哪些问题和目标进行调查是可行的?(你是否有额外的问题? 这些问题是基于你对项目总体情况及我们内容的了解而产生的吗?)

● 我们的目标和优先事项如何用你推荐的方法实现?(这些方法的优缺点是什么?)

● 你的抽样计划是什么? 是否允许在观众分众的基础上进行分析?(如果没有,那么不必那样做的理由是什么?)(无论在定性研究还是定量研究中,基于观众分众的分析都是可行的。)

● 你是否能够按照季节或其他因素来处理观众模式的变化?

B. 向你的研究人员询问有关数据分析及其结果发现的问题:

● 数据的质量如何? 你是怎么知道的?

● 你如何判断样本的代表性?

● 你能对哪些观众群体进行分析? 为什么是那些观众群体?

● 哪些发现是基于结果模式? 哪些是基于单个问题?(结果模式是指所有的结果,由于其包含交叉或互补内容,所以往往更为强大,也不太可能受到单个问题措辞的影响。)

● 这些结果与我们先前的研究发现有何关联?

● 你认为,这些调查发现表明了什么?

用这些技能优化你的策略

你如何知道,你在何时实现了以观众为导向的专业和有用的评估实践? 请记住以下这些标准:

第一,你知道为什么人们会重视你的展览吗?在开幕前,你应该早就明白:理想情况下,你需要用一些现实的观众类型来定义"人",而非仅仅指向模糊意义上的"所有人"。

第二,你是否已经发现你建议的展览体验中所存在的挑战或弱点,然后是否已经构思了替代方案和备选方案,并将利用观众的信息去选择应对这些挑战的策略?

第三,展览开幕后,你是否对观众的感受和体验存在疑问?每个项目都为你提供了一个去了解你的想法和策略如何实现的机会,这可能会促使你对该项目进行修改,或者告诉你在未来项目中应该做出什么样的选择。

原型:将想法付诸行动

"原型"是一种测试模型。在博物馆领域,原型被宽泛地定义为"与他人特别是最终用户一起测试想法的过程"。它通常是以实物为对象,而不应仅限于互动装置。原型可以被应用到展览策划的任何阶段,通常是作为更大型观众研究工作的一部分。一般来说,在展览工作中有三种原型。

概念性原型(试点测试):与观众一起测试基本概念的最佳时机是在展览项目的概念开发阶段。与其没完没了地开会来讨论各种假设,还不如尽早将最初的想法制成模型进行测试,这样将会产生信息丰富且有价值的结果(图8.16)。

形成性原型:通常在展览的方案设计和设计开发阶段使用,以测试所选取的传播方

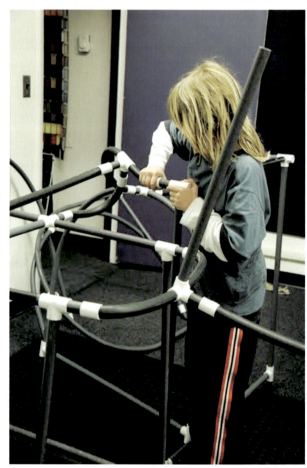

图8.16 观众在使用管子和接头进行操作,以形成不同的结构。根据定义,我们知道概念性原型或试点测试并非是基于结果的,但它给策展团队提供了一个机会,让他们在调查新材料或新想法时,可以看看观众的想法。[照片承蒙戴娜·思加罗斯(Dana Schloss)提供]

法、展览要素或隐喻方法的效用。

工程性原型：检查设施设备最终是如何构建的，并帮助确定它是否能够经受住观众的反复使用。这个更为详细的原型测试通常是在展览的后期使用，即在对概念进行测试、评估，对功能进行修改以及确定了实体形式之后。理想情况下，这种测试应当让两类人参与进来，即最终设施设备的制造者和维护者(图8.17)。

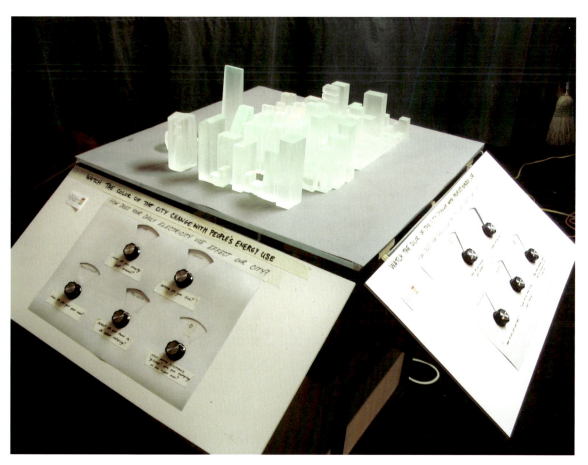

图8.17　来自富兰克林科学博物馆(Franklin Institute)电力展开发和设计过程中的工程性原型，该原型是用来测试它在现实中是如何工作的。[照片承蒙埃里克·基斯纳(Erika Kiessner)提供]

用作开发概念的原型：试点测试

凯瑟琳·齐夫（Katherine Ziff）、**戴娜·思加罗斯**（Dana Schloss），加拿大卡尔加里泰勒斯星火科学中心（泰勒斯启迪科学中心）（TELUS Spark Science Centre Calgary）

领航员是指当穿过未知领域、处理复杂事务时，负责领导、引导或指挥之人。

当船员们需要在有困难的水域航行时，他们不会单独行动。他们会聘请一名了解当地水域的领航员把他们引向安全的地方。展览开发期间的试点测试提供了类似的指导。对大量未定型的展品进行测试，是一种深度了解观众如何参与某个主题的方法。这个过程会提醒你展品存在的瑕疵，以及识别它们的方法，甚至会为你建议一些解决方案。如果你不采取试点测试，这些解决方案可能不会被考虑到。试点测试可以看到此前未知的观众反应，促使展览开发团队能够自信地设定行动的方向（图8.18）。

试点测试的设计思路很简单：你不知道一个想法怎么样，直到已经在观众身上进行了尝试——因此你应该用观众来试验你的想法。通常想法越多越好。那么多的想法，可能会使你用完了所有的"好"想法，不得不去测试看似荒谬的想法。事实证明，使用最后一招，即测试看似荒谬的想法时，我们发现并开发出了一些最原始和最有趣的展品。测试这么多未定型的展品还有一个好处：当你有一系列的备选展品可供选择时，团队就不会面临去保留一个不合格展品的压力。

如果你希望你的团队开展试点测试，那么就请准备好将开会所要花费的时间，用在展品的仿制、测试、反复修改和记录上。储备好关键的试点材料：硬纸板、胶带、记号笔，以及任何其他你能收集到的塑料零件或简单的电子产品。制造一个做工良好的原型可能是有用的，但它不是试点测试所追求的。相反，使用简单、适应性强的材料，可以帮助你专注于在观众面前提供尽可能多的未成型展品。

图8.18 指南针用来帮我们引导航线。[插图由理查德·克雷斯（Richard Cress）提供]

最后，发挥出你内在的谦卑。为什么？理由有二。首先，你必须承认，展览开发团队中才华横溢而富有创造力的人，他们也并非无所不知。只有观众才能展示他们是如何使用和理解展品的。其次，你必须准备好在公众面前测试一些不成熟的、粗糙的，甚至可能是愚蠢的想法。你的想法可能会一次又一次地在同行和观众面前失败——这意味着你做得对。因为你最终选择构建的展品将会更有趣，因此失败的可能性也会更小（图8.19）。

我们曾为一项名叫"修改服装"（"Adapt an Outfit"）的活动进行试点测试。当我们在商店进行测试时，该测试非常成功；但是当我们的科学中心开放时，这项活动在展厅中的实施效果却不尽如人意。因为与之相邻的，有一个"非常规面料"（"Unconventional Fabrics"）时装展正在展出，该展览太吸引人了，相关材料也随之被转移到那里去。最终，我们把试点测试的人体模型用在了"非常规面料"时装展上，因为无论如何在那里每个人都希望使用该模型。

图 8.19 针对加拿大卡尔加里泰勒斯星火科学中心（TELUS Spark Science Centre Calgary）"修改服装"活动的试点测试。[照片承蒙凯瑟琳·齐夫（Katherine Ziff）和戴娜·思加罗斯（Dana Schloss）提供]

试点测试在帮助我们区分自以为得意的想法与正在尝试的想法上能够提供重要的经验教训。一些最引人注目的展品就来自在绝望中进行过试点测试的展品，因为那一天我们确实想不出去尝试其他听起来更愚蠢的事了。我们甚至在没有解决方案的情况下对一个令人困惑的东西进行试点测试——当我们仿制它时，我们绝对相信观众可能会反感（或者至少流露出不悦之色）。可是结果相反，观众喜欢它，他们留下来一次次地尝试找到解决方法，直到他们感受到等待尝试的其他观众给他们带来的压力，使得他们觉得再赖着不走就太尴尬了。下次当你发现自己正在开会，听到同事们讨论他们对观众将如何使用展品的预测时,想象一下,如果有人观察过观众如何使用展品,那么这个人的看法将会多么令人耳目一新? 一切尽在你的掌握之中。放手去做吧,去尝试一些想法。准备好证明自己是错的。最后,你可能会惊讶于试点测试是多么富有成效和令人满意。

用作研究的原型

原型可以用来测试多种展览要素和模式的"外观"、可行性、实用性或适用性:概念、流程、体系、图形、标签、教育活动、营销策略或面向最终用户的任何其他规划。原型可用于最初的概念开发到近乎最终的一次次修改。在某些情况下,原型可能成为博物馆最终真正使用的产品。

然而,仅仅把东西制造出来,置于公共空间,并要求观众给予反馈,这是不够的。利用原型开展实证研究需要持有这样的观念:形成一个假设(想对概念或物理特性进行测试),系统地安排好测试、记录、修改和再测试。这可能是一个耗费资源的过程,因此必须精心策划,并具备明确的目标。

虽然最好能进入制造车间来创建原型,但如果不具备这种奢侈的条件,并不能因此而放弃原型测试。很多原型可以用纸张、纸板、图像或简单的草图等材料来完成。我们要试图弄清以下四件事:人们是否知道如何使用展览要素? 人们是否想要使用它? 它能否实现预期的结果? 人们喜欢这样做吗?

当然,你不能什么都测试。一个经验法则是将原型设计的费用花在一些能够传达最为关键的内容或展览意图的要素上。另一个法则是测试最昂贵的要素,尤其是当那些要素不那么简单明了时。如果一种可能的昂贵体验失败了,那么其余的展览要素可能无法支撑展览。

团队应该以灵活和开放的心态来对待这个过程。毕竟,改变是原型的一个主要功能,修改是必然的结果。团队必须做好准备,不要把重点放在他们自己喜欢的特征上,而应该更多地关注围绕哪些方面进行开发最能满足观众的需求。接受这一事实是原型设计成功的唯一途径。以下是正如原型设计可以提升项目的速度一样,它可以同时探索很多想法。早期阶段的原型应该是快速制作出来的、粗糙的和便宜的。对一个想法的投资越大,对它的投入也会越多。[①]——蒂姆·布朗(Tim Brown),IDEO(斯坦福大学毕业生创建的一家知名设计公司)

———

[①] Brown, Tim, *Change by Design: How Design Thinking Transforms Organizations and Inspires Innovation*, New York: Harper Business HarperCollins, 2009.

两个在展览体验开发中使用原型方法的例子。

要有效地进行原型测试,首先要考虑以下这些问题:

● 设计和实施测试:有效的原型设计需要什么,包括工具、材料和人员?

● 获取至关重要的信息:在保持结果开放的同时,需要观众提供什么层次的信息?

● 对所有参与者进行敏锐的观察和倾听:团队和测试者都能客观地参与吗?

● 对外部意见和批判性评估的回应:我们是否愿意做出艰难的调整来改善展览?

通过原型设计来测试想法

埃里克·基斯纳(Erika Kiessner)

通过试点测试的探索完成想法开发后,测试这些想法就成为原型设计的目的。如果试点测试是发现展品的"内容",那么原型设计就是弄清楚"如何做"。

这是一种寻找最佳方法的过程,以保持你的概念以最终形式呈现时仍有趣味。这一切从你想要分享的想法开始。想象一下你希望观众拥有什么样的体验。接下来,你开始构建一些东西。这些东西由木头或塑料的半成品制成,使用借来的触摸屏和一些即兴完成的图形。它可以被夹在桌上。第一次迭代主要是将各个部件组合在一起。它不一定要很牢固或者特别漂亮,但是它确实需要经得起很多观众的使用,并且足够简单,可以轻松地加以更改。完成原型设计时,它会携带一些背景信息和你认为应该如何操作它的说明。在你的测试过程中,很多东西会进行更改。使用一块小白板真的很方便。现在邀请一些人来试试(图8.20)。

从展览的团队成员着手,可能既好又坏。他们不是很客观,因为他们对展览的最终效果投入太大。另一方面,他们知道这个原型是关于什么的和应该做什么,所以能够立即加入进来。你带着评估人员检查原型时,也是你弄清楚在第一轮测试中，预计需要回答评估人员哪些问题的时候。从"观众是否知道该展品是关于什么的？"转入细节问题，如"这个按钮是否足够大？""控件的放置方式是否表明了它们的顺序或用途？""观众是否会遗漏掉内容或者界面的某一部分？"其中，最好的问题之一是："观众会在哪里遭遇卡壳？"

回答这些问题就是原型测试过程的意义所在。它可能会揭示出原型所传达的一些令人惊讶的东西，有时甚至是你不想放进去的东西。

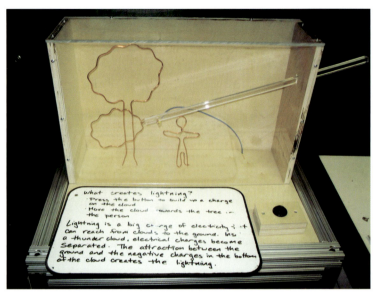

图 8.20　为美国富兰克林科学博物馆（Franklin Institute）的电力展制作的闪电互动装置的原型。[照片承蒙埃里克·基斯纳（Erika Kiessner）提供]

测试结束后，检查你所发现的问题并查看结果以获取设计改进的提示。有时候，测试会提出一个解决方案；有时候，你想与设计师聊一聊下一步该做什么；有时候，你只能猜测，然后把这种猜测返回给评估人员，以确定你的下一轮问题，然后再进行测试。

通过最初的几次迭代，问题清单似乎变得越来越长，但是在某个时刻，你的设计改进开始获得成效。观众开始真正了解它，你对此也很满意，因为你知道对观众来说你做对了。

这种测试和重新设计的反复循环是原型设计的核心。做出设计决策，然后测试它们，看着它们失败，并拥有足够的洞察力去保留其中的优点，同时舍弃其他的，相比于在脱离实际的情况下去完成设计，这是一种更有效的方法。

展示

良好、清晰的展示更有可能获得良好、明确的反馈。无论团队工作多么努力,或者展览规划多么精彩,如果团队无法简明扼要地展示这些想法,那么你可能会给自己增加很多不必要的工作。在展示时,充满活力和积极乐观通常是成功的关键。对该主题表达的热情程度可能会决定听者对展示的反应。展示需要始终保持激情,因为在整个策展过程中必须进行许多不同类型的展示,并且其中的某个并不会比另一个更重要或更不重要。如果团队对该项目表现出热情,那么它可能具备感染力,有助于你做出决策并获得积极反馈。正如一位同事曾经说过的那样,"你的态度会影响你的高度"。

在一个阶段结束时,展示是十分必要的,因为为了满怀信心地开展下一阶段的工作,我们必须要进行审查和批准。流程和阶段图(process and phases diagram,见第9章)展示了不同阶段结束时对该阶段工作的审查。在早期规划阶段,想法必须得到馆长、主管人员、理事会和潜在出资人的批准,才能获得项目实施所需的资金。围绕展览开发的展示应该由博物馆员工、志愿者、楼层工作人员和维护人员共同参与,因为他们将负责人员配备和展览维护。制造商应该清楚地知道展览将如何创建、如何布展。最后但却最重要的是,必须通过不同阶段的审查获得观众的反馈。从焦点小组访谈到原型设计的信息呈现方式,决定着展览怎样创建才能在其整个生命周期中经得起考验。

在每一个阶段都能保持活力可能是颇具挑战性的,但是如同滚石乐队的表演能保持一万次的"满意"一样,展示者必须坚持不懈,并且在项目结束时和开始时拥有同样的活力。应该与展览开发时重视创造力一样,将创造力也应用至信息呈现方式的创新上(图8.21)。

过程的审查和评论

一个积极的审查和评论过程将增强团队的能力,促使团

图 8.21 创意展示的案例:展览设计的学生丹·斯曲曼尼(Dan Streelman)从一根电线上摘下一只纸折成的鸟,作为专家研讨会上候鸽装置概念展示的一部分。[照片承蒙波利·麦肯纳-克雷斯(Polly McKenna-Cress)提供]

队成员深思熟虑地对项目进行批判性的分析和讨论,从而推动项目的发展和创新。在这个过程中大家众说纷纭,可以收集各种形式的建设性意见。评论不仅是指正式向决策者展示时获得的回应,还包括更多非正式的日常反馈,这些反馈主要来自团队成员、博物馆其他部门的员工,或者与外部审查者合作,由他们提供有积极意义的反馈(很多时候,如果你给他们提供午餐,他们会免费提供反馈!)。

我们如何适当地利用评论?

- 灵活、开放地接受各种形式的评论,并确定审查要点。
- 寻找一个共同的词汇来讨论工作和构建评论语言。
- 利用客观标准评估展览。

确定审查要点

我们如何在安排审查(评论)的过程中确定要点?最重要的是,时间上要开始得早并且频繁开展,使其应用至开发和设计的不同阶段以及"最终"体验中。如果没有对正在开展的工作进行过审查,就不应该在这项工作上耗费太多时间。如果审查被拖到最后才进行,那么付出的很多努力将会被浪费,学习和调解问题的希望也就会很渺茫。

最重要的评论是每个阶段结束时的阶段性审查,它使我们将每个主要阶段的工作都做到最好。这些评论应该在这个过程的早期就能获得。它们通常是来自向客户、CEO、资助者或理事会做的正式报告后的反馈,报告者应该是专业人士,穿着得体,并做好充分准备。

除了阶段性的评论之外,在这前后还会有一些不那么正式的机会,有助于工作人员

图8.22 玛雅·哈特曼(Maya Hartmann)给出了一个"快速而粗糙"的巧妙介绍,没有幻灯片,没有主旨发言!为了使概念更易于讨论,大家的回答可以用大的、醒目的、厚的、不透水的纸和记号笔来记录。它使团队成员感到可以发表自己的意见并展开讨论,因为其展示并非一场华而不实的报告,这样的报告传达的意思只会是"这就是最终方案,我们已经完成了"。要考虑过程中所处的阶段以确定最佳的展示方式。[照片承蒙波利·麦肯纳-克雷斯(Polly McKenna-Cress)提供]

为阶段性评论做好准备。这些机会可以是即兴的,就像邀请团队成员或主管来审查具体的细节时,他们会猛敲桌子以表示意见一致。或者,采取一种非正式的"针锋相对"式的猛烈批判("pin-up"crit),由其中一位团队成员或内部小组将他们的工作情况张贴在墙上或者用电脑投影出来,从而收集大家热烈的反馈(图8.22)。

当团队一直在努力工作,但需要交付的成果不同时,这个方法非常有用。因为参与者多为"针锋相对地进行猛烈批评的利益相关者",其中可能包括更为宽泛的内部团体(他们不直接参与项目)以及外部的利益相关者或者其他的博物馆专业人士,从长远看,这些人的参与被证明是非常有用的,并且具备成本效益(图8.23、图8.24)。

可靠又有用的信息通常来自各种资源,从高度智能化的资源到实用的、功能性的资源,所有这些都是在展览完成之前需要解决的重要问题。要为博物馆外部工作人员,如负责展览的志愿者和楼面员工安排简易午

图8.23、图8.24 这是一个概念或草图模型,用来模拟物件的尺寸和观众的参观动线。再说一遍,不要把太多时间花在工艺上,这不需要。模型来自宾夕法尼亚州费城的独立海港博物馆(Independence Seaport Museum)的展览"它源自江河:携带海洋秘密的日常物件"("It Sprang from the River: Everyday Objects with Maritime Secrets)",策展人是格雷克·布伦斯(Craig Bruns)。

餐,或者为提供各种运营服务的清洁和安保人员安排简易午餐,而这些服务都是展览所必需的。

构建评论语言

要培养技能和语言,进行有价值的评论。拓展你的知识基础。如果要提供关键的反馈,那么最好的办法是拥有共同的参考点。与同事一起进行实地考察,并为每位参与者分配一个批判性分析的任务。去参观许多不同类型的展览、体验、陈列和环境,无论是主题公园、剧院、餐厅、零售店,还是其他的文化或社交空间,如普通教堂和犹太教堂。所有这些空间都在不同层次上得以阐释,以服务观众,并对我们思考如何借助空间传达不同的思想和观点产生影响。

展览审查的客观标准

多年来,博物馆界一直在与客观标准进行斗争,因为担心展览会变得过于标准化和乏味。然而,其中关键的区别在于:我们在过程中使用客观标准是将其作为一个基准指南,而不是作为任务完成的检查表。多年来,由于博物馆领域很多做法并没有建立在其历史和经验的基础之上,人们几乎没有意识到观众的最低期望。例如文本的可读性或观众的舒适度,都被忽略甚至没有被考虑过。当最佳实践成为标准做法时,我们就可以用更多精力来创造卓越的体验,从而推动该领域向前发展。

多年来,已经有几个人和团队创建了一些标准。其中最能经得起时间考验并能融合其他标准的,是朱迪·兰德(Judy Rand)的观众权利清单(Visitor's Bill of Rights)。在其中,兰德女士建立了11条标准,这些标准是评估任何展览通用的且富有洞察力的方法。

227英里博物馆（227-Mile Museum），或者，为什么我们需要观众权利清单（Visitors' Bill of Rights）[①]

朱迪·兰德（Judy Rand）及其同事

从观众角度看，重要需求的清单是：

1. 舒适度——"满足我的基本需求。"

观众需要快速、方便、容易使用的干净、安全、无障碍的洗手间、饮水机、食物、尿布台以及大量座椅。他们还需要能够非常方便地参观所有展览。

2. 定向——"让我轻松地找到自己要去的地方。"

观众需要了解他们所处场所的周边环境。清晰的标识和精心规划的空间，有助于他们知道期待什么，可以去哪里，怎样到达和那里有什么。

3. 欢迎（归属感）——"让我感到我是受欢迎的。"

友好、乐于助人的博物馆员工能够缓解观众的焦虑。如果观众看到自己能够一起参与展览和教育活动，以及员工代表着他们并维护他们的利益，观众就会觉得自己属于这里。

4. 享受——"我想玩得开心。"

观众想度过快乐的时光。他们如果遇到障碍（受损的展品、与他们无关的活动、令人生畏的标签），就会感到沮丧、无聊和困惑。

5. 社交——"我是来和家人朋友共度时光的。"

观众来博物馆是为了与家人或朋友共度外出时光（或与社会接触）。他们期待交谈、互动以及分享体验；展览可以为此创造条件。

6. 尊重——"不管我是谁以及我知道什么，请接受我。"

观众希望他们自己的知识水平和兴趣能被接受。他们不希望展品、标签或者员工将他们排除在外，使他们处于受庇护的位置，或者让他们感到自己像个白痴。

---

①这是1996年在美国观众研究协会（Visitor Studies Associates）上的报告，首次发表在《策展人》（*Curator*）杂志2001年第1期上。

7. 交流——"帮助我理解,也让我发声。"

观众需要从展览标签、教育活动和志愿者那里获得准确、真诚、清晰的交流。他们想问问题、倾听和表达不同的观点。

8. 学习——"我想学到一些新的东西。"

观众(带着他们的孩子)来博物馆是要"学习一些新东西",但是他们的学习方式不同。重要的是要了解观众如何学习,怎样获取他们的知识和兴趣。要帮助观众排除干扰(拥挤、噪声和信息过载)。

9. 选择和掌控——"让我选择,并给我一些掌控权。"

观众需要一些自主权;自由选择,以及一些控制权,触摸、接近他们能够触摸和接近的东西。观众需要自由支配他们的身体和行动。

10. 挑战与信心——"给我一个我能够应对的挑战。"

观众想要获得成功。一件过于简单的任务让他们感到无聊,过于困难的任务则让他们感到焦虑。给他们提供丰富的体验,使这些体验能够适合他们多样的技能。

11. 新生——"我离开时感到充满活力,恢复了积极的状态。"

当观众全神贯注,全身心投入并自得其乐时,时间就好似静止了,他们会感到精神焕发:"沉浸"体验是展览应致力实现的目标。

除了这11条标准外,我们还建议增加第12条:敬畏感和惊奇感。这可能更多的是一种愿望,而不是一种"权利",它仍然是大多数策展人最终应该努力的标准。因为到最后,如果你不是希望别人通过展览受到启发,那么你为什么要花那么多的时间、金钱和精力去展示那些东西呢?

批判性的思维、建设性的展览评论和评估展览的有用标准,这些方面的演进已经走过了漫长的道路。虽然观众始终希望看到优质的展览,这个标准从未改变过,但是随着展览不断发展,评估展览的标准也必须不断更新。

评估外部服务、预算规划和成本估算

评估展览各方面的工作都需要外部服务供应商的参与。虽然大型博物馆可能拥有各种各样的内部人员,但是在设计和制作领域(展览设计师、多媒体设计师、平面设计师或展览制造商)通常仍会出现外部参与的需求,有时这种需求还会出现在其他专业服务领域(开发人员、评估人员或撰写者)。

对于任何具有承包性质的工作,无论是在外部服务的需求、评估和选择上,还是在用作项目初步预算规划和最终竞标的成本估算上,都存在两种标准的方法可供使用。

资格要求书[①]

资格要求(request for qualifications,RFQ)是机构向潜在供应商发布的文件,要求潜在供应商提供必要的信息,用于了解其可以提供的服务和能力。资格要求书旨在向已经完成过类似工作或者曾为类似机构工作过的潜在供应商广撒网,以弄清楚他们能够为机构提供什么样的人才及技能。这是第一轮选择,以确定谁最了解博物馆的使命,最适合与博物馆团队合作,并为博物馆提供服务建议。在撰写资格要求书时,最重要的是机构必须说明特定项目所需的具体资质,因为每个展览通常都有自己的特点。哪家供应商做过与博物馆项目类似的工作? 哪家供应商拥有完成该展览的经验、技能和人员? 他们是否按时、按预算完成了相关工作?

---

①译者注:"资格要求书"类似于国内博物馆"资格预审"的"要求",同样要求潜在供应商提供基本信息,用于了解供应商可以提供的服务和资质。

征求意见书①

在收到潜在供应商提交的相当数量的"资格要求书"后,团队应该将选择范围缩小到前五名。然后由机构向这些"经过资格预审的投标人"发送详细的征求意见书(request for proposal, RFP,属于标书的一种类型)。征求意见书可能是项目实施中最重要的文件。为了获得最准确的意见书,机构需要撰写一份简洁明了的要求文档,详细列出项目的参数:是哪一家机构,专注于项目的意图和要求,预期观众和出席人数,机构的团队构成(尤其是最终决策者),机构能提供的资源、所需技能、内容期望、工作范围、时间要求和预算范围(此处仅列举其中的一些参数)。从你希望供应商做什么的角度,来清晰描述机构将要做什么,这是至关重要的。供应商对机构和项目了解得越多越好,机构保守秘密没有任何好处,即便是预算。这是另一种形式的合作,因此保持透明度和沟通是项目获得成功直接有效的方法。

关于应该接受多少份征求意见书,不同的机构有不同的看法,有些机构认为他们需要五份以上才能做出最佳决策。然而鉴于展览以及潜在审查和决策过程的复杂性,五份征求意见书是一个合理的目标,以便能获得竞争性的投标。在这项工作让人筋疲力尽之前,团队只能认真思考并掌

①译者注:"征求意见书"是国外采购过程中的一种标书。我国政府采购目前有公开招标、邀请招标和单一来源采购,分类标准与国外采购有所不同。"联合国采购中标书类型分三种,询价(request for quotation, RFQ)、公开招标(invitation to bid, ITB)、征求意见书(request for proposal, RFP)。询价方式一般用于4万美元以下、简单不复杂、易于制定标准和规格的货物或者服务,这种方式比较灵活,采购程序也较简单,比如对复印纸的采购就可以采取这种形式。公开招标方式的英文字面意思虽然是邀请招标,但其实质是公开招标,该方式主要针对估值超过4万美元、能清楚地界定标准和规格的货物或服务采购项目,这种形式要求最低价中标。也就是说,只要投标文件在技术层面可接受,投标价最低的供应商就中标,比如对水管、卷扬机等就可以采取这种形式来招标。而征求意见书,是针对复杂的、没有清晰的标准或规格可参考、不能使用ITB形式招标的情况,这种招标形式要分技术标和商务标进行综合评分,且先开技术标,在满足招标文件所有基本技术需求的前提下,对其技术符合程度进行量化打分,然后再根据评分标准对商务标进行评分,取综合得分最高的供应商中标。"引自韩旭·联合国采购:技术、制度、道德三重防护[J]·中国招标,2012(39期)。

握五份征求意见书。如果有十份,团队肯定会对不同供应商的征求意见书的内容产生一些混淆。最后,如果潜在供应商意识到可能有数十个竞标者参与其中,那么很多供应商可能干脆就不投标了,因为他们还是希望自己的征求意见书能够得到认真且慎重的审查。因为撰写征求意见书时,供应商通常需要花费相当多的时间来处理所列出的各种信息要求,所以尊重他们所花费的时间,批判性地分析每个供应商所提交的内容是很重要的。

撰写成功的征求意见书(RFP)

乔治·迈尔(George Mayer)

我需要知道些什么?

- 公司的经验以及它们如何与你的项目相匹配。

- 公司业务的代表作品集。

- 公司当前的工作量以及它可能对你项目产生的影响。

- 那些将会被分配到该项目的关键人员,他们在其他项目上的相关经验,以及进公司多久。

- 公司将如何完成这项工作? 其工作计划是什么?

- 关键的重要阶段的进度安排,以及这些重要阶段的进度安排怎样与为项目已制定好的进度表相匹配。

- 公司的财务状况。这些信息可以从公司当前的财务报表中获得。

- 参考、参考、参考……不能仅限于看公司参考清单上显示的内容,还要致电公司项目清单中列出的其他项目的代表。

- 为什么公司想要参与该项目? 这是一个潜在客户通常不会问的问题。大多数客户都认为任何项目都是有意义的,因为它代表着商机。如果这样想的话,只会让他们的团队止步于此。只有对于某个项目具有高度专业性或个人热情,才能够保持活力并促使项目成功。当项目进展受挫时,凭借参与者的热情能够产生更好的结果。

- 撰写征求意见书时,美国博物馆参展者协会(National Association

of Museum Exhibitors, NAME)①所发行的期刊《展览人》(*Journal the Exhibitionist*)2007年的春季刊(线上PDF版)提供了重要的参考资料,详述了如何撰写一份可靠的征求意见书及其背后的道理。

延伸阅读

Brown, Tim. *Change by Design: How Design Thinking Transforms Organizations and Inspires Innovation.* New York: Harper Business/HarperCollins Publishers, 2009.

Edwards, David. *The Lab: Creativity and Culture.* Cambridge, MA: Harvard University Press, 2010.

Doorley, Scott, Scott Witthoft, and Hasso Plattner. *Make Space: How to Set the Stage for Creative Collaboration.* Hoboken, NJ: John Wiley & Sons, 2012.

IDEO. *Human-Centered Design Toolkit* (Open Source).

Kelley, Tom, with Jonathan Littman. *The Art of Innovation: Lessons in Creativity from IDEO.* New York: Currency/Doubleday, 2001.

Kolko, John. *Thoughts on Interaction Design.* Burlington, MA: Morgan Kaufmann, 2010.

Suri, Jane Fulton, and IDEO. *Thoughtless Acts? : Observations on Intuitive Design.* San Francisco: Chronicle Books, 2005.

---

①译者注:正如前文所提及的,另一个美国博物馆联盟之下的专委会,其简称也是NAME,但不同于该组织,其全称是"National Association for Museum Exhibition"(美国博物馆展览协会,也译作美国博物馆联盟展览专委会)。

流程和阶段图

流程如何才能既全面又灵活,以备偶然意外的发生?

展览的五类倡导者及其每项工作,对于策划一个具有创新性的成功展览都是必要的,其通常会有几个基本的阶段,应当按照顺序一步步推进。第9章是对每一阶段以及每一阶段团队职责进行检查。道理非常简单,展览流程是以一种简单的逻辑推理作为基础的,即"某些事情需要在其他事情之前完成"。但事实上根本不存在一张绝对的检查表,这里概述的信息应该作为一种指导而非一种规则。因为每个项目都是不同的,每个工作团队也是不同的,团队应该根据自己的特定情况来构建他们自己的流程。

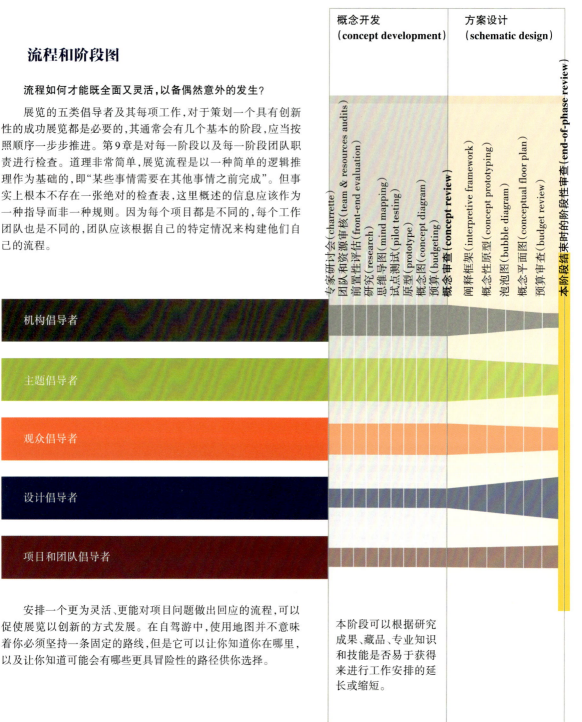

安排一个更为灵活、更能对项目问题做出回应的流程,可以促使展览以创新的方式发展。在自驾游中,使用地图并不意味着你必须坚持一条固定的路线,但是它可以让你知道你在哪里,以及让你知道可能会有哪些更具冒险性的路径供你选择。

本阶段可以根据研究成果、藏品、专业知识和技能是否易于获得来进行工作安排的延长或缩短。

图9.1 流程和阶段图(从概念开发到方案设计)。[插图由理查德·克雷斯(Richard Cress)提供]

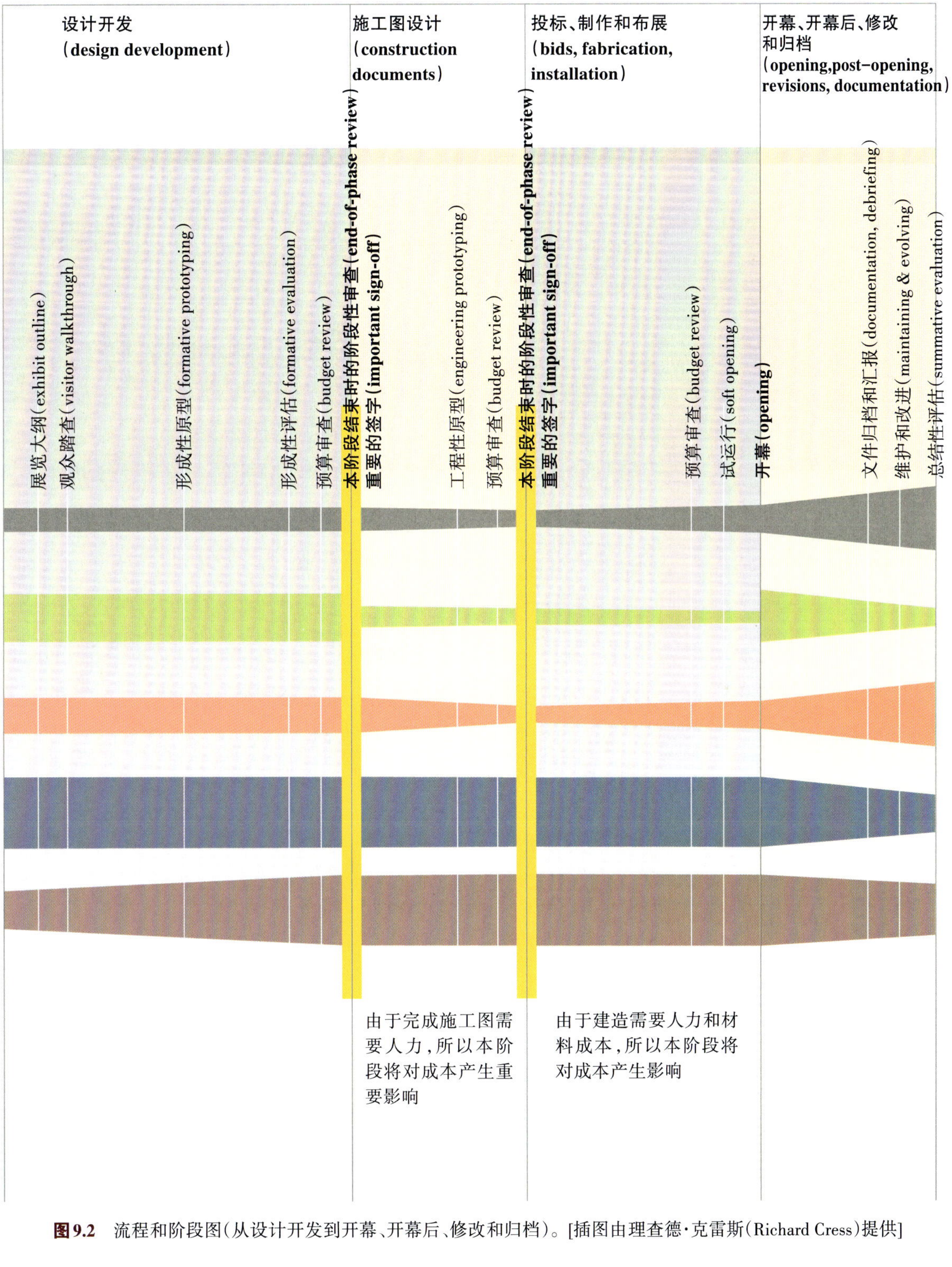

设计开发
（design development）

施工图设计
（construction
documents）

投标、制作和布展
（bids, fabrication,
installation）

开幕、开幕后、修改
和归档
（opening,post-opening,
revisions, documentation）

展览大纲（exhibit outline）

观众踏查（visitor walkthrough）

形成性原型（formative prototyping）

形成性评估（formative evaluation）

预算审查（budget review）

本阶段结束时的阶段性审查（end-of-phase review）
重要的签字（important sign-off）

工程性原型（engineering prototyping）

预算审查（budget review）

本阶段结束时的阶段性审查（end-of-phase review）
重要的签字（important sign-off）

预算审查（budget review）

试运行（soft opening）

开幕（opening）

文件归档和汇报（documentation, debriefing）

维护和改进（maintaining & evolving）

总结性评估（summative evaluation）

由于完成施工图需
要人力，所以本阶
段将对成本产生重
要影响

由于建造需要人力和材
料成本，所以本阶段将
对成本产生影响

图9.2　流程和阶段图（从设计开发到开幕、开幕后、修改和归档）。[插图由理查德·克雷斯（Richard Cress）提供]

第9章 流程和阶段

如何安排我们的流程?

在前几章中,我们已经探讨了个人或团队之间开展合作以对特定领域进行倡导的必要性,以及这些合作者在策展过程中需要考虑的问题。那么,这一切是如何且何时被联系在一起的? 发生了什么以及它们是按照什么顺序发生的? 团队该如何通过创建一个清晰的战略流程来实现其目标?

展览的规划、开发和设计都很复杂。随着博物馆展览行业变得越来越成熟、更强调合作、更为复杂,其风险也越来越高,这就需要创建一个共享和有效的流程。这样的展览通常需要多位专业人员的合作,以及对各阶段顺序进行有效规划。"按时间、按预算"是所有机构、项目和团队倡导者的座右铭。为实现这一目标,团队需要一个清晰而灵活的流程(图9.3)。

本章前面的插图重点介绍了流程和阶段图,描绘了展览的五类倡导者和策展工作所涉阶段的典型顺序。在本章中,我们将对每一阶段以及每一阶段的团队职责进行检查。道理并不复杂,展览流程是以一种简单的逻辑推理为基础的,即"某些事情需要在其他事情之前完成"。但是事实上根本不存在一张绝对的检查表,这里概述的信息应该作为一种指导

大照片:苏格兰格拉斯哥科学中心(Glasgow Science Center)。[照片承蒙波利·麦肯纳-克雷斯(Polly McKenna-Cress)提供]

插图1:设计原型的实验室。[照片承蒙美国富兰克林科学博物馆(Franklin Institute)提供]

插图2:头脑风暴的过程。[照片承蒙波利·麦肯纳—克雷斯(Polly McKenna-Cress)提供]

插图3:材料的样品。[照片承蒙波利·麦肯纳—克雷斯(Polly McKenna-Cress)提供]

而非一种规则。因为每个项目都是不同的,每个工作团队也是不同的,团队应该根据自己的特定情况来构建自己的流程。

从艺术博物馆到科学博物馆,从儿童博物馆到动物园,我们对几乎所有不同学科类型的博物馆的一些标准及其需要考虑的因素进行了概述。当然,根据博物馆内容和藏品的不同,还存在很多不同的策展方法,特别是当一个博物馆使用的对象是较为脆弱、需要特别保护的物件,而其他博物馆拥有的却是较为日常化①的"藏品"时。

本章主要关注的倡导者是项目和团队倡导者(项目经理),但事实上有关流程和阶段的工作,其他倡导者也难脱其职。每类倡导者都需要了解策划整个展览的不同步骤和阶段,而不仅仅是涉及他或她个人职责的

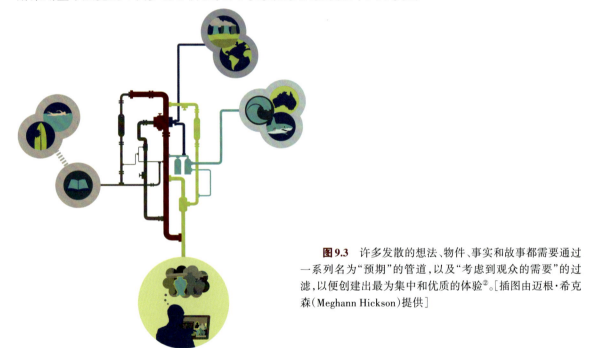

图9.3 许多发散的想法、物件、事实和故事都需要通过一系列名为"预期"的管道,以及"考虑到观众的需要"的过滤,以便创建出最为集中和优质的体验②。[插图由迈根·希克森(Meghann Hickson)提供]

————————————

① 译者注:原文用"eat,sleep, and poop"来形容"藏品",直译为"吃、睡和拉屎",笔者根据上下文将其意译为"较为日常化的"。

② 译者注:结合图9.3,这段话的前半句可被理解为"这些想法、物件、故事首先经过'预期'的筛选,符合展览预期的被留下,之后再'考虑到观众的需要'进行过滤,符合观众需要的被留下"。

事实上,科学发现的过程是好奇心不断翱翔的过程。——阿尔伯特·爱因斯坦（Albert Einstein）

那个阶段。

开发和实施你的流程存在三个关键问题

● 拥有不同的工作风格和工作方法的人,如何在创建一个具有凝聚力的整体的同时,保持其自身的完整性?
● 这个流程如何才能既全面又灵活,以备偶然意外的发生?
● 一个灵活的流程如何才能持续地按照计划和预算推进?

我们为什么需要一个流程?

批评者对所谓"正式流程"的概念提出质疑,因为担心这一概念将限制策展团队的创造力。但是,如果团队不清楚如何推进展览,不知道如何以及何时做出决定,也不知道按照什么样的优先顺序完成工作才能达成重要阶段要做的事,那么他们就无法充分地发挥其创意的潜力。比起按计划来分配,如果没有正式的流程,团队可能会花掉更多的时间和金钱。安排一个更为灵活、更能对项目问题做出回应的流程,可以促使展览以创新的方式获得发展。在自驾游中,使用地图并不意味着你必须坚持一条固定的路线,但是它可以让你知道你在哪里,以及让你知道可能会有哪些更具冒险性的路径供你选择。

如果一个团队不清楚自己的前进方向,一旦要求他们制定流程和阶段,可能会让其望而生畏。我们希望我们能为这样的团队提供简单的"现成"解决方案。虽然我们无法提供一个完美的流程,但是我们可以对典型阶段及其顺序进行概述。最重要的是,流程对团队中每个人来说都必须是透明的。不明确的操作程序往往会引起焦虑和恐惧,这也会破坏合作和创新。

即使是最好的计划也应该是灵活的!

最初的计划能一成不变地得以遵循,这种情况在人生中很少出现,总会遇到不可预见的内部问题和外部情况。因此,你不应该阻止你的团队去制定计划。在过程中对原计划进行修改并不是件坏事,还应该考虑很多偶然的情况。当团队试图严格遵循计划时,从长远来看可能会遇到更多的问题,或者更糟糕的是,会策划出一个无趣的展览。然而,如果没有任何计划,障碍和意外可能会使展览的进展失控,甚至完全停滞。如果团队具有灵活性,但同时又了解需要遵循的关键路径,那么他们将能更好地应对突发事件。在某些情况下,最好的技巧是能够激发创造力,使团队成员在逆境中仍然保持乐观和积极的心态,以改变现状、扭转颓势。①

预留时间接收反馈

制定进度计划的另一个重要原因是,确保有机会让更大范围的利益相关者进行审查和反馈。如果展览团队在没有关键的利益相关者(如管理者、合作者或资助者)检查的情况下就去推进和策划展览,那么即使他们的工作干得很好,最终也可能会付之一炬。我们可以分享很多关于展览团队或者设计公司的、像这样的可怕故事,他们的工作是在没有召开过审查会议的情况下推进的,结果发现他们必须彻底重新考虑该项目。没有人愿意在金钱、时间和精力被消耗殆尽之后,陷入一个艰难的处境。除了浪费时间和金钱外,情绪上的打击也会持续地对项目产生破坏作用。

流程大纲

那么,如何来安排展览的进度和流程呢?负责管理、记录流程和进度表的倡导者是项目和团队的倡导者。虽然该倡导者是一名管理者,但是他或她不应该是一位独裁者!整个团队都有责任为确定流程的运作方式去接受他人的意见或贡献自己的想法。尽早与团队成员一起创建和讨论合作流程,能够缩短了解时间、减少可能的混乱,抱怨也会更少。通常进度表主要由一个人来创建,同时关键的合作者也参与其中,然后由整个团队审核和批准。

---

① 译者注:此句的原文是"In some cases, the best skill is being able to call upon creative ingenuity to make lemonade out of lemons",其中"make lemonade out of lemons"是西方常用的谚语,直译是"把柠檬做成柠檬汁",意译为"一种在逆境中仍然保持乐观和积极的心态,以改变现状、扭转颓势",为了便于读者理解,译者选择了意译。

对团队和资源进行评估

通过对团队和资源进行评估后再启动项目是一个明智的开始。在第2章中,我们讨论了博物馆领域的范式转变,即从团队成员为各自的专业领域而争的学科模式,转变到团队成员倡导关键目标和观众意义的倡导模式。这两方面的倡导应该被视为驱动模式转变的一组重要因素。团队应该对该模式的五类倡导者进行审核,以便每类倡导者都能分配和拥有相应的职责。

团队审核

启动任何合作流程的最佳方式之一,是对相关成员所需的技能组合和时间承诺进行团队审核。尽早进行评估可以避免不适情况的出现和挫

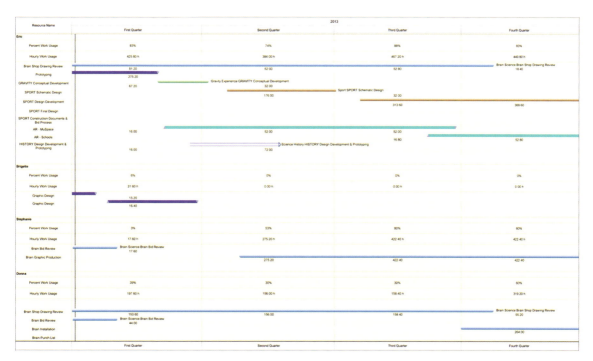

图9.4 美国富兰克林科学博物馆(Franklin Institute)团队资源调度表。为了便于大家了解完成多个项目所需的时间、技能和人员等复杂的调度安排,项目经理创建了一份详细的进度表,以便大家可以直接查看和管理各自的时间。[本进度表由珍妮·麦尔(Jeanne Maier)提供]

败感的产生,甚至避免团队或流程遭到严重的破坏。团队审核应该明确成员们的优势和能力,并根据角色的需要指定不同的倡导者。这些角色的职责不仅可以由个人承担也可以由团队承担。

针对技能的评估不应局限于相关的工作成果(比如优秀的撰写人、平面设计师、研究者和绘图者等,其技能评估不应只是针对他们的工作成果),还应考虑团队成员不同的工作风格。有些人是语词符号的思考者;有些人特别有条理;有些人擅长头脑风暴;有些人喜欢早起,而有些人则在下午精神百倍。尽管人与人之间存在差异,但在提高对团队成员的技能和工作风格的认知之后,可以更清晰地预测每一位团队成员的工作风格。

同时,对于核心团队的人员构成以及每个人在过程中所能贡献的技能和才智,需要有一个清晰的认识,并且应当发现团队中可能没有的技能。特定的展览目标或独特的展览内容可能尤其需要注意。而这些需要将如何满足,由谁来满足? 你应该为聘请外部顾问做出预算吗? 意识到这些问题并加以解决是你的责任。

评估人格类型是另一种有助于把握团队综合特征的工具。迈尔斯·布里格斯(Myers-Briggs)或者荣格(Jung)的人格测试可谓众人皆知,目前网上可以免费提供各种不同的测试形式。虽然这些测试并非完全必要,但是它们有助于理解团队成员的一些特征,帮助成员合作开展工作,并且总能为参加测试者提供有趣的见解。

此外,从战略上看,你可能还需要选择潜在的机构作为合作伙伴和顾问。每个新的合作关系都需要管理好各自的时间,双方只需简单地沟通即可。因此,虽然合作是必不可少的,但请注意,有时好事过头反而变坏事,太多的合作可能会导致整个流程令人筋疲力尽,或受挫不断。

资源审核

展览资源通常包括人员、藏品、空间、技能、工具、资金,当然还有时间。与团队审核一样,资源审核也应该清晰地了解这些资源的条件和状况。合理的做法是在团队审核的同时进行资源的审核,这可能也是最有效的。

针对每种资源,团队需要考虑以下问题:

● 人员:我们是否有合适的具备专业知识且有时间的员工、顾问、内容专家、社区联络员、教育人员、志愿者、阐释者和展览维护人员等(图9.5)?

图9.5 团队规划不仅是为了创建展览体验、教育活动和营销策略,还要确保展览开幕后能够正常运营。[照片承蒙理查德·克雷斯(Richard Cress)提供]

● 藏品:我们是否有足够的或者合适的藏品来支撑整个叙事?是否需要借展品?是否知道为了补充我们所需要的东西应该去找谁、去哪里找以及能够找到什么(图9.6)?

● 空间:空间足够大吗?它是如何配置的?它位于博物馆的哪个位置?它提供给我们什么样的设计机会?

● 技能或工具:我们在团队审查的过程中学到了什么?

● 资金:这是一个重大问题。是否有足够的资金用来为我们想要完成的展览做预算?展览开幕后是否有资金用于持续更新和维护?如果没有,是否还可以从其他资源中筹集更多的资金?

● 时间:这是另一个重大问题。我们是否有足够的时间来完成本次展览基本阶段的工作

图9.6 在藏品库房里检查可能展出的物件。[照片承蒙理查德·克雷斯(Richard Cress)提供]

——研究、开发、设计、制作和布展?在展览开幕后,我们是否还有足够的时间去更新内容或要素,以保持展览的新鲜感?虽然我们有熟练的员工可以完成这个项目,但是他们的时间能否被适当地投入到该项目上?

确立倡导的目标

一旦团队构建起所需的技能并开展了资源审核,就应当开始制定倡导的目标。团队是否在朝着同一目标前进,并意识到不同的部门和成员

如何工作才能实现目标？五类倡导者各自的目标是什么？哪些因素将影响这些目标的实现？当然,建立目标的最佳时间是在项目的开始阶段。因此,当明确了使命和传播目的这些驱动展览项目的主要依据后,团队应该有意识地为这些目标而努力。本书在讨论各类倡导者时已经就五类不同倡导者的具体目标和需求进行了概述。

各流程的阶段划分

（参见本章伊始的流程和阶段图,图9.1、图9.2）

规划阶段

展览的规划阶段通常会遵循机构的整体战略规划,和（或）遵循总体规划会议的精神,在该会议上,机构倡导者在理事会、内外部利益相关者的支持下制定短期和长期的战略规划。通过这种方式,机构明确了自己的进程,并通过它的许多产品,尤其是展览,来了解它想要服务的观众。展览规划就是展览团队以机构的使命和愿景（两者均在战略规划过程中制定）作为出发点,通过头脑风暴的讨论、研究以及专家研讨会,来制定实现使命和愿景的最佳方法。

在规划阶段,将在几个关键领域开展不同形式的研究:研究展览主题,什么样的主题能满足社区需求、支持机构使命,并且是最有效和最有用的;研究观众以及他们对主题的期待;研究关于主题的现有资料和藏品（图9.7）;研究可用资源（包括专家资源和筹资渠道）;研究展览建设的进度表和规划。

图 9.7 查看托马斯·杰斐逊杨树林（Thomas Jefferson's Poplar Forest）里的陶瓷碎片。[照片承蒙理查德·克雷斯（Richard Cress）提供]

规划阶段需要回答的问题

● 本次展览将如何支持博物馆

的使命?

● 该主题是否有助于推动机构在藏品、学术、现有观众或目标观众以及资源方面目标的实现?

● 谁将会受到影响,又如何受到影响?

● 机构或展览有什么特别之处,人们为什么要关心它?

● 创建展览需要多长时间?

● 它可能要花多少钱?

● 有哪些可以使用的筹资渠道,并且这些渠道与我们的意向是相符的?

规划阶段将交付的成果

● 资助申请计划书(grant proposal);

● 资金筹措情况介绍(presentation for funding);

● 带视觉效果的规划文件(planning documents with visuals)。

概念开发阶段

概念开发阶段(concept development phase)是指更清晰地考虑并形成概念研究方法的阶段。在此阶段,团队将起草展览的使命、传播目的、短期和长期目标、目标观众,并将以这些基础作为评估决策的依据。主题和(或)观众倡导者将引导展览内容的开发和展览叙事的逻辑线索。团队应该将观众评估置于首位,并在开发新想法之后不久就进行观众测试。当初始概念在这个过程中得以整合时,团队应该考虑对它们进行"试点测试",以了解观众如何才能获得最佳参观效果。团队还应该创造机会向利益相关者做一些介绍,特别是向机构倡导者和资助者,同时确保项目的预算和进度表随着项目的推进得以明确。

上述的这些要素应被视为用以指导策展的参考标准,而不是必须严格遵守的规定。

概念开发阶段需要回答的问题

当你的团队进入流程中的概念开发阶段,对于整个团队而言,在推进项目时考虑以下问题将会有所帮助。

- 展览的使命和传播目的是什么(详细信息请参阅第8章)?
- 展览的长期目标是什么? 它包含了对团队和观众来说,更为抽象或远大的理想。
- 展览的短期目标是什么? 它包含了对于团队和观众而言,展览中可以被观察或测量的结果。
- 展览的目标观众是哪些人(图9.8)?
- 观众离开时留下什么记忆? 也就是说,你希望你的观众离开展厅时,记住或正在说些什么?
- 叙事是如何展开的?
- 你将如何形象化地绘制和记录决策?
- 展览的氛围或个性是什么样的?

概念开发阶段将交付的典型成果

- 背景研究(包括市场、观众、内容和媒体研究);
- 全景图的草图和粗略的效果图,表明展览显现出的特征或者氛围(通常由设计倡导者完成);
- 展览大纲;
- 试点测试和概念测试的结果;
- 创建视觉图,即概念图和泡泡图(参见第8章);
- 时间表或进度表的草案(具备暂定的开幕时间和阶段划分);
- 总体预算草案(很多数字都采用最小的单位标注,例如单位面积的成本)。

图9.8 观众,更具体地说是游客,在弗农山庄游客中心(Mt. Vernon Visitor's Center)排队等待买票。[照片承蒙理查德·克雷斯(Richard Cress)提供]

概念开发阶段结束时的阶段性审查

概念开发阶段结束时的阶段性审查是指团队向主要利益相关者、机构倡导者、主题倡导者、资助者，以及必须经其审批项目才能向前推进的内外部专业人士，介绍项目的总体概念和方向，包括初步设计。如果项目未获批准，团队可能必须另起炉灶，或者返回到已经被批准的上一阶段。

方案设计阶段

随着概念获得批准，项目进入了方案设计阶段（schematic design phase）。在这一阶段，模糊的想法、图像和预期结果，将开始被塑造成一个完整的体验。试点测试应该继续贯穿这个阶段，以便了解观众如何与不断发展的概念相关联。在这个阶段，团队大致草拟出动线、故事、图示方法和配色方案等，向完全成形的展览又迈进了一步。叙事初见轮廓，概念被赋予初始的实体形式。视觉——在考虑到个人时间、藏品、互动装置和观众流的情况下，如何以一种体验的方式表达出来——这一方面正在被不断充实。许多细节的视觉表达是通过材料、颜色、纹理以及可能的图形处理来完成的。

虽然"设计"是这一阶段的主要任务，但本阶段的工作并不仅仅是由设计倡导者来完成的，开发人员、评估人员、主题专家、原型设计师、教育人员以及团队其他成员在此阶段也要高度参与，以确保所有构成要素都得到处理和倡导。项目和团队的倡导者要确保所有工作都已步入正轨，最重要的是要创造机会以及时获得反馈并向前推进工作。

图 9.9 美国富兰克林科学博物馆（Franklin Institute Science Museum）的火车厂展览。（照片承蒙富兰克林科学博物馆提供）

方案设计阶段需要回答的问题

在流程的这一阶段，为了推进项目，考虑以下问题将会有所帮助：

- 展览草拟的标题是什么？
- 展览传达的是什么声音？
- 展览整体的个性是怎样的？例如，采用高饱和度的色彩和戏剧性的照明或清晰明亮的线条,采用蒸汽朋克审美风(steampunk aesthetic)①或者日本动漫风(Japanese anime)(图9.9)?

- 展览的叙事基础是什么? 谁在讲这个故事?

- 观众将在展览中扮演什么角色? 他们将如何理解这一角色?

- 哪些一<u>以</u>贯之的要素或者线索提供了所有部分之间的关联性和连续性?

- 观众的参观动线是定向的还是更为开放的?

- 有哪些可能采取的图文方法是符合展览个性的(图9.10)?

- 讲故事最适合采用的模式是什么?

- 哪些教育活动和(或)阐释者将会促进更深层次的观众参与?

- 这座建筑物在结构上是否适合安装一些东西? 在有些情况下,建筑物的结构可能不足以支撑一些较为笨重的东西,比如水箱、石头或金属艺术品。这一点最好在安装之前就弄清楚!

图 9.10 美国富兰克林科学博物馆(Franklin Institute Science Museum),火车厂展览的图文面板。(照片承蒙富兰克林科学博物馆提供)

方案设计阶段将交付的典型成果

在方案设计阶段,确定了展览内容和可能的实体体验,并构建起初步的设计思路。大多数要素在这个阶段得以创建,并在整个过程中获得发展。

- 前端资料的完善,包括使命、传播目的、长期目标和短期目标。

- 内容组织,包括物件和叙事、阐释规划、概念图或泡泡图。

- 试点测试和制作概念性原型。

- 观众踏查初稿,其中应包括:描述展览入口处的进门体验,为展览的其余部分打好基础(究竟是什么在吸引和邀请观众进入展览的究竟是什么?)(图9.11);照明方案(见第8章);物件及其展示方案;一份如何运用

---

① 译者注:"蒸汽朋克,简单来说,是指维多利亚时代的风格加上蒸汽驱动的现代科技的世界观。作为一种新兴的艺术流派,虽然诞生时间并不久,但蒸汽朋克正在被主流文化所认同,其影响力正慢慢渗透到当代社会的很多方面,尤其在娱乐界和工艺领域最为深远。其核心精神是强调叛逆、怀旧、机械美学和异质世界。"(https://www.guokr.com/article/356237/.)

图 9.11 美国洛杉矶动物园(Los Angeles Zoo)热带雨林定向广场(Rainforest Orientation Plaza)中的红猿展。展览的入口处表达了对观众到来的欢迎,使观众一开始就沉浸于在树枝间活动的印尼猩猩的世界。面板中还用印尼短语"欢迎"(selamat datang)表达了对观众的欢迎。[照片承蒙波利·麦肯纳–克雷斯(Polly Mckenna-Cress)提供]

感官知觉的方案(见第8章);描述观众在展区内的各种身体接触或身体活动(例如,如果观众走过一座真实的桥,那么它在概念上对观众而言意味着什么?);描述各展区之间的过渡部分和主题的重叠部分,从而为你的展览提供连续性;尾厅(退出、反思或高潮体验);观众离开时留下什么记忆(观众将会产生什么想法或留下什么印象?);促进叙事。

● 展览标识系统的草案:品牌、外观(包括 logo)、使用的字体等(图9.12);

图 9.12 美国富兰克林科学博物馆(Franklin Institute)儿童科学展(KidScience)的 logo(徽标)。(图片承蒙富兰克林科学博物馆提供)

● 界面外观的意象看板(image board)①;

● 全景图粗略的效果图或透视图;

● 代表性的图形——在每个不同类型的图形方案中选一种;

● 平面示意图——在泡泡图基础上,以平面视角或现有空间绘制的图;

● 带有重要视图和透视图的草图(图9.13);

● 关于多媒体和机械互动装置想法的草案;

● 概念性原型设计或持续的试点测试;

● 完善的进度表,按照重要阶段的日期进行项目分解,并列出将要交付的主要成果、交付日期和截止日期;

● 接下来的预算草案和可能的成本建议(opinion of probable

---

① 译者注:"意象看板,是指经由对设计对象与设计主题认知的色彩、影像、数字信息或其他材料的收集入手,对相关视觉图片进行分析与整理,用多重图像的组合来检视整体设计的诸多元素。作为该类设计方向的参考,意象看板可以很好地传递设计概念、强调设计要点的重要作用。意象看板被广泛地应用于服饰设计、产品设计、网页设计、电影制作、脚本设计等方面。"(杜冰冰:《有感意象的训练在服装设计教学中的应用》,《艺术教育》2011年第5期。)

cost，OPC）。成本建议只是粗略的预估，可以从经验中得出，也可以由制造商进行预估，通常被称为估算（rough order of magnitude，ROM），或者是在先前失败基础上的"瞎猜"（wild ass guess，WAG）。

预算编制

在概念开发阶段编制的预算草案，应根据正在推进的展览进行检测。团队通常至少应该知道，预算将被分配到哪些地方。

图 9.13　美国富兰克林科学博物馆（Franklin Institute）的儿童自然科学展（KidScience）初始的透视图。（图片承蒙富兰克林科学博物馆提供）

现在是时候决定如何使用预算，以及根据当前趋势进行重新分配了。你需要了解一些基本情况，如你是否需要支付更多的钱给特定的多媒体顾问或者用于一些特别物件的特殊处理。你还必须对既有资金如何分配进行记录，以防今后出现混淆或令人担忧的状况。

方案设计阶段结束时的阶段性审查

方案设计阶段结束时的阶段性审查是核心团队向主要利益相关者、机构倡导者、主题倡导者、资助者，以及必须经其审批，项目才能向前推进的内外部专业人士介绍项目的内容框架、可能的实体体验和设计方法的活动。如果项目未获得批准，团队可能不得不另起炉灶，或者返回到已经获得批准的上一阶段。

合作的转变

通过流程的前两个阶段（概念开发和方案设计），团队一直在进行合作开发，从而构建起定义展览的各种基础框架（使命、目标、泡泡图、展览大纲），并且做出团队决策。明确了这些要素之后，根据团队的不同，合作的过程可能需要从团队共同决策开始转变，因为每位团队成员的工作都基于不同的材料，提交的成果也不同，而且还不一定会在同一空间内进行。所以，在"合作的转变"中，每个倡导者可能需要分开工作，不再是团队共同决策,但是仍然必须向团队报告将要交付的具体成果。

随着任务数量的提升和规模的扩大以及考虑因素的增加,这种转变使得倡导者能不受约束地集中精神处理计划中涉及他们的特定任务,让他们拥有处理细节的自主权,并运用其技能和专业知识创造解决问题的最佳方案。然而,团队成员之间的讨论必须持续进行,以确保不同的工作内容能融合在一起。团队仍然会通过定期的对话、汇报、审查和评论彼此的工作来进行合作,以确保一切工作都符合项目制定的标准。和在棒球运动中一样,每个球员都在执行他或她的特定工作——投手、接球手、右外野手和指定击球手,同时也一起比赛并相互影响。此时,项目和团队倡导者有责任去推动各类倡导者的工作管理,并协调进度表以确保项目能够满足最后期限的要求。

设计开发阶段

设计开发阶段(design development phase)是对展览所有领域的细节进行明确和完善的阶段。当方案设计阶段结束,机构倡导者和其他所涉及的利益相关者签字同意后,团队成员必须开始关注所有要素、模式、媒体、教育活动、人员配备方案等的细节,按照实际预算要求对其进行评估,并规定时间期限。其中的关键是团队能够真正"看到"展览体验及团队如何作为一个整体被融合到一起。通过这种方式,团队就可以做出明智的选择,并利用好每一个机会。

虽然"设计"是这一阶段的主要任务,但它并非仅仅由设计倡导者独立完成。团队的其他成员和所有的利益相关者仍会参与其中,因为此阶段会对所有关键的设计开发决策进行审查和评论。

项目和团队的倡导者要确保每个人都能在合适的时间和地点参与进来,还要确保已经获得了来自权力部门的批准并形成相应的文件。最大比例的非建设型劳动力成本通常都会花在这个阶段,从这点来看,要加快本阶段的决策过程,以减少由于决策不及时所带来的成本影响。因为如果需要做出重大改变,但是却没有获得相应的批准,就会花不少冤枉钱。

设计开发阶段需要回答的问题

在本阶段,团队应该考虑以下典型问题,以推动项目的完成。这些问题都是很好的起点,但不一定涵盖了所有需要考虑的细节,具体情况仍要取决于每个项目本身:

● 展览的整体格式塔是什么?如何将不同的部分结合到一起以形成一个整体?

● 环境能否服务于物件和故事,为它们的展示奠定基础,或是提供适当的背景?你是否会使用隐喻,比如一个犯罪现场、火车厂或废弃的伐木场?或者设定一个时间段,比如未来、代表某个时代的展室或超现实的环境?

● 展览如何传达,使用何种模式?是通过图文、多媒体要素还是演员的现场表演来实现?一旦确定了大型的展览要素,接下来就需要考虑更小的细节问题。

● 你可以选择哪些材料以及饰面,它们是否安全(能阻燃、不会产生废气、无虫等)、环保,是否符合美国残疾人法案?

● 展览内容是否会通过多种语言和方式进行阐释,以增加其包容性?

● 展览会对建筑外壳及其系统产生什么影响?

● 展览将怎样影响观众参观整个博物馆的动线(图9.14)?

● 展览传达的是谁的声音或者是什么声音?究竟是真正在做研究的科学家,还是青少年实习生,能够更好地与目标观众建立联系?

● 展览是否能最大限度地促进观众参与?是不是参与太多了,反而导致效果不佳?

● 物件的价值如何加以评估,它们又当如何被展示?你会把一件珍贵的物件单独放在某个展柜里,还是将多件物件放在同一个展柜里,以便进行比较?将物件进行这样的展示和并置说明了什么?

● 对观众参与活动的水平有什么要求?需要全身参与的大肌肉活动

图9.14 美国史密森国立美洲印第安人博物馆(Smithsonian National Museum of the American Indian)圆形大厅中的展览要素(物件)。这些展览要素有助于引导观众通过开动大脑或身体参与来找到参观博物馆的路径。[照片承蒙理查德·克雷斯(Richard Cress)提供]

图9.15 在美国富兰克林科学博物馆（Franklin Institute）"体育运动挑战"（"Sports Challenge"）展上，一个小女孩正沿着攀岩墙向上爬。[照片承蒙波利·麦肯纳-克雷斯（Polly Mckenna-Cress）提供]

是不是太多（图9.15），而精细运动太少？一个区域的同类型活动太多？阅读太多，而活动太少？与他人的互动不够？如何将所有计划开展的活动进行整合，以提供一种完整的体验？

● 展览可能会花多少钱？提出可能的成本建议（opinion of probable cost，OPC）。

设计开发阶段将交付的典型成果

在设计开发阶段，需要确定最终的阐释框架和最后的展品清单，还需要明确所有的展览要素和图文。因为施工图和特殊要素的准备工作需要较长的时间，所以此阶段就要着手开展了。

● 形成性评估（继续）或形成性原型。

● 效果图或透视图：在这一阶段，团队和机构倡导者以及其他利益相关者需要了解正在形成的更全面的内容。全彩效果图可以有效地展示空间的照明策略与氛围；计算机生成的或者手绘的效果图都是我们时常会采用的工具（图9.16）。这些图还应说明展览空间中观众的情况并预测其行为：他们积极地参与展览，可能有明确想要看的展品。如果观众被描绘成很享受这一体验，那么这些图可以被用于展览的宣传。

● 模型：对于你的团队而言，经典老式的三维模型是有效的设计工

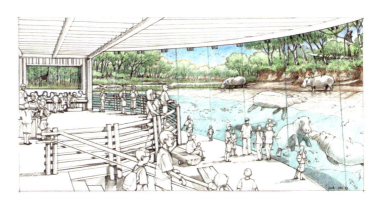

图9.16 美国霍格尔动物园（Hogle Zoo）的北极熊水下栖息地（Polar Bear Underwater Habitat）的全彩效果图。[插图的作者是小约翰·柯林斯（John Collins Jr.），图片承蒙CLR设计有限公司（CLR Design, Inc.）提供]

具,它们可以预见最终效果以及有助于进行展示(图9.17)。许多博物馆和公司仍然使用物理建模技术,因为它仍然是整个团队最有效的设计工具之一,模型也可以巧妙地作为筹资工具,从而使其再次得以利用。

● 图纸(成为展览施工图,而此施工图将成为展览建造的依据):详细的平面图,包括位置、物件、展柜、互动装置和图文全都被注明和标记;整体墙面和区域的立面图和剖面图;虽然真正的细节设计将会在施工图中完成,但是此时应该开始着手绘制关于如何构建展览要素以及使用什么材料来完成的详细图纸(图9.18);初步的设施设备影响报告(facilities impact report),该报告将对展览施工如何与建筑的外壳及其系统相匹配进行概述;从整体效果到个别要素,一起构建一幅良好的体验画面。

● 所有有关布局的图形初稿,包括有关环境和寻路的图形。

● 形成性原型的测试:这个阶段的原型将详细说明信息和想法是如何呈现的,包括将使用的手段、媒体和样式。如果在最终的展览中相关性很重要,那么有关要素需要被整合到一起并进行原型制作。

图9.17 图为一个面积是5000平方英尺(464.52平方米)、以物件为基础的展览模型,它于2010年春季,由来自艺术大学的博物馆展览规划和设计艺术硕士项目(Museum Exhibition Planning and Design MFA program)的丽贝卡·菲欧(Rebecca Fell)、扎克·莫里斯(Zach Mosley)、基姆·尼克尔斯(Kim Nichols)、洁丽·瓦西尔(Jamee Vasil)建造。[照片承蒙理查德·克雷斯(Richard Cress)提供]

图9.18 在设计开发阶段,需要选择材料、设定方案,并估算可能的成本。[照片承蒙Palumbo联合有限公司(Palumbo Associates, Inc.)提供]

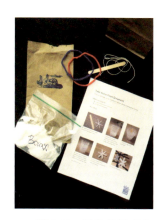

图 9.19 图为美国费尔蒙特水厂（Fairmount Water Works）解说中心一个教育活动的材料，在该活动中孩子们使用硼砂来形成结晶。［照片承蒙理查德·克雷斯（Richard Cress）提供］

● 根据信息和故事情节确定的多媒体和技术，包括剧场、音景①、投影等。

● 机械式的交互设计——从简单的翻盖到复杂的互动装置。

● 对环境可持续设计的审查。

● 无障碍设计：完全以观众为导向，满足其需求，无论是在展览中采用不同的语言，还是解决学习障碍或学习风格问题，或者去适应那些身体不便之人。

● 设计教育活动原型，通过观众进行测试（图9.19）。

● 促进展览被有效利用的草案（exhibition facilitation draft）②和员工（讲解员）的安排。

● 材料、饰面的样品和"规格"。

● 预算估算。

● 展览要素的电子表格（进度表）：列出展览需要制作的每一要素；展柜、图形、互动装置、多媒体等，以作为管理、定价和清晰跟踪所有要素的一种方式。

● 团队进度表：团队进度表应是完成项目的最终版本的时间表，其被分解为研究、概念开发、方案设计和设计开发四个阶段，并列出了每个阶段要交付的主要成果、完成日期和时间节点。

设计开发阶段结束时的预算

当你的团队即将完成设计开发时，应与制造商分享图纸，以要求尽早审查和大概地估算费用，从而确保项目没有超出预算或已按照预算执行（后者通常很少出现）。团队应该更好地了解钱花在哪里以及各种要素的成本，以便对钱的分配进行审查并做出最终决定。

清晰的成本细目能使团队确定钱花在哪里才会产生最佳效果，例如，是花在多媒体体验上还是定制的地毯上。

---

① 译者注：音景（soundscape），是声音景观、声音风景或声音背景的简称。

② 译者注：译者认为这是指通过员工积极参与，促进展览的有效利用，从而达到传播效果的草案。

设计开发阶段结束时的阶段性审查

当设计开发阶段结束时,最终的阐释框架和最后的展品清单需要被确定,在施工图设计阶段正式开始前,需要由机构倡导者和其他被指定的利益相关者来明确和批准所有的要素和图形设计。施工图设计阶段既费时又费钱,因此如果设计开发阶段的成果没有得到完全批准,你就不要想着去绘制施工图并投入太多。因为如果项目没有获得批准,团队可能不得不另起炉灶,或返回到已经被批准的上一阶段。

施工图设计阶段

施工图设计阶段(construction documents phase)很容易理解。设计倡导者、项目和团队倡导者将创建和管理最终的详细图纸,这些图纸会提供给内部或外部已承包相关工作的制造商,用来指导展览的建造。通常设计师会对外发送他们设计的图纸,希望制造商只是根据图纸来建造。但其实这里还存在另一个合作机会。制造商可以成为重要的合作伙伴,他们应该被邀请并参与进来,以了解机构的文化及展览的愿景、使命和目标。他们能以慎思的方式支持团队的工作,提供聪明高效的解决方案、施工建议或者替代方案。

在这一阶段,观众倡导者、开发人员、教育人员和其他人并不是坐等展览的问世。他们也在制作原型、为教育活动准备好所有的材料和开展活动所需的培训,以便无论是在展厅之内还是在展墙之外都延长展览的生命周期,例如安排员工协助观众更好地利用展品、导览以及参与手推车演示、现场表演、讲故事、系列讲座、电影之夜、特别之旅、学校团队活动和夏令营。此时,部分或所有的印刷材料应该被开发和设计出来,包括宣传资料袋、教师包、家庭指南、观众指南等。就展览而言,此时重要的是对所有确定的图文(包括面板和任何印刷材料)进行终审,图形设计师正准备用合适的照片、编辑过的副本和最终的插图等来制作图文。根据我们的经验,这个过程可能要花费比预期更长的时间,而且如果没有来自各方的仔细审查,进度可能会延误。

主题倡导者会对内容的准确性进行三重检查,对物件进行所有必要的保护,以及为此次展览借来的展品进行担保。机构倡导者正在与新闻界、理事会和外部资助者会面交谈,从而为展览的推出制造热点。他们还会组织开幕的相关活动。

施工图设计阶段需要回答的问题

● 为获得多个竞争性投标,团队是否对项目进行了充分记录和详细说明(根据施工图与规范)?

● 施工规范是否明确规定了项目所要求的细节质量及其水平?

● 为保证准确性和连续性,所有展览的副本和文本是否已经由不同的读者进行过校订? 是否完成了翻译并交由以该语言作为母语的内容专家来审查?

● 为确保对观众的体验结果充满信心,以及设备都是经久耐用的,团队是否制作了工程性原型(图9.20)?

● 是否与观众和阐释人员一起开发了教育活动,并制作了教育活动的相关原型(这主要是观众倡导者的工作)?

● 展览要素是否是为了环境的可持续性而创建的?

● 为便于所有类型的观众获得最大可及性,展览是否经过充分的测试和完善的设计?

● 所有的多媒体要素是否都已获得批准并投入生产? 硬件的最终规格是否已经确定,以确保其被妥善安置在某个地方且该地方通风良好(图9.21)?

● 团队是否获得所有利益相关者的批准?

● 预算细目和预算分配是否清晰?

施工图设计阶段将交付的典型成果

在施工图设计阶段,所有展览要素、展柜、互动装置、体验、最终文本、图像和图形都已经定稿并做了相应记录。所有需要建造、购买、打印或创建的要

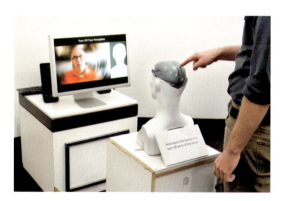

图 9.20 美国富兰克林科学博物馆(Franklin Institute)针对脑功能互动装置的工程性原型。[照片承蒙富兰克林科学博物馆的埃里克·韦尔奇(Eric Welch)提供]

素和方案都必须被列出并被定价。一些复杂的或者
需要较长交付周期的特殊要素,诸如可能需要考虑
空间的事项(比方说地板需要加固以增加其承重)
等,此时或许已经需要付诸实施了。

● 为特定类型的施工项目列出有资格的投标
人。如果特定项目需要特殊技能(如岩石工程或复
杂的机械互动装置),则需要去调查特定的制造商。

● 施工图,包含投标所需的、所有详细反映设计
意图的图纸。所有图纸都应考虑实现展览的无障碍
性和可持续性。

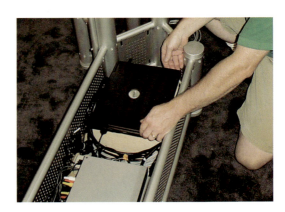

图 9.21 为了展区施工图的最终定稿,需要确定
实际硬件的规格,以确保硬件在安装和使用时能够适
合。[照片承蒙 Palumbo 联合有限公司(Palumbo
Associates, Inc.)提供]

● 详细规范或"规格"是构建展览要素时必须依
据的材料编号和标准(取自 16 个部门的建筑规
范)。这些规格将和施工图一起,成为后来博物馆与制作商之间达成的
合同。

● 投标表,列出了要求投标人提供的每项要素及其不同的成本估
算。为了更容易地进行分析与投标的便利化,投标表采用了电子表格的
形式。

● 所有内容都应该被最终确定下来。面板和图形的大小不能改变,
但信息还可以编辑,照片和插图可以进行修改直到进入制作阶段。艺术
品在进入制作阶段后,如果还要进行内容编辑,那么就会变得复杂又
昂贵。

● 最终确定的展品清单,包括展柜的布局和安装的进度表,应该对展
柜的成本进行估算,因为如果在施工图设计阶段后再行调整,成本通常比
较高。

● 继续开展形成性评估(对评估阶段的描述请参阅第 8 章)。

● 为费用高昂的或对展览目标至关重要的展览要素进行工程性原型
设计。

● 针对多媒体和机械设计的签约。

● 完成教育活动的脚本和进度表,以及培训楼面员工。

● 充分准备好信息和外部交流材料,包括新闻稿,以便向新闻部门分发。从而便其尽早知晓。

施工图设计阶段结束时发送给制造商

在对所有的施工细节、电子表格和方案进行最终审查后,施工图设计阶段结束。投标所需的材料被整体打包,并公布给最终选定的制造商。

投标

随着施工图的细化和完成,必须要求制造商来参与投标。这是非常细节化的工作,需要花大量的时间,项目和过程倡导者将会全力以赴。第一步是要求潜在制造商提供资质和建议(有关资格要求书和征求意见书撰写方法的详细讨论,请参阅第8章)。预计在此过程中,制造商的资格要求已经发布,机构初步选好了符合要求的制造商。最终的征求意见书可以发送给符合要求的三到五个制造商。通常施工图会作为征求意见书的一部分提供给制造商,以确保制造商能提供可靠、详细的信息以供审查,同时保证公平。

根据展览的规模,招标工作可能会历时长达一个月(或更长),以便制作商有足够的时间梳理所有文件。如果文件中存在任何不一致的地方,制造商将通过信息请求(RFI)系统要求对方澄清。这是一个正式的程序,制造商可通过这个程序询问重要而又详细的问题并收到答复。项目和团队倡导者负责管理这一程序。所有提交的问题和答案都应该分享给全部投标人。我们必须预留足够的时间允许投标人反复进行这样的检查,以确保信息的公平和投标的一致。投标后,团队需要时间对每一份标书进行评估。

应吸引至少三家和至多五家机构参与投标,以确保你能够获得准确、高质量和有竞争力的出价。一些机构要求十多家制造公司来投标,但这么做会带来一些问题。

第一,当投标人了解到有那么多机构参与时,往往不会付出太多努力,因为他们认为自己获得该合同的概率较低。

第二,由于收到了来自所有投标人的数百个问题,项目倡导者很快就会不堪重负,可能无法提供高质量的答案。第三,你的机构应该非常乐于保持自己良好的声誉,以便成为供应商慕名想来此合作的地方。事实上,供应商进行投标的准备是一项有意义的,但耗时且耗资的任务,如果成功概率很低,他们就不太可能去参与竞标。

最后,项目倡导者必须能处理、比较和对比所收到的各种投标报价。请务必提前做一些功课,以便更好地了解自己选定的投标小组的能力和实力。重复一遍,投标者名单一定要简短,参与者不能太多! 一旦你选定了制造商,接下来就要开始制作和安装了。

招标需要回答的问题

● 为确保投标的竞争性,招标单位是否有一份信誉良好且相对公正的制造商名单作为依据,来把招标材料发给制造商?

● 为确保项目按时、按预算和按博物馆标准来完成,制造商是否会与策展团队合作,成为其合作伙伴?

● 是否提供给制造商一个明确的、关键的实施步骤,以确保拥有必要的商议时间,用来彼此交换意见?

● 日程表中是否有足够的时间用来招标、制作、现场布展?

● 平面设计师是否有施工图的尺寸,用来完成最终的设计和生产?

● 在合同签署之前,团队的项目经理是否事先与制造商的项目团队进行会面,以确保制造商对项目的充分了解?

● 制造商将如何处理订单的变更请求?

● 团队是否向全部投标人分享了所有相同的信息,以便以公平、合理的标准对他们进行比较?

制作

制作是一个动态的过程。在这一过程中,施工开始启动,实体展览逐步成形,许多其他的构成要素都处于各自不同的最后完工阶段。此时,团队将与作为合作者的制造商合作开展工作。尽管情况是一方雇用了另一

图 9.22 制作车间的风景线。[照片承蒙 Palumbo 联合有限公司（Palumbo Associates, Inc.提供]

方，内部雇佣也是如此，但是制造商也算是工作伙伴。通常来说，在早期的生产规划阶段，制造商投入越多，后来的效果就越好。因为根据展览规模的不同，在工厂里进行制作，往往需要长达数月的时间（图9.22）。

团队必须向制造商提供该项目的详细范围和预算。制造商面临的最令其声名狼藉的问题之一就是"范围蔓延"（scope creep）[1]，这个术语意味着项目范围的扩大和要素的增加。通常情况下，人们很容易天真地认为："我们只需要添加一件小东西，它就像那件东西一样，应该不会花什么钱。"但这其实很危险，会产生滑坡效应（slippery slope），原因有二。第一，本质上它是要求不劳而获。人工和材料的成本是真金白银，客户应该尊重制造商所做的工作。如果他们是优秀的制造商，他们将与你一起努力，在你设定的预算范围内制造出你想要的东西。第二，增加一件东西，然后又增加另一件，很快就会变成更严重的问题，影响展览的预算和完工时间。团队和机构倡导者必须时刻注意在工作中对项目范围和要素的坚持。

相反，制造商必须预先考虑好项目的成本。很多可怕的故事会发生在"低价竞标"的制造商身上，因为他们能够看到变更订单的潜力，以后当不存在竞争时，他们还可以收费。对博物馆而言，承担这种意想不到的负担是不公平的。虽然这些公司可能会在该项目上多赚一些钱，但这很可能会让公司在未来损失更多的业务。采取这种做法的制造商很快就会声名扫地。避免这种情况的最佳办法是，要求制造商制定一份非常详细的

---

① 译者注：范围蔓延（scope creep）是一种常见现象，其中项目的需求和预期经常被缓慢增加，而不去顾及该行为对预算和进度的影响。

投标资料包,使其几乎无法留下狡辩或替代的空间。

一旦某家制造商中标,博物馆就会向其发送施工图。制造商将会认真查看这些代表博物馆设计意向的图纸并创建"施工图",即用于制作的准确图纸。设计倡导者和项目倡导者必须定期审查制造商的进度,以确保所有的制作工作都是按照设计师的图纸及其意图来进行的。那些经过批准的施工图和其他生产证明,可以用来真正启动最终的制作。与此同时,媒体顾问将完成他们的产品生产并进入多媒体的后期制作阶段。观众和主题倡导者(开发人员和策展人)必须向图形设计师提供经过最终校订和批准的标签,以便图形设计师为标签制作做好生产上的准备。

保持清晰透明的沟通方式。最好规定所有的请求、问题和答复通过电子邮件来处理,以便团队能够保留相关细节和决定的书面记录。当涉及钱时,你就需要和相关人员见面并获得签字批准。电话只能用来澄清细节。利用特定的项目管理软件可以确保团队能够查看最新和最完整的信息,此乃明智之举,例如维基(Wiki,一个带有合作性质的、通过用户创建的网站,可用于信息共享),从而使每个人都处于信息即时共享之中(图9.23)。

除了展览细节外,制造商还必须确保建筑本体已经准备就绪并且结构合理,以承载项目所设计的内容。博物馆的基本操作程序必须得以明确,包括展览构件的交付、进出展览空间的材料运输以及所有限制因素。制造商还必须对现场各方面进行测量并对既有条件进行评估。

随着展览要素制作的不断推进,观众和主题倡导者要确保相关的倡导者、利益相关者和资助者都获得感谢,并被邀请参加开幕式的庆祝活动。观众和主题倡导者将与教育人员或阐释人员一起,去策划和评估教育活动;或者与公关和市场营销人员合作,一起制定宣传策略。他们还将计划在展览开幕后进行总结性评估并在随后的补救阶段,进行修改。

此外,在这段时间,观众倡导者将继续准备和制作诸如展厅指南和教育活动单等材料,并为教育活动对员工进行培训,以及彩排。所有印刷品和宣传材料都应该已经开发和设计出来,如宣传资料袋、教师包、家庭指

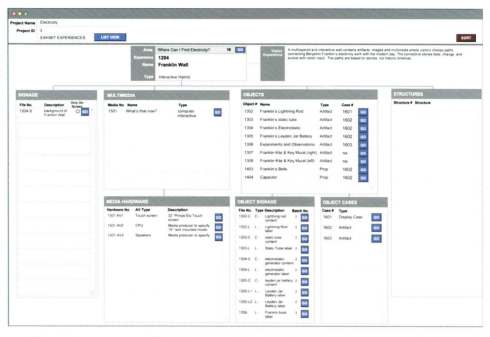

图 9.23　在 Filemaker Pro.(运行于 Windows 及 iOS 系统上方便易用的数据库软件)中创建的项目管理信息数据库。[图片承蒙富兰克林科学博物馆(Franklin Institute)的珍妮·麦尔(Jeanne Maier)提供]

南、观众指南等。启动口头宣传营销①,以便新闻媒体和公众都能提前为开幕日做好准备。广告牌和其他营销材料都应该被设计和安排好,以便能够及时制作,并且最好在展览开幕前张贴好。

制作需要回答的问题

- 什么是高效和有效的沟通策略?
- 谁将是该项目的关键人物?
- 完成项目的关键路径是什么?
- 详细的进度安排是怎样的? 提交和回复是什么时候? 截止日期又

---

① 译者注:口头宣传营销(marketing buzz),又称"蜂鸣营销",是传统"口耳相传"方法在新经济环境下的一种创新营销手段。

是什么时候？

● 详细的预算是多少（在项目中标后，制造商不应介意分享其详细的成本估算）？

● 如果订单变更该如何处理？

布展

布展（installation）是各种行动汇聚起来的时刻，因为展览的所有构成要素都被集中在一起，并在展览空间完成构建。随着开幕日期的临近，布展可能进行到了一个白热化的程度，似乎所有的事情都还有待完成。重要的是要确保有一名指定的人员来回答所有问题，并将决定记录下来。就像俗话说的，"厨子多了煮坏汤"（人多误事），其带来的结果可能是灾难性的。而被指定的人员通常是项目和团队倡导者（项目经理），他（她）要密切跟踪预算，确保所有支出和承诺的款项都被记录在案。这样的话，如果出现意外的费用和订单变更，项目经理就能确切地知道有多少钱可以被重新分配并用来支付这些费用。

确保空间已经完全准备就绪，以便能随时开始布展（图9.24）。记录并跟踪进度表以及团队在进程中所处的阶段。随着布展开始，团队需要了解在开幕前最终能完成哪些工作，因为时间似乎总是很短。在完成所有保护工作和物件安装后，当制造商撤场且将空间清理干净时，你就能够安排用物件进行布展了。

一旦布展基本完成，设计倡导者应该对各方面进行检查，以确定是否有物件被错误安装、遗失、轻度损坏，以及出现了展览构建的其他问题，或者可能需要进行其他的调整。这些项目应该被编成一份"竣工核查事项表"（punch list），以供设计倡导者与制造

图9.24　美国国家宪法中心（National Constitutional Center）"我的荣耀：女童子军100周年"（"On My Honor: 100th Years of Girl Scouting"）展的布展现场。[图片承蒙Alusiv有限公司（Alusiv, Inc.）提供]

商一起来审查。

如果预计新闻媒体和公众已经为开幕日做好准备,那么在展览开始前,口头宣传营销应当已经如火如荼地进行。对于这段时间内的博物馆观众而言,毫无疑问一个新的展览正在准备当中。因此,虽然"施工区域"可能会给博物馆造成某些妨碍,影响观众的正常参观,但它也可以作为一种有趣的方式来推广新展览。此时只需一个简单友好的标志就可以说清楚了:"请原谅施工给您带来的不便,但很快您将有机会参观这个令人惊叹的全新展览了。"

布展需要回答的问题

● 是否每个人都已经弄清了决策的层级结构?他们是否已经明确了谁有权为这些事项签字?

● 基础的建筑"外壳"或者空间是否已经准备就绪,并已经为布展做好了安排?拆除工作是否已经完成?是否所有建筑要素,如新的隔墙(墙)、坡道、隔音、防火处理、自动喷水灭火装置、出口标志、窗户涂层等,都已经完工?地板铺好了吗?墙壁是否涂上了涂料(油漆、织物覆盖等)?环境照明系统是否已经安装?暖通空调系统是否到位?数据和电缆(如有必要,还有水和空气)是否已经置于正确的位置,以便完成展览和多媒体的连接?媒体是否已经在实际空间中进行过配置和测试(图9.25)?

● 制造商是否已经对所有现场测量进行过反复检查?虽然出现小的尺寸问题时没什么大碍,但是小的尺寸会随着距离增加而累积。原始尺寸是从窗台还是从玻璃的边缘开始测量的?鞋子的尺寸是否被算在测量值中?

● 在进行空间布展时,需要通过哪种方

图9.25 美国费城宾夕法尼亚大学考古和人类学博物馆(Penn Museum)的"玛雅2012年时代领主"("Maya 2012 Lords of Time")展,展厅里古代夜空的投影正在调制和安装。[照片承蒙Bluecadet互动有限公司(Bluecadet Interactive, Inc.)提供]

式来分配劳动力？有很多基于劳工合同的规定,通常两拨人(例如总承包商和展览制造商)不能同时在一个空间内工作。大多数的劳动力交易都希望将空间从一组"移交"到下一组,以便有一个明确的职责划分。

● 所有已制作完成的展览构件是否已从装卸码头被转移至展厅？它们是否能通过门口和货梯？这个问题似乎太过浅显,但在布展过程中很多展览团队都会因为这一问题而陷入困境。

● 在布展方面,对物件是否有什么特殊需求？是否有些物件需要在其他物件之前安装好,因此要对这些物件的安装顺序进行排序？

● 是否已经为建筑物准备好标牌和警示带,以确保观众的安全？如果现在关闭通道,观众是否能够通过绕路找到博物馆内的参观路径？

● 你们能否将博物馆因施工而停止服务变成其开展营销的一个机会？

试运行(贝塔测试①)

人们常常认为,开幕日是博物馆策展过程的结束,但是那些在博物馆工作和生活着的人都知道这只是开始。必须规划一份展览的进度表,该进度表包括布展完成后,被称为"试运行"的时间缓冲,此时布展已经完成,"竣工查核事项表"已经发送给制造商,但观众还未被邀请进入博物馆参观。这个"试运行"或贝塔测试是必不可少的,以便团队能够为开幕日做好充分的准备。许多博物馆会有效利用这段时间来邀请贵宾,举办会员活动或由教育人员进行活动预演,使得一部分人能够提前参观展览。这不仅是出于他们的身份或会员资格而给予的一种额外福利,还可能是一种重要的营销手段,而且也是对选定的小组进行开幕前评估的一个重要机会,并确定最后需要解决的问题。

此外,这还是公关部门和市场营销部门召开媒体见面会的时候,其允

---

① 贝塔测试(Beta testing):是指把待测产品交给客户并收集反馈意见的机制。贝塔测试由客户完成,并由产品开发组织提供帮助。在整个测试实施期间,要根据具体进度安排策划并执行各种活动,叫作贝塔程序([印]Srinivasan Desikan等:《软件测试原理与实践》,机械工业出版社2009年版,第86页)。

许评论者在开幕日发表评论文章,并为了开幕宣传去拍摄场馆。确保所有这些事情都已经与项目的倡导者进行过协调,并且不会明显干扰其他正在开展的工作。

竣工查核事项表

竣工查核事项表(punch list)这个术语在美国国内建筑工程中可能出现较多。它指的是为了完成项目所需解决的问题列表(例如,在一个小区域还缺少踢脚线,需要补漆等)。客户或项目和阶段倡导者在制作阶段结束后和展览开幕前,制定该表,以便解决项目可能遗留下来的问题。

开幕日

在你有足够的时间进行贝塔测试,并解决好项目可能遗留下来的问题(完成此项工作所需的时间通常不超过一个月,主要取决于项目的规模和范围)后,便到了剪彩并为公众敞开大门的时候了。开幕式是一个庆祝的时刻,是一个向员工的辛勤工作表示祝贺的时刻,同时也是一个聚会的时刻。认识到这是展览面向公众的第一个重要时刻很重要,因为每个参与者都需要投入心力对开幕后的展览继续进行培育和滋养。现在,真正的考验开始了!开幕日不是考验的终止,而仅仅是开始(图9.26)。

图9.26 美国新泽西州泽西城自由科学中心(Liberty Science Center)的开幕日活动。[照片承蒙理查德·克雷斯(Richard Cress)提供]

开幕后:补救和修改

用设计师三宅泰三(Taizo Miyake)

的话来说,开幕日是"出生之日,而非死亡之日"。虽然出生的宝宝可能很漂亮,但有些时候,他(她)会变得很难搞。尽管做了最细致的规划,但有时设备会在第一天发生故障!或者,通过对观众体验的初步观察可能会发现一些不符合团队预期的东西。虽然这些事令人失望,但又是预料之中的。那该怎么办呢?可以通过以下两种方式来考虑对展览进行开幕后的补救和修改。

时间＋金钱＋精力必须留存备用,以便处理开幕日后发生的事。

首先,如果项目倡导者和团队对展览开幕后的工作没有规划——并且没有为此预留时间、金钱和精力,那么展览将无法保持新鲜度并且不会受关注太久。因此,开幕后还有充足的预算对于团队的工作而言至关重要。展览开幕后,你需要花些钱来解决展览期间出现的短期的和长期的问题。团队需要做好准备,处理那些解决起来成本最低的问题以及最棘手的问题。

观众倡导者的工作永远不会结束。展览开幕后,他们必须在团队的支持下去展厅观察并发现观众在认真观展时发生的问题。直到你做完一个正式的总结性评估,再去进行一些重大调整,然后去申请使用为这种可能的调整所预留的资金。

项目倡导者的职责是确保工作完成之日和展览开幕日不在同一天,因为在项目被视为"正式完成"之前,保持一种努力的状态是人的天性。如果将"工作完成之日"设定为开幕日,那么团队将持续努力工作到那一天,几乎会耗尽他们所有的精力。此后,若要将他们的精力恢复到先前的水平以继续后面的工作,几乎就不可能了。因为人们都已经变得疲惫不堪。但是,如果将预计的"工作完成之日"设在展览开幕后的某个时间,那么团队将会保持充足的精力,持续朝着预定的目标努力。

在最近的展览实践中,许多博物馆已

图 9.27 测试区(testing zone)是一个原型实验室,它既是员工的工作空间,也是邀请观众进行测试并提供反馈的区域。[照片承蒙富兰克林科学博物馆(Franklin Institute)提供]

经将想法从把展览视作"高度完成的产品"模式化为将其视为"活的有机体"模式,这一模式在某种程度上就是让展览无限期地停留在一种原型状态(需要被不断测试和修改)(图9.27)。

相较于这样一种模式,即把所有钱都花在前期,期望完成一个极为完美的展览,但仍可能无法按照预期来实现,"活的有机体"模式则是将原型制作过程作为观众展览体验的一部分。展览要素被置于展厅的地板上并通过观众的参与来开发,而不是待在博物馆的幕后直到制作完成后才被展示出来。这种模式并非对所有机构都适用,只有当机构倡导者批准和团队承诺时,这种模式才能发挥作用。该模式可能具备也可能不具备成本效益,但如果实施得当,它确实能有助于策划出更好的展览,并能促使整个团队获得宝贵的专业发展,并实现深度学习。

开幕日后(产后):评估、维护、推进和记录

一旦开幕日的光芒消退,展览开始正常运作,通常会有一个开幕后的审查,往往被喻为一种"死后"(postmortem)的讨论。从这个意义上讲,这个词是借鉴戏剧界的,但是为了与我们将开幕日比作"出生之日"保持一致,我们认为"产后"的表述比"死后"更好。虽然展览已经完成,但是我们不应该使用暗示它已经死去的术语。实际上,我们应该把开幕后的时间视为最具创造力的时间,并尽量采取多种方式继续提升展览的传播效益。

总结性评估

总结性评估是一种被误解的展示方法。有些人可能会害怕评估结果,而事实上有的策展团队已经不会再在一起工作了。总结性评估通常被认为是一种义务(为了获得资助),而不是促使团队思考的一种动力。它不应该被看作是成功或失败的"成绩",而应该被看作是观众在体验展览内容和展示策略时,一种针对其方式及原因的分析。这是一个机构从自己的实践中进行学习的好机会。你花了这么多时间、金钱和创造力,难道你不想知道你取得了什么成就吗?同时,为展览筹措资金的基金申请

人①将从总结性评估中收集到有关观众体验的有效信息,以用作将来项目筹款的依据。此外,总结性或补救性评估可以发现一些问题,并通过简单的非结构性调整来改善观众的体验。

如果没有一个坚定的项目经理从一开始就去推动团队为总结性评估留足预算,那么很可能在距离展览完成还有很长一段时间的时候,钱就已经花完了。从一开始就要规划好。总结性评估的设计与我们本章前面讨论的评估流程相同:要确定你的关键问题和其他棘手问题,选择一种或多种适当的研究方法,由专家指导,让团队成员共同参与,深入分析结果并考虑可能产生的影响(包括对本次展览以及未来展览的影响)。

维护和推进

我们已经讨论了要对开幕后的展览进行补救,但是你还需要关注展览的维护和推进。你的展览需要持续培育,以便在不断变化的社会中能持续满足当代观众的需求。如果从一开始就制定一个由谁来维护展览以及如何维护的计划,那么就可以为所有的倡导者和整个机构省去不少麻烦。策展所投入的全部精力和努力,不能为此而遭到否定:缺乏能够保持展览正常运作和促使其充满活力的计划。流程和团队倡导者交付的成果应该包括一个"维护计划",更重要的是要将维护经费纳入博物馆的运营预算,以便用来支付与维护相关的费用。

一个来自美国费尔蒙特水厂解说中心 (Fairmont Water Works Interpretive Center)有关维护计划的巧妙案例

该中心实际位于河上的一座建筑里,预计每年都会被水淹没几次,所以他们的展览需要按照建筑完全被淹没在水里的情况进行规划。在最初的展览策划过程中,设计和多媒体开发人员非常重视应对这些问题的准则。所有建成的展览都需要经过防腐处理,并能承受水面上可能漂进来的残渣的冲击。真正的巧妙之处在于多媒体系统,它可以通过绞盘系统

---

① 译者注:基金申请人(grant writer)是为了获得基金会的经费资助,陈述资助理由,并整理成文,以形成可行性方案,提交至基金会的人。

或钥匙锁快速断开连接，以便在收到来自上游的洪水消息时，监视器和电子设备能够在二十分钟内从险境中容易地被吊起或移开。此外，媒体团队在中心办公室远程监控所有设备，这样的话，如果任何互动装置发生故障，他们都可以使之快速恢复并运转起来。像这样的前瞻性构思对于某些机构而言是非常宝贵的，那些机构通常希望拥有可更新的多媒体互动装置，但是在维护它们时又面临着挑战（图9.28）。

图9.28　美国费尔蒙特水厂解说中心（Fairmount Water Works Interpretive Center）作为河上一个翻新过的设施，实际上当洪水来临时，建筑的某些部位洪水能超过6英尺（约1.8米）。墙上的红色绞盘控制起重机，当洪水警报响起时，工作人员可将平板电脑的显示器升高至更安全的高度，也可轻松地从阅读栏的表面移除触摸屏。[照片承蒙理查德·克雷斯（Richard Cress）提供]

公众通常能即时获得有关展览大部分主题的最新信息。与此同时,尖端技术瞬息万变,新的认识或做法可以使某些展览在短时间内过时。许多最新的博物馆和展览通过采用一些新技术已经解决了这一问题,因为这些新技术允许即时更新信息。一些博物馆,如美国华盛顿特区的新闻博物馆(Newseum)成功地使用新技术,每天对传统的喷墨乙烯基图形标牌进行更新。通常,想要保持领先地位,必须投入人力和财力,并规划好相应的责任链,以保证展览在开幕后能不断更新并保持新鲜度。

美国华盛顿特区的新闻博物馆的案例

新闻博物馆是一家致力于新闻和媒体的博物馆,其核心使命是向观众提供当前最新的信息。只要有新闻报道更新,该馆就会调整并重新布置说明文字和图形。它提供最新消息的方式之一是每天早上在大楼前摆放展板,展示来自全球主要报纸的头版。当一则重要的新闻报道发生时——例如贝拉克·奥巴马再次当选美国总统,许多观众会聚集在博物馆前,看看这则新闻在世界不同地区的报道情况(图9.29)。

美国明尼苏达科学博物馆(Science Museum

图9.29 美国新闻博物馆(Newseum)大楼的正面,每天都会重新布置展板,展示来自全球主要报纸的头版。[照片承蒙波利·麦肯纳-克雷斯(Polly McKenna-Cress)提供]

of Minnesota,SMM)的"科学热点"("Science Buzz")案例

"'科学热点'将最新的科学新闻与互动体验、物件展示、科学活动、游戏、资源、社区观点和意见融为一体。"[①]为了确保其科学内容是最新的,并与公众相关,明尼苏达科学博物馆在馆内设置了一个展台,鼓励公众通过上网,查阅与博物馆的使命和展览有关的最新议题、问题和有趣的事实。因此,主题可能包含有关"庸医"的信息,因为明尼苏达科学博物馆有相关的藏品,而这些藏品最初是来自鲍勃·麦考伊(Bob McCoy)的可疑医疗器械博物馆(Museum of Questionable Medical Devices)。

文档记录

对那些需要对展览要素进行修理或返工的人而言,了解它们最初是如何制作的,以及用的是什么材料和规格,从而使之能够与原件相匹配,这是非常重要的,也是维护计划得以落实的一部分。尝试用八种不相配的色调重刷一面"白"墙,或者将一个更大的替代设备装入一个小洞中,都不是有趣的事。因此,拥有准确无误和易于查询的文档记录是避免上述问题产生的关键。

文档记录应该包括但不仅限于:竣工图、油漆规格、最终藏品清单、照片版权宝典、维护手册(图9.30)、藏品轮换计划、最终成本(包括员工花费的时间)、换灯时间表、切割零件表、总结性评估和修改计划。

谁构建了什么? 数据线从哪里拉出来? 构件或设备是否有保单? 如果零件或电子产品最终需要更换,那么文档记录就需要包括能够找到替换件的地方。(尽管我们希望在最初的订单中就已经买了一些备用品!)

对藏品经理来说,有关物件进出的记录很重要,这是对借出的物件何时必须归还原博物馆或个人所有者的一种记录。

文档记录的易于查询和文档记录本身一样重要。有关展览的信息应被清晰地组织,并以方便的形式存储,既可以采用实物形式,也可以采用电子形式。

---

① www.smm.org/visit/buzz.

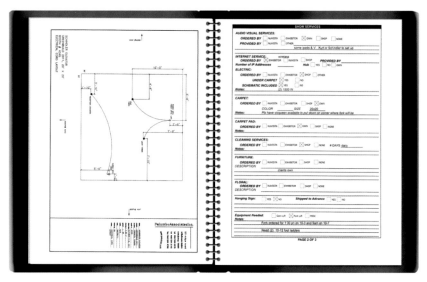

图9.30 该图是一本"维护手册"的示范页面,其供负责展览维护的工作人员使用。手册包含有关颜色、材料和硬件规格的详细信息、安装指南、替换零件、制造商订单信息、合同信息,如保单。[图片承蒙Palumbo联合有限公司(Palumbo Associates, Inc.)提供]

最后,文档记录能在展览结束后让更多的人受益。每个人都如此努力地为展览工作,因此拥有一份作为"遗产"的文档记录至关重要。它也应该是帮助未来的策展团队反思成功和失败的一份记录,他们可以受益于共享知识,而不是进行无谓的重复。记录失败可能听起来是一个愚蠢的建议:"我们不想让大家知道我们把它搞砸了!"但是当事情出问题时,记录实际上有助于团队和其他人真正获得学习和成长。"失败教会你一切,而成功则让你感觉良好。"

成功就是屡遭挫败而热情不减。——亚伯拉罕·林肯(Abraham Lincoln)

展览闭幕

最后,"胖女士唱歌"①,整个宏大制作结束了,展览走完了它的历程。虽然这一次展览得到了出色的维护和更新,但现在是时候为新的展览腾

————————————

① 译者注:胖女士唱歌(fat lady does sing),当歌剧演完的时候,有位胖胖的女高音出来唱歌,代表歌剧的结束。此处用来暗指展览即将结束。

出空间了。在过去，一项展览通常需要花很多年时间来制作，以至于博物馆如果想腾出足够的钱或时间再做展览，那是几十年以后的事了。然而现在，展览成了一种更具活力的媒介，需要采取最新、最好的技术。并且需要更加频繁地更换，以适应处于不断变化中的观众。

但是针对那些仍然保留着经典传统装置和展览的博物馆，我有几句话要说。为了实现可持续发展，我们必须考虑重复利用那些仍然可用的东西，例如立体模型，而不一定要将它们拆除和重建。仅仅为了改变而破坏仍然能用的装置好像不太明智，我们需要有环保意识，或者说我们要善用每一笔资金。事实上，让我们的策展思路和阐释保持新鲜并有意义才是关键。

永远记住，展览不只是有关物，也是为了人，应该有意识地进行规划，通过合作完成策展，并且提倡观点的多元化，以及服务于不同的人群和社区。

索 引